人間社文庫 ‖ 日本の古層③

日本原初考

古諏訪の祭祀と氏族

古部族研究会 編

人間★社

■人間社文庫：日本の古層③に寄せて■

刊行にあたって

沖縄大学名誉教授　野本三吉

本書が刊行されたのは一九七五年七月のこと、今から四〇年余り以前のことになる。ぼくらが諏訪や茅野を中心にミシャグジや天白、千鹿頭神に夢中になっていた頃は、三人とも三〇代の前半であった。

ぼくは、横浜の日雇労働者の街、寿地区で生活相談を中心にしたソーシャルワークの仕事をしていたが、全国各地から追われるように出奔してきた人々がやってくる人間のるつぼのような街であった。ぼくはこの街で暮らすうちに、現代の文明の中にぽっかりと開かれた「縄文期の村」なのではないかと考えるようになった。

毎日、仕事を探し、港湾や建築・土木の現場に通い、一日の生活の糧を稼いでくる日雇労働者は、狩猟採集民族のように思えたのであった。

日雇労働者は、簡易宿泊所と呼ばれる三畳一間の「ドヤ」に戻り、独居生活をしており、それは山中の洞窟に身を潜めていた古代社会の人々と重なってさえみえる。

彼等は、全国の「寄せ場」（山谷、釜ヶ崎、笹島、築港など）を渡り歩き、身体一つで肉体労働をして移動しつつ生きていた。

それは山窩の暮らしとも似ている。

あるいは海洋民族ともつながってくる。

それぞれの地に定着し、蓄積をはじめた農耕文化とは異なる、自由に移動し、自然と共存していた文化と暮らしが、ミシャグジ信仰の民と重なって見えたことは確かなことであった。

本書の刊行後、多くの人から本書を貸してほしいと頼まれ、戻ってこなかった為、いつのまにか手元になくなり、入手もできずにいたが今回の刊行は、懐かしい大切な故郷と出会えたようなよろこびであった。

ぼくは、本書刊行後、児童相談所のケースワーカー、横浜市立大学、沖縄大学の教員となり、主に「子ども」の暮らしとつきあうことになった。子どもという存在は、もっとも自然に近く、本質的に神性を秘めた生きものであり、古代信仰でも信仰の中心に位置づけられていた。

またこの一〇年余りを南の島で暮らし、海洋文化と山岳文化の深いつながりにも気付かせてもらった。

二〇一六年の九月、ぼくは北村皆雄さん、田中基さんと再会し、神長官守矢邸にある「御頭御左口神総社」の御柱祭に参加した。

御柱祭は、守矢早苗さんを中心に、多くの人々の参加で、かつての祭政体が再生したような熱気に包まれていた。

ふと天を仰ぐと、クッキリと勾玉のような雲が浮かんでおり、ぼくはドキリとした。閉塞した現代社会の中で、かつての大自然と共に生き生きと暮らしてきた人類の記憶が、今蘇ろうとしているように感じたのである。

今井野菊さんは、宮川村史の研究から、人類史の深く巨大な鉱脈にたどりつき、人類史の見取図を解き明かそうとされてきた。

その生き方に刺激され、哲学者の山田宗睦さんは『天白紀行』(人間社文庫)をまとめられた。ぼくらの試みもその一つである。

気がつけば、ぼくらが出会った頃の今井野菊さんとほぼ同じ年齢に、ぼくらもなっていることに驚かされる。

今、本書が再刊行されるという試みは、今井野菊さんによって切り開かれた地平をより一層拡大し、そして深め、諏訪を発火点とした新たな歴史がスタートするということになるような気がする。

まだ見ぬ若い方々と一緒に、そんなロマンを追いたいものだと切望している。

・本書は『日本原初考　古諏訪の祭祀と氏族』（永井出版企画、一九七七年）を底本として使用し、誤字・脱字と思われる個所を正しました。また、読みやすさを考慮して漢字・かな遣い、句読点等を整理した個所もあります。
・人名・地名・団体名などは掲載時のままとしました。
・本文中不適切と思われる表現がありますが、単行本刊行時の時代背景および著者の意図を尊重し、そのままとしました。
・文庫版刊行にあたって、巻末に故今井野菊氏へのインタビュー「御左口神祭政の森」（『季刊どるめん　７号』ＪＩＣＣ出版局、一九七五年）を上・中・下に分けて再録しました。

日本原初考

古諏訪の祭祀と氏族　目次

■日本原初考■

古諏訪の祭祀と氏族

古墳の変遷からみた古氏族の動向

宮坂光昭

諏訪というところ

諏訪は山の中にあり、日本のほぼ中央に位置して、ちょうど諏訪湖は、そのへその様なところになる。長野県は大きく分けると、北の千曲川沿岸と、南はフォッサマグナ沿いの天竜川流域の二つに分けられる。すなわち北信と南信と呼んでいる。この分かれ方は、現在の南北信分県論の起るのはもとより、古代においても、文化相に大きな違いを見せている。ましてそこに住む人達も、人種が違うのではなかろうか、と思うほどの異質性をみるが、背負ってきたった文化的の差か、はたまた帰化人の配置による人種的の違いか。

その南信に天竜川の源泉としての諏訪湖。東に八ヶ岳連山と霧ヶ峰・美ヶ原高原がつらなり、南方には赤石山脈の最北端の釜無山・入笠・守屋山の嶺々、そのあいだにはさまる諏訪湖とその盆地。そこに住む人々は、厳しい山岳と、清澄な湖水に育まれて、人間的には理屈ずきの、目先の利くはしっこい人種が出来上っている。

かつて自然に恐れをいだいた頃の人々は、山を崇い、水を尊び、風を畏れ、湖面の氷が大音とともに亀裂する様に神をみたのである。いまの諏訪には、もう自然は少ない。しかしかつて尊崇した自然神の後裔は、住む人の心の中に、また神社という構造物で残っている。

社殿がきらびやかとか豪壮な神社をみると、「立派な社殿に神はいない」という言葉を思い出すが、神社の古態を残すものほど、神の系譜を調べるのには参考になる。諏訪の神社には、自然の姿を残すものが多いので、その点研究資料としてはありがたい。ことに諏訪神社は全国的に分社も多いが、何といっても神の国として、出雲と並んで知られている。

自然が失なわれ、観光が衰微した諏訪にあっても残り、そして引きつがれてゆくのは、諏訪の神であり、諏訪信仰である。湖に変化を与えないかぎり、男神が女神のもとにかよう道筋といわれる御神渡《おみわた》りも、五百余年の御神渡り注進記録とともに、つづけられるであろう。諏訪信仰というものが、今日までつづいたのは、原始・古代において、その歴史上、人々に深くかかわりあって生きつづけた事にこそ重要な意味がある。

いまは神社と、その氏子（かつての諏訪祭政圏内の人々）とは、まったく別のものになってしまっている。宗教集団とか、信仰心とは別として、諏訪神社というものが、われわれの諏訪を開いた祖先であること、そして諏訪の、いや日本の文化財として親しみ、研究の対象にして行かなくては、神社と人との関係は、得体の知れないものになってしまうであろう。

諏訪湖の御神渡り拝観式（昭和51年）

いま古代史の研究熱は、すさまじいばかりである。民族学、民俗学、神話学、文献史学、文学、考古学、それに著しいのは哲学者の参加もあって、盛況である。しかし大和中心の古代史は、いま方向をかえて、地方の土地神を見直すという反省が出てきている。土地神を「記紀神話」と同等の次元において、検討を試みるべき考え方で、喜ばしいことである。

地方の研究者は、いまこのような傾向のとき、それに対応するだけの実力をつけなければ、立遅れるし、また単なる資料提供者としての域を出ないであろう。かつて地方の研究者を、郷土史家と呼んでいた頃、その研究態度は、極小的な物の見方、井戸蛙的な考え方、いいかえれば、お国自慢的な研究者であったのである。郷土史の呼称には何も悪意はないが、それを自称した研究者の研究態度こそ原因があったのであって、お国自慢的な研究こそ、研究心の欠如であるといえよう。いま、そうした研究態度に堕しないためにも、幅広く、関連する諸学を広く学び、利用すべきである。

一方考古学研究者の方も、発掘調査による遺物遺構を資料とし、古代史研究にせまろうとしている。かつて藤森栄一は喝破した。「考古学は古代研究において絶対に決定権を持つ、しかしながら、何等の指命権を持つものではない。考古学は古代史の体躯を組立てる唯一の骨格だ。その骨組の上にのみ、逞しい歴史の肉付が可能だ」(1) と。また藤森栄一とにた考古学者原田大六氏は、「刑事訴訟になぞって言えば、文献史学は言わば心証であり、考古学は物的証拠だ。その決め手はあくまでこの物的証拠だと思う。両者を有機的に噛み合せることこそ必要な作業なのだが……」と言うが、両者の論はまさに言い当てているといえよう。

私達は諏訪という、不思議な土地を、現代的な感覚からみつめて、解き明かそうと試みてきた。すでに『古代諏訪とミシャグジ祭政体の研究』(2) で世に問うた。再度執念深く、不思議な、古代の神の国に迫ってみようと、研究を進めている。古部族研究会の諸君も、東京にあって、守矢神長の後裔である守矢早苗さんを仲間に加え、また再三来諏して、各地の祭を採訪し、比較研究している。私等も、諏訪の考古学の若い仲間と研究会を開いたり、また先輩の研究者の研究を参考にしたりしている。仲間は本職をもったものばかりであるが、研究に憑かれている。アマチュアの系譜が学問の本流を形成しているのは、三沢勝衛・藤森栄一以来、諏訪の学問的風潮である。諏訪人のもつ学究的な「業」というものの末裔であるかも知れない。それでもよいのである。諏訪人らしく、諏訪の研究をし尽くしたいと願っているのである。

(1) 藤森栄一『かもしかみち』学生社
(2) 野本、宮坂、北村、田中、今井共著『古代諏訪とミシャグジ祭政体の研究』永井出版企画

古墳発生前夜の概況

古墳の発生が弥生時代を通じて、農耕(水稲)儀礼における司祭権力を優位に掌握したこと、そして集団支配の維持発展を図ろうとする首長階層の権力の誇示という見方があるが、地方における高塚式の墳墓の発生も、それらをそなえるか、あるいはいずれか一方をもつものと考えてよいだろう。いずれにしても、集団力を動員しての築造物であること、

内部に副葬されている器財は、圧倒的に富者の持物であることに違いなく、呪性を備えた器物である。すなわち祭政一致的な人物の、集団共同体的守護霊としての葬祭儀礼の場であったといえよう。

いま信濃における古墳発生期の有様を一瞥すると、弥生時代末期の様相を理解する必要がある。すでに弥生文化の研究者が指摘しているように、北信には千曲川流域を中心とする箱清水式文化（長野市箱清水遺跡を標式としている）があり、南信には諏訪湖より発する天竜川の伊那谷における中島式文化（飯田市座光寺の中島遺跡を標式とする）という、二つの文化圏が両立している。

箱清水式文化の特徴は、氾濫原を基盤にし、石器は木工用具と考えられている磨製の大形蛤刃石斧・石槌・大形扁平片刃石斧・扁平片刃石斧・柱状片刃石斧などのセット(1)で、建築材はもちろん、木製農具あるいは畦畔用堰材の加工具とされるものである。

一方中島式文化(2)は、天竜川の形成した幾段もの河岸段丘上に発展をみせ、石器の様相は、打製の石斧・石庖丁・有肩扇状形石器に磨製石鏃(3)が発達している。この両者を一言で表現するならば、前者はきわめて水稲農耕的で、後者ははなはだしく陸耕的性格をみせている。この両地域の本質的な環境差というものは、それ以降、現代史の上にも大きな違いをみせてきたと、藤森栄一は卓見を述べている(4)のである。

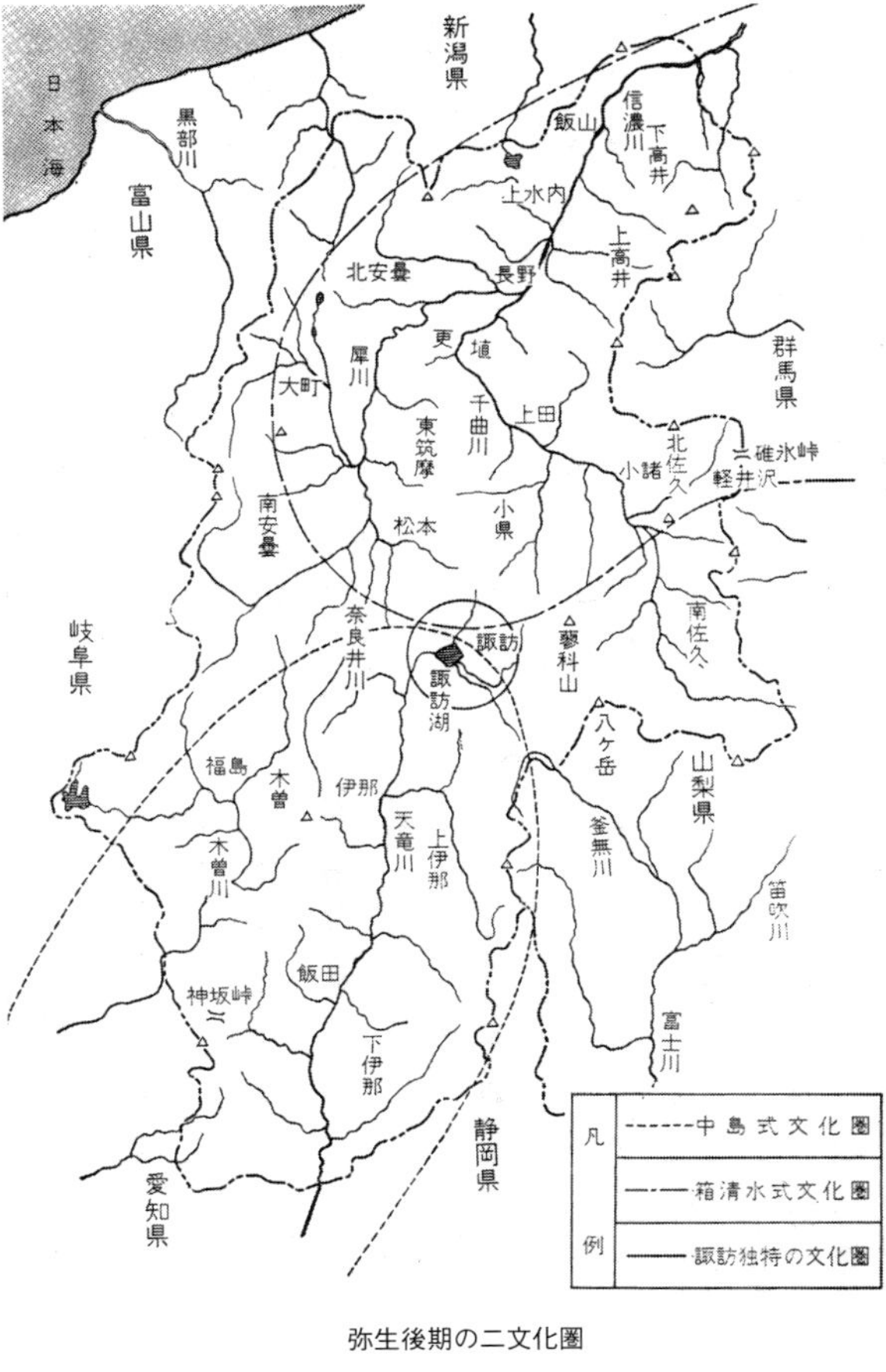
新潟県
日本海
黒部川
富山県
飯山
信濃川
下高井
上水内
上高井
北安曇
長野
群馬県
更埴
犀川
大町
千曲川
東筑摩
上田
北佐久
碓氷峠
小諸
軽井沢
南安曇
松本
小県
岐阜県
奈良井川
諏訪
蓼科山
南佐久
諏訪湖
八ヶ岳
福島
木曽
伊那
山梨県
天竜川
上伊那
木曽川
釜無川
笛吹川
飯田
神坂峠
下伊那
富士川
静岡県
愛知県
凡例
中島式文化圏
箱清水式文化圏
諏訪独特の文化圏

弥生後期の二文化圏

千曲川流域に発達した箱清水式文化は、南は諏訪・松本から、東方は碓氷峠を越えて関東平野の一部に、北は富山・石川県と、広大な拡散をみせ、一方中島式文化圏は、北は諏訪湖畔から、南は静岡県佐久間にわたる分布をみせており、これら両文化の時期は、先進の西日本の弥生土器の比較などから、およそ二世紀頃と考えてよいだろう。とすると「魏志倭人伝」の伝える小国群立の頃で、この二つの文化圏も地縁集団であって、「クニ」の成立とみられなくもないのである(5)。

このような二つの弥生式文化圏は、その後につづく文化が、極めて貧相を呈するのであって、箱清水式では柳町式に、中島式は恒川Ⅱ式にとなるが、さらにそれ以降の文化は充分に資料がない。おそらく深い沖積層の中に埋没しているか、現在の集落と重なり合っているのかとも考えられる。

両文化圏の中間帯における、たとえば諏訪のような場合は両文化の影響を合せもった形式の土器が出来上っている。この時期は岡谷市海戸遺跡(6)の調査によって、海戸式――岡ノ屋式に分けられており、諏訪もやはり、それ以後の土器形式は、茅野和田(7)にみられた欠山式に比定される例くらいしか判っていないのである。

(1) 藤森栄一「千曲川下流長峰高丘の弥生式石器」考古学八―八

(2) 大沢和夫他「下伊那地方の弥生文化概観」長野県考古学会誌四
(3) 神村透「飯田地方における弥生時代の打製石器」
(4) 藤森栄一「信濃上代文化の考古学的試論」信濃二〇—一〇
(5) 大沢和夫「下伊那地方の弥生文化概観」長野県考古学会誌四
(6) 八幡一郎他『岡谷海戸』岡谷市教育委員会
(7) 宮坂英弌他『茅野和田』茅野市教育委員会

方形周溝墓と古墳

古墳の出現を学史的にみると、昭和四十九年四月以前までは、信濃最古の古墳群は、善光寺盆地南の篠ノ井、屋代地区の丘の上に出現する川柳将軍塚古墳、森将軍塚古墳があるが、四世紀末から五世紀初めと考えられているものである(1)。しかし先行の弥生式文化である箱清水式文化圏の上に成り立つものと考えることは肯定されるが、箱清水式以後の弥生土器が柳町式程度という点からは、その間にまだ時間的なギャップを大きく感じるものである。

一方もう一つの弥生式文化圏である、中島式文化圏では、伊那谷の天竜川流域中流の飯田市付近に、古墳の密集地があるが、古墳の発生を系統的にみると、報告書によれば、粘土槨形式で、眉庇付冑を出した妙前大塚古墳[2]が、二十一基の前方後円墳より先行する事になる。ついで竪穴式石室内蔵の竜丘群に属す兼清塚古墳・桐林丸山古墳・大塚古墳・塚原二子塚古墳とあって、御猿堂古墳となるが、これは横穴式石室内蔵の前方後円墳である。しかし一方で注意しなければならない古墳は、座光寺古墳群に存在する、新井原七、八、十二号古墳、石行一号墳のような竪穴式石室を有する円墳、あるいは粘土槨形式の古墳であって、意外と古式の古墳が検出されそうである[3]。

諏訪にあっては、諏訪神社上社境内に築造された粘土槨で方墳のうたがいもあるフネ古墳が初現で、五世紀前半に位置づけられ[4]、その系譜の古墳が、守屋山麓にのみ連続して出現している。

一方それらの信濃の古墳の現状を驚がく的に打ち破ったのが、昭和四十九年春発見された松本盆地東端の中山丘陵先端にある、前方後方墳の弘法山古墳である[5]。これは前方後方墳の見事さもさることながら、赤色塗彩された竪穴状礫槨を内蔵し、鏡・剣・小玉・斧・鏃と少ないが、前期的副葬品をもち、石室直上の土器は、壺・高坏・埦形をなすが、東海・美濃地方に縁をもつ、もっとも古式（弥生直後）の土師器であった。その土器はパレススタイルといわれる赤一色塗彩櫛目文の弥生式土器の系統を引くもので、球形胴と直立する頭部が特徴的な壺形土器で、東海地方にみられる、元屋敷式あるいはその次にくるもので、美濃では四郷遺跡にこれとまったくにたものがあり、紅村弘氏はこれを土師最古形式としている。(6)信濃では松本弘法山古墳のものについで松本の出川の土器、弘法山古墳に対する地点にある棺護山(7)（中山三十六号墳）出土壺形土器が著名である。

この弘法山古墳出土の壺形土器は、東海あるいは美濃からどのような経路で、移入してきたものであろうか。中島式土器も、その細分を進めれば、三ないし四形式になる可能性もあって、その終りの形式は、欠山式あるいは元屋敷的なものと考えられるようだが、(8)月夜平遺跡(9)にも、欠山的な土器が出現したり、田村原二号方形周溝墓出土の壺形土器(10)は、東海の弥生終末形式土器（元屋敷比定）の、移入品であるとの指摘がある。しかしその実体は、中島式土器に比すると、微々たるものであって、実相は今後の研究にまつところが大である。そのような状況ではあるが、中島式文化の終末には、東海方面からの、著しい文化的な進入があることがうかがえるのであって、松本平にみられる柴宮銅鐸・宮洲銅鐸片も無縁ではない。そうした東海系文化の結実が、弘法山古墳という信濃最古の古墳として現われたものであろう。

諏訪における弥生末の岡ノ屋式とフネ古墳との間には、実際には時間的に差がありすぎる。この弥生末を埋めるような土器形式は、最近、わずかであるが、千鹿頭十一号住の土器とか、新井南一号住の土器[11]、茅野和田の弥生土器[12]、そして下蟹河原の土器[13]と、欠山式前後に相当するものが知られているが、これも今後の編年的な検討をまたねばならない。

弥生時代の社会構造は、住居地区と生産地区（水田）、そして墓域とが分かれるものが出てくるが、その社会構造のなかで、弥生墓制は、縄文時代にもみられた甕棺墓とか、石棺墓・土壙墓・廃屋墓などのほかに支石墓が、大陸の葬制の影響のもとに出現し、また著しい発見は、方形周溝墓が、弥生文化の拡散した範囲、すなわち南は九州から北は仙台あたりまで存在している。そのほか山岳地帯には岩陰墓がみられたり、配石墓・方形台上墓などもあり、かなり変化に富んだ葬制がうかがえる。

そのなかでも方形周溝墓は、弥生社会の普遍的な墓制であることが知られてきているが、これらの弥生墓制では、血縁共同体的な共同墓地といわれており、その族長は特別な場所とか、区域された場所に葬られてはいない。しかしながら同一墓域内にあって厚葬された墓の存在は知られているが、これは共同体成員の上に立って、農耕儀礼・集団労働・共同体管理などの司祭者であり規制者であると考えられている。

そのような弥生墓制の内容は、次にきたる前期古墳の、その内容と対比してみて、前期古墳にみられる著しい階級的、対人的な差別はとても感じられないのである。

東京八王子市宇津木向原遺跡で、中央道用地内から発見された、最初の方形周溝墓は、その後全国の発見例は二百余になるであろう。これらの方形周溝墓は、信濃では四十例に近い数が発見されてきており、南信濃は、下伊那二十七、上伊那二、諏訪二という数であって、まだ発見される事は必至である。県内のそのほかの地域では、善光寺平北方では十例が知られており、照丘遺跡例は円形周溝(14)であり、中信地方ではわずかに、塩尻市焼町例(15)がある。諏訪の例は中央道四十九年度調査で、初の方形周溝墓が、円形周溝墓とともに、西山地帯の真志野本城遺跡に発見されている。それ以外の東北信では、まだ未発見であるが、どうも県下全域の弥生末期の一つの墓制と考えてよいようである。

この方形周溝墓のもつ性格づけは、まだ充分なる解釈は与えられてはいない。しかし、考え方としては、次に出現してくる高塚式墳墓と関連させて「墓制」

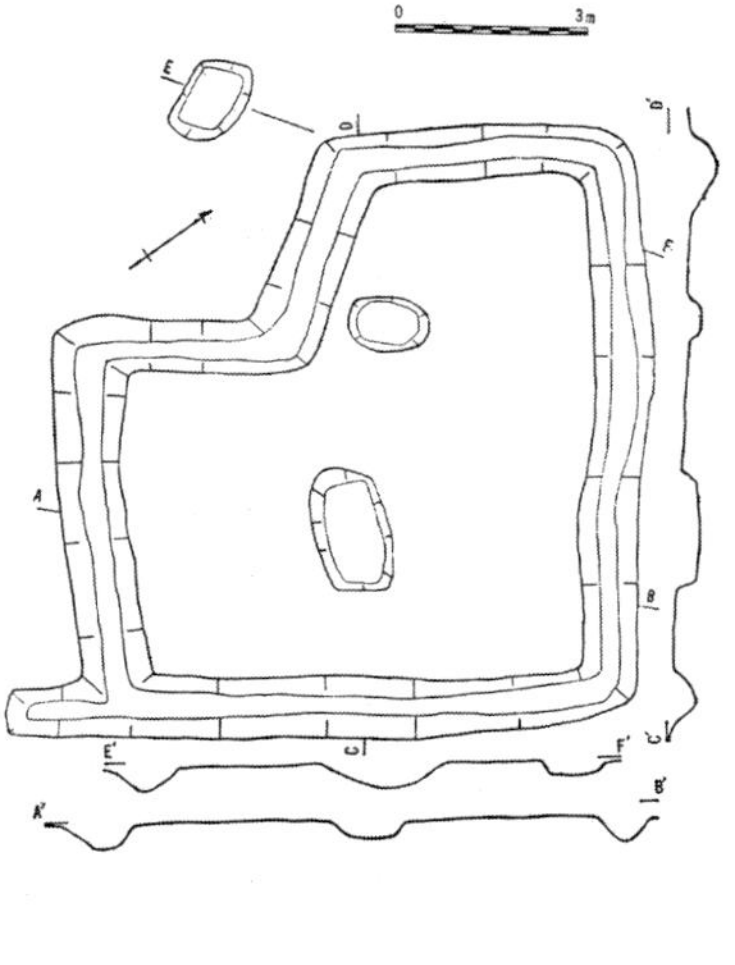

方形周溝墓（下伊那郡帰牛原一号）

として研究する方向と、この墓を通して「社会構造」を解き明かすために研究しようとする、二つの流れがあると考えられる。この当時の社会が、農耕生産を主体とする弥生時代で、原始共同体社会構造の矛盾が大きく膨らんで、新たに国家統一に向かって流れてゆく過程のなかで、その方形周溝墓の存在理由が、いかなるものであったかを解き明かす必要は、諏訪という地域のなかにとっても、重要な問題である。

いまここで方形周溝墓について、墓制の面に力を注いで考えてみたい。南信濃の方形周溝墓の発見が、昭和四十五年、飯田の「さつみ遺跡」、「権現堂前遺跡」(16)でなされて以来相つぎ、いまだ資料の集積期というような状況下であるが、それらの発掘調査に参加している宮沢恒之氏によって、問題提起の形で初めての論究がなされている(17)。これらの報告書等を検討して、まず気づくのは、方形周溝墓における遺物・副葬品の僅少性である。そして形態には幾通りか(七類十二形に分類する研究者もある(18))に類形化する事ができる。まず周溝墓の時期を知る手がかりである遺物の少ない点は、形態の類形化による変遷を知る上に、決定的ダメージである。そこで考えたのは、方形周溝墓の存在する位置であるが、これを高塚式墳墓の段階へと結ぶ墓制とする考え方でゆくと、初期の古墳が集落を見下ろせる立地をとるが、方形周溝墓はどのようであるかという事である。

伊那谷の例をみると、三十五例中(上伊那樋口五反田例も含む。下伊那飯田松尾清水遺跡の七例は、佐藤甦信氏教示では集落中とされる）およそ半々の割合で、「集落中」と「集落を離れる位置」に分けられる。これを墓制面として捉える見方からすると、「集落中」の方は共同体成員としてみられているが、後者に属する方形周溝墓は、共同体成員から離れつつある立場の人物と考えてみたが、編年的位置からすると、そうとばかりもいえない。共同体の首長が、共同体構成の一員であって、墓地においても同様な扱いを受けて、わずかな優位性、特別な扱いがみえるにしろ、そうした弥生社会の構造のうちは、首長は司祭者的性格を付与された人物程度とみられるが、これらの弥生墓から、首長層と共同体との関係を把握するのはかなり時間のいる作業であろう。いま信濃において発見されている、方形周溝墓の様相を、理解すべく概観してみよう。

（1）岩崎卓也「古墳時代の遺跡、遺物と郷土社会の変貌」郷土史研究と考古学
　岩崎卓也「長野県森将軍塚古墳」
（2）佐藤甦信『妙前大塚』飯田市教育委員会
（3）市村咸人他『下伊那郡史』
（4）藤森栄一、宮坂光昭「諏訪上社フネ古墳」考古学集刊三―一
（5）斉藤忠他『長野県松本市弘法山古墳調査報告書』松本市教育委員会

(6)紅村弘『東海の先史、遺跡(綜括編)』東海叢書一三
紅村弘「弥生土器、中部東海西部三」考古学ジャーナル一一二
(7)原嘉藤、小松虔『長野県松本市中山第三六号墳調査報告書』松本市教育委員会
(8)宮沢恒之氏の考え方。
(9)大沢和夫『月夜半』高森町教育委員会
(10)佐藤甦信他『田村原遺跡』下伊那郡豊丘村教育委員会
(11)『中央道五〇年調査』(未)
(12)宮坂英弌他『茅野和田』茅野市教育委員会
(13)藤森栄一「信濃下蟹原における土師器の一様式」考古学一〇―一一
(14)高橋桂「長野県飯山市照里環状周溝遺跡調査略報」信濃二〇―四
(15)原嘉藤、小松虔他『塩尻市焼町遺跡緊急発掘調査報告』塩尻市教育委員会
(16)大沢和夫他『長野県中央道埋蔵文化財包蔵地発掘調査報告書』昭四六年
(17)宮沢恒之「下伊那飯田地方の方形周溝墓」伊那五一年三月
(18)大塚初重、井上裕之「方形周溝墓の研究」駿台史学二四

南信と北信の方形周溝墓

南信濃発見例で、もっとも古い一群のうち、滝沢井尻例(1)は、弥生後期前半に編年されている座光寺原式土器が発見され、主体部の土壙内より、鉄剣二本が副葬されていた。この例は時期がやや古式すぎて、方形周溝墓被葬者が、集落から離れ、それを見下ろす位置に葬られる人物層に発達したとは考えられそうもない。

一方石子原例(2)をみると、弥生集落から離れて位置する円墳に、箱式石棺と三個の墓壙が築造されており、この円墳を囲繞する周溝は周囲に作られた三基の方形周溝墓の周溝と切り合いをしていない。報告書によると、古墳のうちの古式とされる二号墓壙からは、その出土した須恵・土師（鬼高式）から、六世紀初頭とされ、周囲の方形周溝墓は、周溝の形式から、弥生後期のものと考え、その築造順も三号→一号→二号とされている。さらに方形周溝墓から、高塚式墳墓（六世紀代）への発展を述べているが、その関係については、直ちに肯定はむずかしく、もう少しの資料と検討が欲しいものであろう。しかし石子原例によってみる如く、弥生末期から古墳時代中期までは、少なくとも墓域がある一定の場所（ここは集落外である）を占めている事がうかがえるのである。

諏訪における例は、最近発見例であるが、守屋山麓（西山地帯）の真志野本城遺跡(3)において、方形周溝墓と円形周溝墓の存在が確認された。本城遺跡は沖積地から急峻な丘陵上にある遺跡で、のちの古墳立地としては好適地である。方形周溝墓の方は、調査をみたかぎりでは、弥生末ないし五領期に相当するらしい。円形周溝墓の方は、主体部には遺物はなく、周溝底から高坏・坩・壺等が、供献された形に配列されて発見されている。これら土師器は、和泉式相当であった。また東端にあった一号古墳としたものは、円形周溝と、周溝内側には土壙的なものはみられず、黒土層中より勾玉・直刀が同一レベルで発見されている。所見では粘土槨的なものはみられず、おそらく土壙、あるいは木棺直葬であったものと考えられ、出土した内彎するフクラ切先の直刀からして六世紀代にしてもおかしくはないものである。二号古墳の方も大形の円形周溝があって、その溝中より出土の古式須恵𤭯から、六世紀代とみられる。この方も周溝の内側には、主体部がローム層中にみられなく、おそらく黒土層中に存在したものと考えられる。

この本城遺跡における所見では、弥生末から古墳時代中頃まで、墓域であった事が推考されるものである。弥生時代の住居址も、この高台上には、四〜五個が発見されているが、諏訪の西山においては、そんな程度が、一つの集落であるのかも知れない。となると、その方形周溝墓は、その集落にかかわりのあるものかも知れない。

南信濃における既出の方形周溝墓について、その年代的なものを検討してみると、権現

南信濃の方形周溝墓時期概観

遺構名	周溝形	弥生後期			古墳前期	土器形式
		前	中	後		
権現堂前	方形	○				座光寺原式
滝沢井尻	〃	○				〃
角田原 1	〃		○			
〃 2	〃		○			
天伯 A	〃		○			
石子原 3	〃		○			
〃 1	〃		○			
〃 2	〃		○			
帰牛原南 2	円形			○		中島式
〃 5	方形			○		〃
〃 4	〃			○		〃
〃 1	〃			○		〃
〃 3	〃			○		〃
田村原 1	〃			○		〃
〃 3	〃			○		〃
清水 1	〃			○		〃
〃 2	〃			○		（東海系終末）
さつみ	〃			○		中島式
帰牛原 1	〃			○		〃
〃 2	〃			○		〃
出原西部	〃			○		〃
的場 1	〃			○		〃
〃 2	〃			○		〃
〃 3	〃					時期不明
田村原 2	〃				○	元屋敷壺
天伯 B	〃					時期不明
諏訪本城	〃			○?		弥生末～古墳初
塩尻焼町	〃			○		弥生期

堂前と滝沢井尻例を最古の座光寺原式として、そのほかの二十一例は弥生後期と、その後半に属する。しかし石子原二号例のように、古墳時代前期にまで降下する例もある。諏訪本城例も、未発表資料ながら、弥生終末ないし、五領期に降るともみられるものである。

これらの弥生式の墓制が、古墳時代まで継続するということは、下伊那では古式古墳と同一時期に同時に共存していたものとも考えられるが、社会構造上、かなり大きな問題を含むものであろう。諏訪における本城遺跡においても、三基の円形周溝墓（円墳一・二号を含む）が、その年代をおよそ六世紀代としているが、同じ守屋山麓において、五世紀代のフネ古墳、片山古墳等の存在が知られており、同様な重大な問題を含んでいるものといえよう。

北信における方形周溝墓についてみると、その発見地は善光寺平北半部で、六遺跡十例が知られている。しかし南信例に比して、その発見時期が、一昔古かった事と、問題意識の少なかった頃という点、それに正式報告の未刊例もあり、資料的に整っていない。一応報告書等の検討によって概観してみよう。

初期の発見である須多ヶ峯例(4)は、二基あって重複しており、正しい方形ではない。主体部土壙中より、硬玉勾玉・鉄釧が発見され、周溝内からは箱清水式の底部穿孔土器の発見があり、弥生後期前半頃のものとされよう。

北信濃の周溝墓時期概観

遺構名	周溝形	弥生後期		古墳時代		土器形式
		前半	後半	前期	中期	
須多ヶ峯1号	卵形	○				箱清水式後半
〃 2号	方形	?				箱清水式
安源寺22号	変形方形		○			〃
〃 23号	円形	○				〃
南大原	〃	○				〃
東長峯	〃		?			
照丘	〃				○	和泉式新
平柴平1号	方形				○	円筒埴輪
〃 2号	〃		○			箱清水式
〃 3号	〃		○			〃
〃 4号	〃		○			〃

それと同時期のものに、南大原例[5]があって、これは円形の周溝であるらしい。弥生後半期に相当するものには、安源寺例[6]があるが、周溝の形は円形・変形方形である。信濃の最北端にある飯山照丘例[7]は、二五メートルの円形周溝があり、この溝中より供献的性格のつよい高坏・坩・壺等が多く発見されている。その土師器形式は、和泉式の新しい部分であった。長野市安茂里平柴平例[8]は、四基の方形周溝墓の発見があり、そのうち三基は弥生後期の箱清水式期であり、一基は埴輪円筒が出土しているというから、古墳時代中期まで降下するかも知れないといわれている。

このように、北信例は、平柴平例を除くと、円形、あるいは変形方形と、そのプランが雑然としている。時期については、弥生中期末から出現して、同後期例がもっとも多く、古墳時代中期まで降下する例もあるということが判る。北信においても、資料的にはまだ不充分ではあるが、初期古墳群の出現が五世紀初頭とされると、弥生式墓制の系統を引く墳墓が、一方では存在していたという事が指摘できよう。

諏訪における弥生末から古墳時代にかけての状況を、もう少し詳しく考察してみると、今までに発見されている資料は、いずれも守屋山麓であって、いわゆる西山地帯といわれる場所であり、ちょうど伊那谷と背中合せの場所になる。既出資料では、初期古墳群であるフネ古墳(9)・片山古墳(10)・狐塚古墳(11)・糠塚古墳(12)があり、それに弥生末から古墳時代にかけての、本城遺跡発見の方形周溝墓、そして円形周溝墓群である。

年代順に概観すると、本城方形周溝墓は弥生終末期とみられ、近接する円形周溝墓は周溝底発見の和泉式土器によって六世紀代、それに古墳とした二基は、円形周溝墓といえなくもなく、これも六世紀代である。

一方同じ山麓上の、南方に発見されていたフネ古墳は、墓域が方形をとる可能性が強く、主体部では、二基の並列する粘土槨形式であった。その粘土槨内の副葬品は、仿製ながら変形獣文鏡・鹿角装鉄剣・蛇行剣・鉄製有鉤釧・青銅釧・農工具がみられ、方形周溝墓にはみられない厚葬の様子が認められるもので、その年代は五世紀前半の古墳としたのである。それにつづくと考えられる片山古墳は、主体部に二基の粘土槨をもち、その周囲を列石（数段の積石状）をもって、方形に囲繞して墓域を造っている。ここの副葬品も仿製の青銅鏡・鹿角装鉄剣・内彎する大刀・腸抉柳葉両丸造りの鉄鏃、それに素焼き無文のいかにも弥生式土器の焼成に近い紡錘車がみられた。この副葬品からしても、方形周溝墓に比すべきもない厚葬といえよう。この二例と同様に考えられるのが、同じ守屋山麓から発見されている狐塚古墳と糠塚古墳であって、いずれも五世紀代から六世紀に比定される古墳である。

これらの諏訪最古の古墳群は、実体の不充分なものもあるが、方形周溝墓のつよい影響を示しながらも古墳として、五世紀代に築造されたことになる。とすると、一方には、方形あるいは円形周溝墓の存在も認められるところから、両者は守屋山麓という立地上で、きわめて近い場所で共存していた事になるのである。

信濃の方形周溝墓を概観してみたが、その発生は全県的に共通する弥生後期前半頃である。そしてもっとも盛行するのは、後期後半であり、それは引きつづいて古墳時代にまで存続して、古墳中期頃まで降下する例もある。という事は、古墳という高塚式墳墓の側からみれば、弥生期以来の墳墓と共存している時期という事になるのである。

方形周溝墓の造られた位置については、集落中と、集落から離れた地域の二つがあるが、集落から離れて造られたものが、初期古墳の立地となり、初期古墳に直結して行くのではなかろうかと考えたが、まだ考察できる段階ではなかった。

周溝のプランについても、概観的に南信に方形が多く、北信には円形やくずれた方形がみられるという程度で、まだそれ以上に論ずる資料がない。方形周溝墓の信濃における現時点での概観的な考察は、以上のようなものであった。

(1) 大沢和夫他「滝沢井尻」中央道発掘調査報告書、昭四七
(2) 大沢和夫他「石子原」中央道発掘調査報告書、昭四七
(3) 『中央道発掘調査四八年度』(未)
(4) 高橋桂「北信濃須多ケ峯弥生式墓壙調査概報」考古学雑誌五一—三
(5) 桐原健「南大原遺跡のV字溝」高井五
(6) 金井汲治他「中野市安源寺遺跡緊急発掘調査報告」長野県考古学会研究報告二
(7) 高橋桂「長野県飯山市照里環状周溝遺跡調査略報」信濃二〇—四
(8) 笹沢浩氏教示。
(9) 藤森栄一、宮坂光昭「諏訪上社フネ古墳」考古学集刊三—一
(10) 藤森栄一、宮坂光昭他「諏訪市大熊片山古墳」長野県考古学会誌七

(11) 茅野市宮川高部火焼山の峯の湛から無石槨墳で、剣、直刀出土。
(12) 両角守一「諏訪郡湊村糠塚発見の六獣鏡」信濃四―七、昭一〇

信濃の古墳

信濃の古墳の総数は三〇五〇余基(1)とされているが、下伊那地方は六八二基、善光寺平周辺は一三〇〇余基となる。善光寺盆地のうち、更級・埴科地方にもっとも集中していて、八九三基が知られている。埴科はもっとも小さい郡であるが、その古墳数は一番密度が高いといえる。更埴両郡は千曲川によって区切られているが、東岸の埴科郡に約七〇％が集中している。

埴科郡には大室古墳群があって、その数五〇〇余基が、古墳数を多くしている。更級郡の方は、大室のような大群集墳はないが、小群をなして水田地帯に面した山麓に築造されており、これらは大体、古墳時代後期の築造にかかわるものである。

これらの古墳群と、およその立地と内部主体を異にする古墳の一群がある。すなわち山麓墳に対して山頂墳である。更埴地方の千曲川氾濫原に半島状に突き出た丘陵端の山頂、あるいは山上に築造されたもので、山頂からみれば、その視界は水田平野を一望に見下ろ

更埴森将軍塚よりの遠望、手前条里田、
向こうの丘陵上に倉科、土口将軍塚がある。

せ、平地からはそのきわ立った築造物を仰ぎみる形になるのである。

　それらの山頂墳は、四世紀末から五世紀初頭に築造されたと考えられるもので、石川の川柳将軍塚(2)、森将軍塚(3)、倉科・土口・有明の各将軍塚という、竪穴式石室内蔵の前方後円墳が、平地へ半島状に突き出た、丘陵頂上に出現している。いずれも被葬者が治めた水田平野を一望にし、古墳の形も完成された形で、いかにも大和政権との結びつきの深いらしい事を、その副葬されていた二十余枚の鑑鏡などとともに物語っている(4)。

　この善光寺盆地に初現の、山頂墳の主はいかがな人物であったろうか。まず考えられるのは、千曲川西岸の広大な氾濫原である。初期水稲耕作にはもっとも有利な場所で、まずこの氾濫原の水田を支配し、ヒンターランドとした首長であることにまちがいはない。

この川柳将軍塚の出土品については、『信濃奇勝録』という江戸中期の文献によれば、鏡二七枚・銅銭一七・筒形銅器二・細形管玉七〇〇本・石製模造品や硝子小玉・金銀環が記載され、その豊富さは目をみはらせる。そのなかでもことに、鏡の二七種類はすばらしく、神獣鏡・内行花文鏡・方角規矩鏡は、その関係を大和の大王との密接さを物語るものである。

それらの山頂墳の前方後円墳は、内部主体が竪穴式石室で、森将軍塚例では、割石小口積で内部に朱彩されており、真紅の世界に永遠のねむりについた人物は、神性をもった人物であって、善光寺盆地を支配した首長であったと考えてよい。

川柳将軍塚古墳に相対する南方の、千曲川を西下にみる有明山頂に、森将軍塚古墳がある。この古墳も眼下には屋代の条理制水田が発達している程、水稲農耕の発達した地区である。

この千曲川東岸の山頂に出来た古墳群は、西岸に出来た主権が東岸に移ったものであろう。その理由は自然堤防上にある、三角形の後背地上の水田の発達であろう。そこに拠った集団の中から、有力首長が出現したもので、

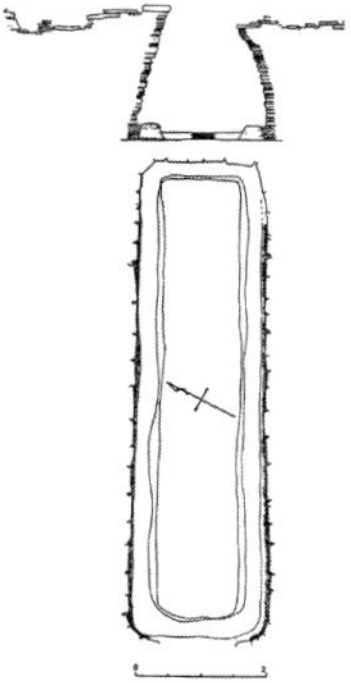
森将軍塚の竪穴式石槨実測図

この頃に大和朝廷からの勢力が波及してきて、大和の大王はこの地区の先進的な首長に対し、おそらく鏡の贈与を通じて、その地区の支配権を承認する形をとって、支配下に組込んで行ったものとみられる。

川柳将軍塚古墳の被葬者は、その支配圏を千曲川両岸一帯においたもので、そこの首長として、大和の大王に結びつく事によって、その公権的な力をバックにして、司祭者的性格から、政治的性格をもつ首長に変貌をとげたものであろう。この川柳将軍塚と同じ時期と考えられる古墳は、東岸の森将軍塚であろうが、その東岸には、森将軍塚古墳が出現して以後、同様な規模の前方後円墳がつづいている。

森将軍塚古墳の前方後円墳は全長一〇〇メートルで、信濃最大である。石室は朱彩された割石小口積で、副葬品は舶載鏡の破片、硬玉勾玉など古式のものがあるが、川柳将軍塚よりは新しい様子がうかがえる。

この更埴の千曲川をはさむ山頂墳は、その編年的な推移については、いくつかの考え方があるが、もっとも安定している編年は次のように考えて、一古墳一世代とみてよいように考えられる。(5)

西岸　川柳将軍塚

東岸　森将軍塚――倉科将軍塚――土口将軍塚――有明将軍塚

以上の初現の古墳群にもっとも問題となる点は箱清水式文化圏の上に成立した初期古墳群であるというカテゴリーは肯ずけるが、あまりにも突然的な出現のあり方をみせている事で、箱清水式以降の弥生文化と、この古墳のあいだには、きわめて大きな断層を感ずるものである。弥生末の一つの墓制である方形（円形）周溝墓のあり方にしても、善光寺盆地の相反する北半に、一方的に発見されているが、初期の古式古墳群の足下にある更埴・篠ノ井における弥生遺跡（下条・灰塚・生仁等）の調査において、方形周溝墓の発見がなかったが、今後の発見例をまつべきものか、あるいは基本的に異ったパターンが存在するものであるか、一つ問題である。

松本盆地における古墳の発生問題は、前方後方墳の弘法山古墳発見(6)（昭四十九年）で、これは四世紀後半とされ、県内最古に属す古墳となり、松本盆地における古墳発生の様相は、善光寺盆地のそれと相にてきた。古墳の内部主体が竪穴状礫槨であって、朱彩されている事、三角縁獣帯鏡と玉・鉄剣・銅鏃・斧などの副葬品からみれば、基本的には、善光寺盆地南部に出現した古式古墳と同じであろう。しかし主体部上に葬祭されていた高坏・壺・埦などの土器は、東海系の古式土師器（四郷式）といわれるもので(7)、これに近い土器類は、近接する棺護山古墳[8]（中山三六号墳）、南松本出川発見土器[9]と、すでに知られているものもあった。松本盆地の弥生遺跡の大規模な調査例は少なく、方形周溝墓発見は、盆地南端の塩尻焼町例しかないが、あるいは今後、弘法山古墳の築造された円山の足下において方形周溝墓の発見がなされるかも知れない。

南信においては、下伊那では最古式古墳は兼清塚古墳[10]とされ、前方後円墳で竪穴式石室内蔵の完成されたものであり、最近発見された妙前大塚古墳[11]は、周溝をもつ円墳であるが、内部主体は粘土槨で、眉庇付冑・剣・矛・直刀・工具・玉類が副葬されており、兼清塚に先行する五世紀前半とされている。下伊那では、きわめて近接した地区に一方では古墳が築造されているのに、他方では、いまだ方形周溝墓が同時に存在するという事が知られている。

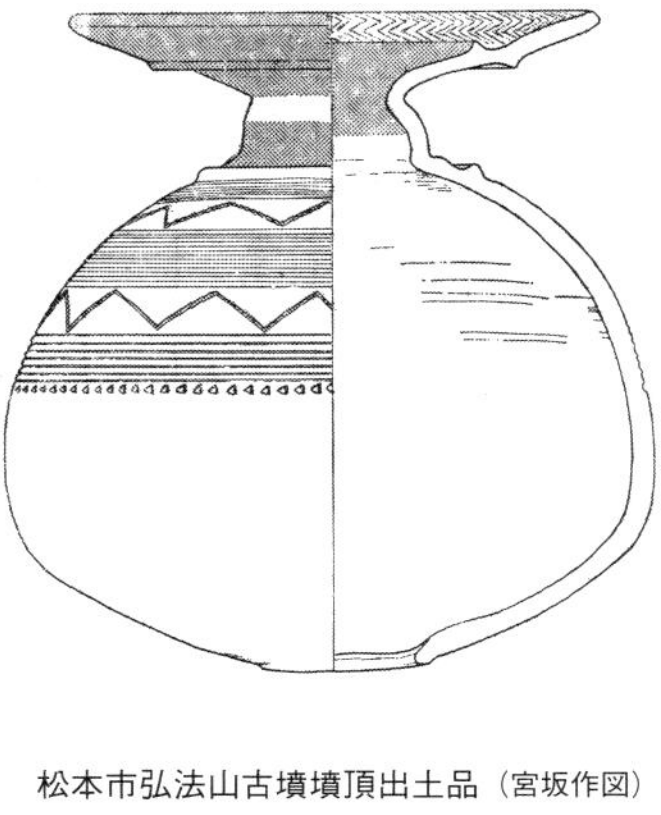

松本市弘法山古墳墳頂出土品（宮坂作図）

諏訪地方では、すでに述べたように、古墳と方形（円形）周溝墓は同時に存在しているが、古墳のあり方に、他地区のように前方後円墳で竪穴石室内蔵、あるいは極立った墳丘など

南信濃の主要古墳

○円墳竪穴石室　□前方後円墳竪穴式石室
▽粘土槨　■前方後円墳横穴式石室

地名 / 西暦	竜丘群 (竜丘・川路・松尾)		座光寺群 (座光寺・市田・上郷)	上伊那	諏訪 湖北	諏訪 湖東南
					▽フネ	
					▽片山	
	○妙前大塚				▽狐塚	
500						
	□兼清塚		○新井原 12 号墳	▽阿原	糠塚	
			○　〃　7 号〃			
	□桐林丸山	□桐林大塚	○　〃　8 号〃			
	□桐林塚原	□塚原二子塚	○石　行　1 号〃			
		○鎧塚		▽三ツ塚		
		○黄金塚	畦地			
600						
	■御猿堂			如来堂		小丸山
			■高岡 1 号墳			スクモ塚
	■正清寺塚					踊場
			■南条天神塚			釜石
	■金山二子塚		■番新塚			ホーソノ神塚
	■駄科塚越 1 号		■古市場 1 号墳	■王墓		
	■権現堂 1 号					
					青塚	
	■馬背塚		■武陵地 1 号		コーモリ	双子塚(?)
	■御射山獅子塚				姥ヶ懐	大塚
700						
					カロート	姥塚
					長者蔵	
						金鍔塚
					地獄沢	四ッ塚

が認められない点が、かなり異質である。

弥生末から初期古墳の出現という遺構面からみたが、もう少し被葬者の性格を考察してみよう。五世紀初頭頃、北信の善光寺平の、いわゆる千曲川中流の広い氾濫原地域を足下にみる更埴、篠ノ井の丘陵端に出現した主権者のシンボルは、その色彩がきわめて大和政権的なものを示している。副葬された多量の鑑鏡と、割石小口積の竪穴式石室を内蔵し、その立地は大和の大王墓を見習ってか、眼下に自分の統治した水田地帯をみわたせる丘陵上に築いている。しかしこの北信を最初に統合した勢力は、南信をも同時に統合していなかったようである。ほぼ同じ頃か、やや先行する時期に、松本平には前方後方墳という北信を統合した一大族長とはかなり異なった性格の氏族によって、統轄が完成している。南信も諏訪湖盆においては、これも善光寺平・松本平の初期古墳と、さしておくれることなく、在地氏族によって初期のフネ古墳[12]が出現している。このフネ古墳は、その副葬品がかなり特異な器物を所有していた。すなわち、内彎する素環頭大刀は、舶載品の可能性もあって、善光寺平・松本平の初期古墳より古い時期のものかも知れない。また有鉤鉄釧や青銅釧も古式である。蛇行剣二本と鹿角装をした剣十九本も、古式であるとともに呪性を保有した武器であろう。そのほか鏡は粗末ながら変形獣文鏡一枚をもち、また農耕用具のオノ・ノミ・鎌・ヤリカンナ等があった。

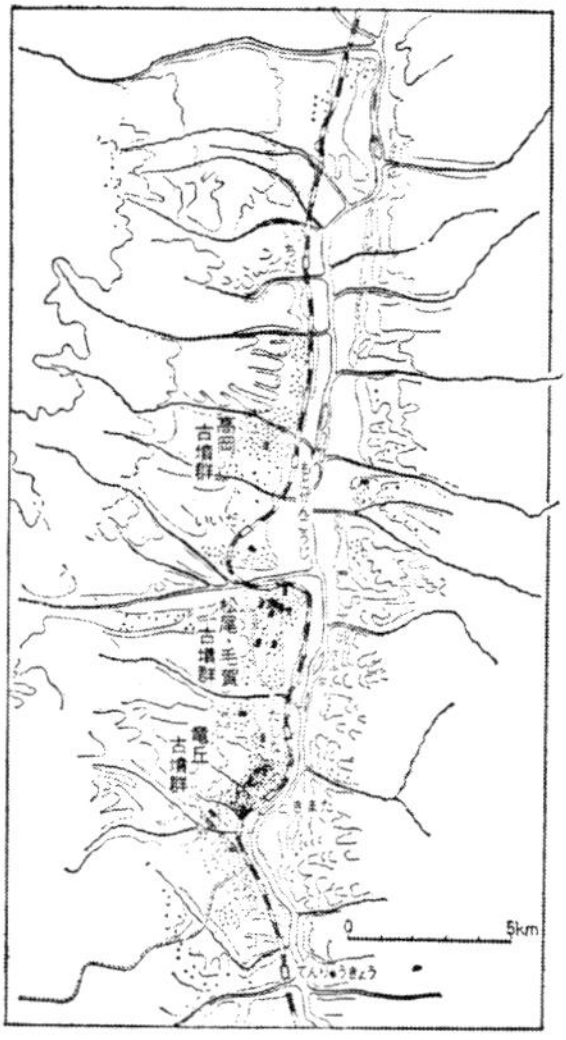

下伊那の古墳分布図

善光寺平・松本平の族長が、墳制・鑑鏡・埴輪など、中央大和政権的な葬制を受けついでいるが、諏訪のフネ古墳系古墳は、その点きわめて反大和的な色彩が強烈である。諏訪の族長が在地族長から成長して、諏訪の統轄をなしとげたとする考え方は、初期古墳の成立過程および墳制・副葬品からして、うかがえるものであり、このフネ古墳を築造し、奉じた民族は、守屋山麓を占拠して、祭の場としていたらしい。のちの持統天皇五年（六九一）大和朝廷は「風の神」として祭っているが、この頃は農耕神としていた事が考えられる。この神を古くから奉祭していたのは、守矢氏一族であって、古代より守屋山の方向から、実りの秋に恐れていた台風がやってくる。これを鎮める信仰、すなわち農耕民にとってはもっとも大事な、いわゆる平和を保つ司祭者集団であったのである。

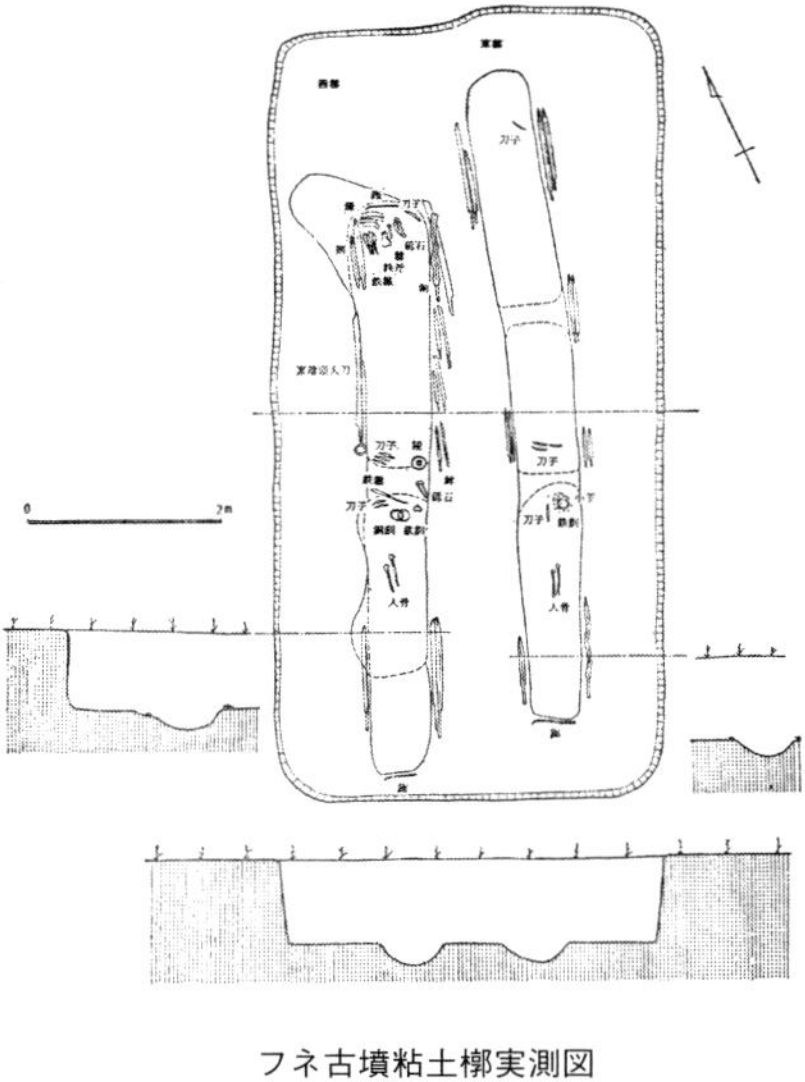

フネ古墳粘土槨実測図

（1）大場磐雄他『信濃考古綜覧』
（2）森本六爾『川柳将軍塚の研究』岡書院
（3）岩崎卓也他『森将軍塚古墳』更埴市教育委員会
（4）大場磐雄他『信濃考古綜覧』
（5）桐原健「善光寺平における古墳立地の考察」信濃一六―四
藤森栄一『日本の考古学Ⅳ、中部地方』河出書房
岩崎卓也『古墳時代の遺物、遺構と郷土社会の変貌』郷土史研究講座一
（6）斎藤忠他『長野県松本市弘法山古墳調査報告書』松本市教育委員会
（7）紅村弘氏の教示。
（8）原嘉藤、小松虔『長野県松本市中山三六号墳調査報告』松本市教育委員会
（9）原嘉藤、綱原健他『東筑摩郡史』東筑塩尻教育会
（10）市村咸人他『下伊那郡史二』下伊那教育会
（11）佐藤甦信『妙前大塚』飯田市教育委員会
（12）藤森栄一、宮坂光昭「諏訪上社フネ古墳」考古学集刊三―一

在地氏族の古墳

諏訪の古墳発生から展開を、その特徴的な面からとらえ論じてみよう。それには第一期から第四期古墳として述べる事ができる。

第一期古墳

フネ古墳発見以来、引きつづき注意して発掘、あるいは再検討された一群の古式古墳がいわゆるフネ古墳系古墳群である。立地はいずれも守屋山麓（西山地帯ともいい、赤石山脈北端の諏訪湖盆に面した山麓）の山頂墳である。

フネ古墳(1)――片山古墳(2)――狐塚古墳(3)――糠塚古墳(4)という系譜が考えられているもので、フネ古墳と片山古墳は、諏訪神社上社本宮の鎮座する宮山の北端の小丘上に築造されていた。両者ともに墓域が方形であると考えられ、その内部主体は、いずれもローム層中に作られた二基の粘土槨形式であり、副葬品は鏡・玉・剣を基本に、農工具とか武器がみられる。狐塚古墳の方は、諏訪神社上社本宮と前宮の中間の丘陵上に存在する「峰のタタエ」という巨木の根元にあった。発見は古く、実体は詳細には不明であるが、石室の構築はなく、鉄剣・直刀等の発見されたことが知られている。糠塚古墳は、守屋山麓を北方にもっ

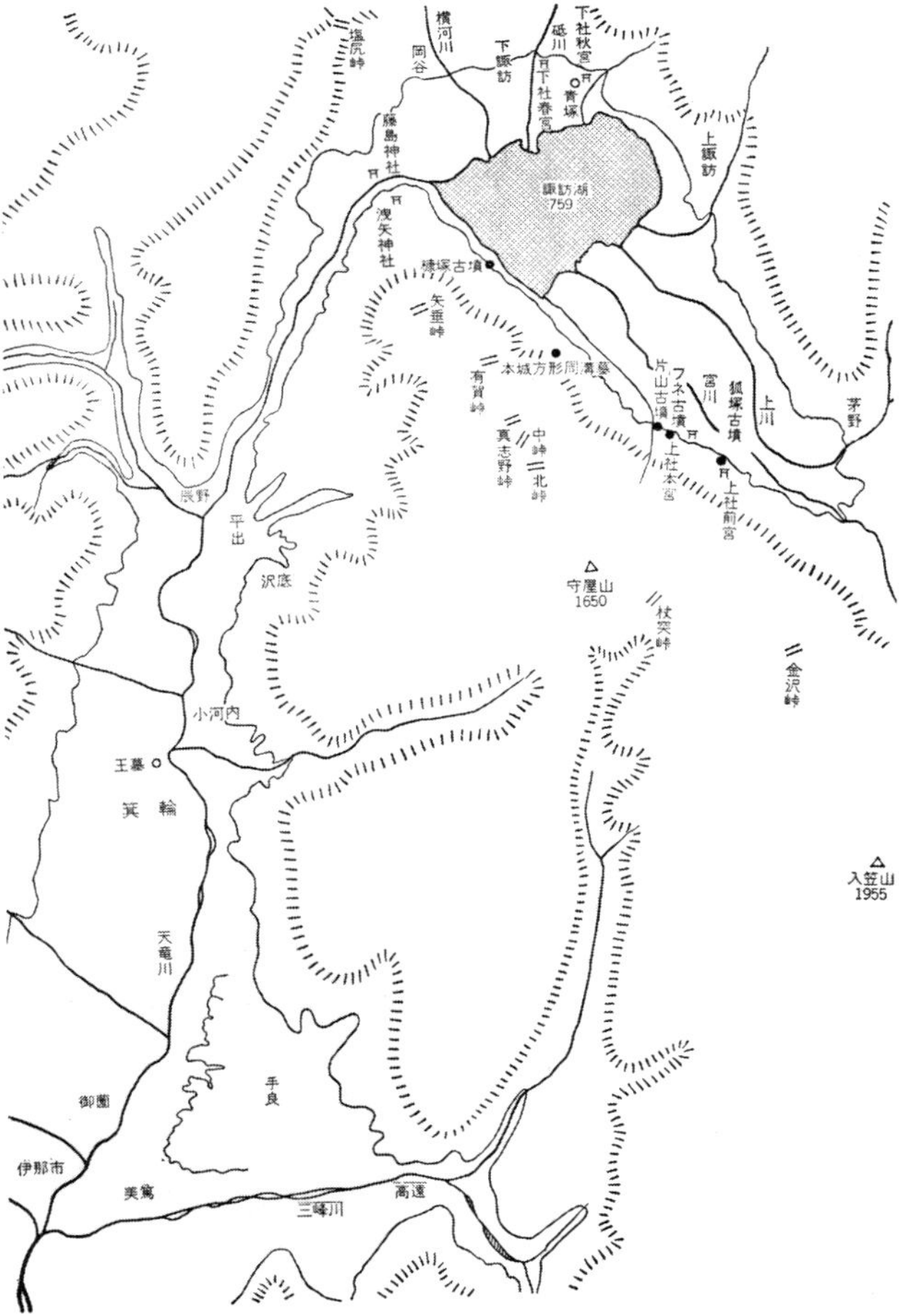

塩尻峠
岡谷
横河川
下諏訪
砥川
下社秋宮
下社春宮
青塚
藤島神社
洩矢神社
諏訪湖
759
上諏訪
榛塚古墳
矢垂峠
本城方形周溝墓
有賀峠
片山古墳
フネ古墳
宮川
狐塚古墳
上川
茅野
真志野峠
中峠
北峠
上社本宮
上社前宮
辰野
平出
沢底
守屋山
1650
杖突峠
金沢峠
小河内
王墓
箕輪
入笠山
1955
天竜川
手良
御園
伊那市
美篶
高遠
三峰川

守屋山麓初期古墳立地

とも離れた、湖尻に近い小坂御社宮司社境内にある。両角守一の報文によれば、偶然の発見で仿製漢式鏡が出土し、勾玉と管玉もあって、墳形は前方後円墳の可能性もある。内部主体も竪穴式石室、あるいは組合せ式石棺かもしれないとあるが、未調査であって、現在では何ともいえない。出土品等からすれば、六世紀代とするのが研究者の一致した見解である。

以上のようにフネ古墳の年代が五世紀前半として、片山古墳・狐塚古墳・糠塚古墳と、六世紀代の諏訪における古式古墳は、いまのところいずれも守屋山麓上に築造されているのである。すでに前段でも述べてきたが、弥生時代末期の墓制である方形周溝墓という墓制の、諏訪においての発見は、初期古墳の築造されたと同じ場であるという事が理解されたであろうと思う。

本城遺跡の方形周溝墓(5)は弥生末とし、円形周溝墓においては六世紀代である。また円形周溝をもつ古墳ではないかとした二基も、主

守屋山麓発見の鑑鏡

糠塚古墳（六獣鏡 11cm）

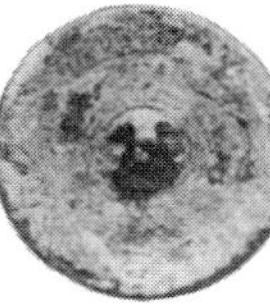
片山古墳（6.3cm）

フネ古墳（変形獣文鏡 7.6cm）

体部が不明確であって、一号古墳の方は石室はもちろん、粘土床はみられず、直刀と勾玉が発見されている。これはどうも黒土層中に作られた土壌が主体部である可能性がつよく、とすると、六世紀代と考えられる円形周溝墓とも考えられる。二号古墳とした方も主体部は不明で、おそらく黒土層中の土壌であろう。この方も周溝中より発見された、古式須恵器の𤭯により、六世紀代としている。

この事は守屋山麓においては、弥生末から、方形周溝墓の出現があって、それに引きつづいて周溝をもつ墓制が、六世紀代まで行なわれていた。しかし一方では、墓域を方形に造成する方法を受けつぎながらも、内部主体に、粘土槨形式の採用、副葬品で呪術的な器物、鉄製品の大量副葬というような、いわゆる厚葬化された、すなわち古墳の出現がみられるのである。

初期古墳の発生が、農耕儀礼における司祭権の掌握者であり、また農業共同体の族長層の統轄者であると考えるならば、フネ古墳の被葬者は、次のような考え方が出来るのである。すなわち、墳形からすると、弥生末以来の影響を強く引き受けている事から、在地者であろう。副葬品からして、呪術的とみられる鏡・玉・剣（蛇行剣も含め）・鉇等は、その人物が、司祭権を強力に所有したことがうかがえる。鉄製農工具類の豊富な副葬に、弥生期以来の農民層は、つよい羨望と憧憬をもったに違いない。その事は農業共同体の族長層の統制に役立ったであろう。武器類ごとに国内では数少ない蛇行剣、また国産ではないとみられる素環頭大刀・鹿角装剣などは、相当強力な武力的統制面をもって成り立っていたのかも知れない。

信濃にはまったく例のない、フネ古墳副葬品である不思議な蛇行剣とは、左右にはっきり蛇行しているものが、報告書図（七）、（八）の大剣である。それ以外に（一五）、（一六）例もわずかに蛇行をみとめられる。また（一二）、（一三）例は切先部でひと曲りしている。フネ古墳の両槨から発見の剣のうち、約半分の剣が蛇行剣になるという特異なものである。

この蛇行剣の性格については、われわれ調査者は二つの考え方を出した。①剣という刺突器であるならば、真すぐの剣身より、蛇行せる剣身の方が、刺傷口の幅が大きくなる。②大和石上神宮蔵の「七枝刀」は、百済で三六九年に作られ、倭国王にもたらせられたといわれるもので、左右に三枝ずつ段違いに作り出された剣身状の枝と、先端部を合せて七枝となるもので、柄をつけて鉾として誇示したものであるらしい。その用途は、武威器とするものと、呪術具と考えるものがある。この七枝刀を模倣して製作したものが、蛇行剣という考え方である。しかし形式的には、直接のつながりは少し無理のようで、一ステップおいて結ぶ考え方もある。また一つの考え方に、蛇体信仰を結びつけて考えることが出来るが、諏訪地方、あるいは諏訪神社信仰の中には、「蛇の信仰」が古来よりははだつ

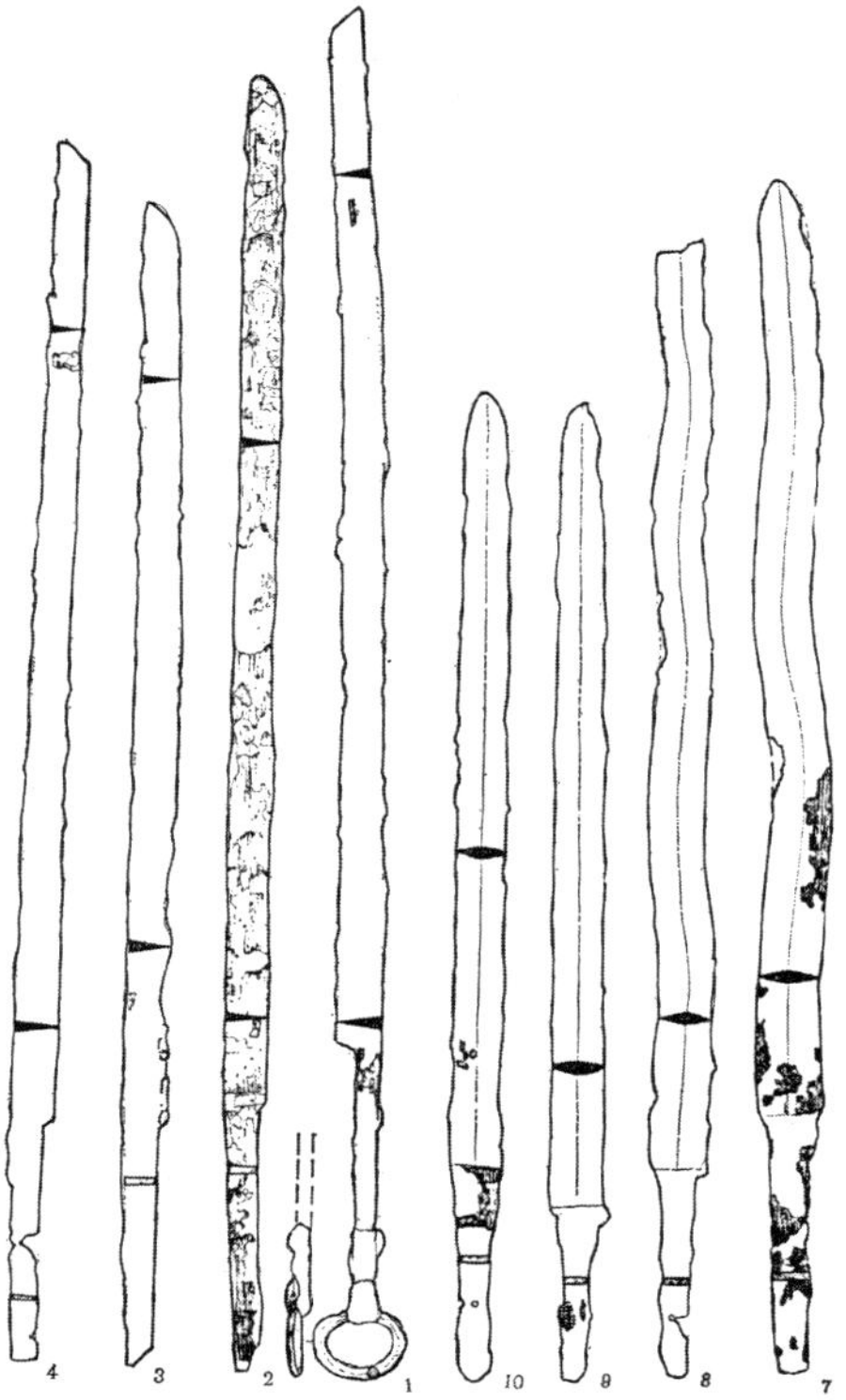

フネ古墳副葬の直刀と鉄剣（1 は素環頭大刀、7 と 8 は蛇行剣）

よく、白銀色に輝く蛇行剣は、それを奉持するものの神性がつよくそなわったことと思われる。

蛇行剣がフネ古墳で発見されて以来、全国発見例を調べてみたが、きわめて少数しかない。近年、栃木県の桑五七号墳(6)よりの出土例があり、報告者から再論されているが、これらから全国例をあげてみよう。

石川県江沼郡勅使村二子塚狐塚
京都府南原古墳
兵庫県亀山古墳
大阪府七観古墳
宮崎県牧原二号墳
栃木県小山市桑五七号墳
長野県諏訪市フネ古墳

以上の七例であるが、この例からみて、あまりにも各地に散在していて、直ちにいかなる関係にあるかは論ずべくもない。

やはり信濃において、蛇行剣とともに例のない素環頭大刀は、全長九一センチの大刀であって、柄頭に鉄製の環をつけている特異な刀である。その源流は大陸にあることは知られており、楽浪古墳からの発見で著名である。朝鮮では漢代から三国代にかけてのもので、日本は弥生時代から古墳前期にわたるものである。国内でもっとも知られているのは、京都椿井大塚山古墳の、三十余の中国鏡と伴出し、また福岡県一貴山銚子塚古墳例などがある。素環頭大刀を伴出した古墳は、ほとんどが古墳時代前期の古墳であり、半島のそれとともに考えられる時期は、西暦四〇〇年を中心とした前後で、五世紀の前半以降には下らないものとかなり限定された武器である。

次にもっとも重要な事は、初期古墳であるフネ古墳の築造された選地についてである。赤石山脈（南アルプス）最北端の雄峰である守屋山を背に負って、諏訪神社があるが、その周辺に築造されているのである。ここは古墳の地域的な研究の上から、桐原健(7)は守屋古墳群（一）、（二）とし、筆者(8)は古墳第二期の群別として、守屋古墳圏（一）、（二）としているところである。

すでに研究され、述べられているように、古墳は支配力の及ぶ農耕地帯・集落を見下せる立地に築造されるのであるが、フネ古墳および、その一連の古墳群の立地はどうであろうか。諏訪の遺跡の分布調査、あるいは研究をされた研究家が指摘しているように、古墳築造の原動力となる、前段の弥生文化の様子をうかがうと、守屋山麓（西山地帯）にはきわめて貧相である。近年その山麓を、幸か不幸か、中央道が横断し、その発掘調査においての結果からしても、発見された全遺跡数からみると、弥生式文化は一割程度であった。

では諏訪湖盆における弥生期の様相をみると、天竜川の流出口のある川岸地区の、天竜川西岸の長塚・岡谷海戸・同横路・同天王垣外・同庄ノ畑・同紺屋垣外、そして長地の山麓方面から下諏訪、上諏訪から茅野塚原と、湖盆の北、湖東縁にそって展開している。もし湖盆という範囲においてのみの統一をなしとげ、初期古墳の築造という事を考えるならば、それは湖北のいずれかの地点が有力であろうと考えるべき条件下にある。このような客体的な観点からみると、守屋山麓に初期古墳の出現する可能性は極めてうすいといわざるを得ないのである。

このような情況下で、なおかつフネ古墳が、守屋山麓に出現したという現実については、次のように考えるのが妥当であろう。

(一) フネ古墳の被葬者が、祭政一致的な力によって農業共同体的小集団の統一をなしとげた、いわゆる諏訪の「クニ」の領域についてである。これについては、すでに述べたことがあるが、(9) 結論的にいえば、のちの記録である『倭名類聚鈔』の諏訪郡の範囲は、フネ古墳の被葬者によって統轄されたものであると考えられる。

フネ古墳築造の第一要件として、上伊那の上半部にもっとも近い位置におかれるべきことが、必要であったと考えたい。すでに弥生文化の研究によれば、上伊那の上半部、ことに、有賀峠の辰野側口にある樋口五反田(10)・樋口内城館両遺跡(11)等は、弥生後半の大遺跡であるが、この土器形式と住居構造は伊那谷的でなく、諏訪的様相の濃い点が指摘されており、この頃には頻繁なる交流がうかがえるものである。

そのような弥生末からの様子からみても、フネ古墳の被葬者が統轄した領域は、諏訪と上伊那郡の上半であって、貧相な諏訪の弥生文化より上伊那上半の豊かな経済力に依存する所大であったと思われる。そうした古代祭政者が経済的基盤内の収奪的行為を容易にさせるため、領域内を巡回し、呪術をもって呪縛した行為が、のちに確立して諏訪神社祭政上の最重要神事となった「大《おお》御《み》立座《たてまし》神事《しんじ》」であり、伊那路は外県神使巡幸路である。その萌芽は、どうみても

諏訪郡	伊那郡
土武郡（諏　訪）	伴　野　郷
佐補〃（上伊那）	小　村　〃
美和〃（諏　訪）	麻　績　〃
桑原〃（　〃　）	福　智　〃
山鹿〃（　〃　）	
辺良〃（上伊那）	（和名抄高山寺本）

フネ古墳被葬者の活躍した時期か、あるいは没後古墳が築造された時点で、「神性を付与された首長の霊を共同体の守護霊としてまつる」ことと、「集団支配の維持発展をはかろうとする首長階級による権力の誇示」という考え方[12]から統轄せる領域内を呪術を行ないながら、巡検収奪を行ないはじめたものであろう。

初期古墳が墓というより、神性を付与され、かつ発揮する機能を重視しつつ、守屋山麓に占拠した理由を考察してみよう。守屋山が風と雨の信仰の山である事は諏訪人のよく知る所で、山頂には「守屋大臣」の石祠を祭り、雨の神としている。また農耕の秋には大敵である大風（台風）が吹くのはこの山の方向からで、風の「なぐ」のを祈るのもこの山であった。また守屋山麓にはいくつかの巨石（舟つなぎ石＝小袋石＝磯並社。諏訪神社本宮内の大盤座）信仰、またタタエ樹信仰（峰のタタエ）、あるいは湧水（前宮横の水眼の流れ）の信仰というような原始信仰の対象が多く存在し、かつそれを祭っていた[13]。

これらの信仰は古代より、土着の氏族といわれ、ミサグチを奉ずる守矢氏一族により[14]、守屋山麓を中心に占拠し、奉祭してきたものであろう。後世『日本書紀』にみられる、持統天皇五年、風の神として「信濃須波水内等神」を使者をもって祭っているのをみてもうなずけよう。

要するに、風と雨、山と水、巨石と巨木という自然物崇拝の原始信仰を、守屋山麓によ

	諏訪明神絵詞	権祝文書	守矢文書	祭祀再興次第	現在地想定
1	平井弖	平出	いらいて	平井弖	辰野町朝日地区平出
2	小河内	小河内	おかうち	小河内	箕輪町東箕輪南小河
3	常土の輪				不明
		くぼ	しほのい	塩野井	南箕輪村久保塩ノ井
4	御薗	北御薗	北みその	北御薗	伊那市御園
		南御薗	南みその	南御薗	〃　〃
5	伊那へ	伊那辺	いなへ	伊那部	〃　西町伊那部
		大嶋	大嶋	大島之郷	〃　美篶地区大島
6	真木	槇本郷	まき	槇之郷	〃　上牧
		寺之福島	福島	福島	〃　福島
		下寺	下寺	下弖良	〃　手良地区下手良
		野口	上寺	上弖良	〃　〃　野口
		中津ほ	中つほ	中坪	〃　〃　中坪
7	まえふち	まいふち	□ちふ	前淵	不明
8	させこ	さちこ	□		辰野町朝日地区沢底

大御立座神事《おおみたてまししんじ》外《と》県《あがた》巡幸経路（地名・文献）

って祭る民族、守矢氏がいて、この守屋山麓上に初期古墳の築造を開始した。そのフネ古墳は、方形周溝墓的性格をつよく示すという、いわゆる在地色のつよい事からみて、在地在来民族である守矢氏が、五世紀前半に諏訪を「クニ」として統一をなしとげ、その偉大な一人の族長の象徴であるといえるのである。

（1）藤森、宮坂「諏訪上社フネ古墳」考古学集刊三―一
（2）藤森、宮坂他「諏訪大熊片山古墳」長野県考古会誌七
（3）狐塚古墳は、粘土槨らしいし、剣、直万の出土が伝えられている。
（4）両角守一「諏訪郡湊村糠塚古墳発見の六獣鏡」信濃四―七
（5）『中央道発掘調査四九年度』長野県教育委員会
（6）大和久震平『桑五七号墳』栃木県小山市教育委員会、昭四七
（7）桐原健「諏訪盆地古墳群にみられる一様相」信濃一六―一〇
（8）宮坂光昭「諏訪市豊田小丸山古墳について」長野県考古学会誌二一
（9）8に同じ。
（10）『中央道発掘調査報告四九年度』
（11）10に同じ。

（12）近藤義郎『古墳とは何か　日本の考古学Ⅳ』
（13）宮地直一「諏訪神社の研究」『諏訪史Ⅱ』
（14）藤森栄一『銅鐸』学生社
宮坂光昭他『古代諏訪とミシャグジ祭政体の研究』永井出版企画

諏訪の古墳墓の展開

諏訪の守屋山麓に築造された初期古墳群は、五世紀代とされるフネ古墳と、それにつづく片山古墳・狐塚古墳。その系列につらなる六世紀前半の糠塚古境は、五世紀から六世紀代にかけて築造されているが、それ以上の資料はまだ出そろっていない。しかし円形周溝墓あるいは方形周溝墓は六世紀代まで、古墳と共存する可能性がつよい。

六世紀末から七世紀初頭になると、いままでの古墳とは全然異った古墳が出現してくるのである。すなわち、立地は山麓の小丘上で、墳丘は第一期古墳とは比較にならない高さで、内部主体は横穴式石室をもっている。副葬品は金銅飾馬具類・桂甲と鋭い鉄鏃および厚手の直刀、当地方の初期須恵器で装飾のある須恵器というような、第一期のフネ古墳系の古墳群とは異質の様相をみせている。

南信濃の古墳を概観してみると、下伊那竜丘付近の前方後円墳をみると、横穴式石室を採用したのは後期初頭としている御猿堂古墳(1)で、有名な四仏四獣鏡の舶載鏡を副葬しているが、馬具類も伴なっている。この古墳以後の前方後円墳のうち、七世紀代に降下するのもあるが、横穴式石室と馬具、それに須恵器・土師器は普遍的に副葬されるのである。

第二期古墳

諏訪の第二期古墳は、御猿堂古墳の時期に伝わったものだと考えてよいだろう。古墳文化の伝播が、大和政権の地方首長層との政治的関係において営造されたと考えられるものであるならば、畿内からの伝播の経路、すなわち道が重要になってくるが、大和勢力の東進路の一つに東山道がある(2)。これは美濃を経て神坂峠を越え、南信濃の伊那谷を天竜川にそって上り、松本平から保福寺峠を越え小県・佐久を経て碓氷峠から上野(群馬県)に入る主コースがある。しかし東の諸国へ行く近道(3)は、伊那谷から諏訪へ出て、八ヶ岳の裾を越えて佐久へ出、碓氷峠をぬけて毛野に至る道も考えられている。このような古墳文化の伝播の道すじからして、諏訪の古墳文化が伊那谷の、さらにその道の先の影響を考えないわけにはいかない。第二期古墳の出現はそうした関係下において、畿内勢力の進入と考えてよいだろう。

諏訪第二期古墳の代表的な小丸山古墳（諏訪市豊田有賀）

　第二期古墳のもっとも極立った特徴である横穴式石室は、朝鮮半島からもたらされた新葬法で、玄室という遺体を納める室と、その部屋に到達するための長い入口、すなわち羨道のついたもので、イデオロギー的には家族墓として発生しているが、遠い東国などでは、その初期にはまだ前期的な伝統のままの葬法が根強いものをみせている。諏訪の第二期古墳の初現の有力な一つは、現時点で守屋山麓北地区の有賀峠直下にある小丸山古墳[4]であろう。
　小丸山古墳は、山麓にある小舌状台地端の沖積平地を見下せる位置に小高い墳丘を築き、その内部には巨石を用いた横穴式石室と考えられる石槨を内蔵していた。副葬は金銅装馬具・鍍金した虎頭鈴・古式の輪鐙、それに桂甲と多数の鉄鏃・直刀・特殊形の脚付坩形須恵器があり、銀製のクチナシ玉・小玉と、言い伝えでは勾玉・金環と、後期古墳に副葬される器物がみられる。
　第一期古墳と異なる点は、山頂墳に対し山麓墳、墳形が方形で小墳丘に対し円墳の高塚式であること、粘土槨形式であるに対し横穴式石槨形式である点、副葬品が鏡・玉・剣という呪術的性格のものから、装飾馬具・甲冑と実用武器、そして古式の特殊形をした須恵器の副葬がはじまるという大きな違いがみられるのである。

第二期古墳には小丸山古墳出現に相ついで、諏訪湖盆の主要生産地、あるいは祭祀的な場所に同様形態をとる古墳が築造されている。すなわち、湖北圏(5)（川岸・岡谷・長地・下諏訪・上伊那の一部）には、その氾濫原の中心にスクモ塚古墳が、上諏訪地区では市街背後の山頂に踊場古墳（古式特殊形須恵器等出土。県住工事で煙滅）、湖盆東縁では永明寺山中腹の釜石古墳(6)、湖南地区では守屋山麓南地区でホーソノ神塚(7)（古式子持形須恵器）、守屋山麓北では先に述べた小丸山古墳という形である。

この第二期古墳の出現と展開については、すでに述べた事があるが(8)、要約すると二つの意味に考えられる。一つは第一期古墳でみたように、弥生以来の伝統を受けつぐ農業共同体的祭祀形の上に統一成立した方形の古墳群は、在地豪族の族長のものであったが、第二期古墳は新たな新羅風に身をかためた、畿内の人達の進入を示すもので、在地在来の祭政的統一者と、交替をしたことを示すものである。第二には新たな進入者によって、在来の祭政的統一者の統轄が力を失ない、諏訪の主要な各所に、その地区を把握する地縁的な一豪族層が自主独立を果し、その象徴として第二期の古墳が出現してくるという考え方である(9)。

しかし先にも少しふれたように、第一期には方形周溝墓的で厚葬されたいわゆる古墳の出現と同時に、一方では方形周溝墓あるいはその系列の円形周溝墓が同時に存在しているが、その方形（円形）周溝墓は六世紀代にまでつづいている。この辺の消息については、現段階の考察では農業共同体的族長層のうち祭政的権力を獲得した氏族が、統一者とし首長として発展し、古墳を権力の誇示と司祭権の継承の場とし、共同体の守護霊として共同体の統制を果す役割を負わせたもので、一方の方形周溝墓を引きついだ人々は、首長の下に組込まれた共同体の族長層であろう。その方形（円形）周溝墓の存続も、第二期古墳の出現と同じ頃には、まったくみられなくなる可能性が高い。この方形（円形）周溝墓の消滅は、単に消滅で終るものであろうか。一方で首長層の古墳が継続するに対し、支配される側の小族長層の墓は、第二期以降、各地域にみられる主体的な古墳の周囲に群在する小古墳への変質を推定するのは、今後の研究をまたなければならないであろうか。

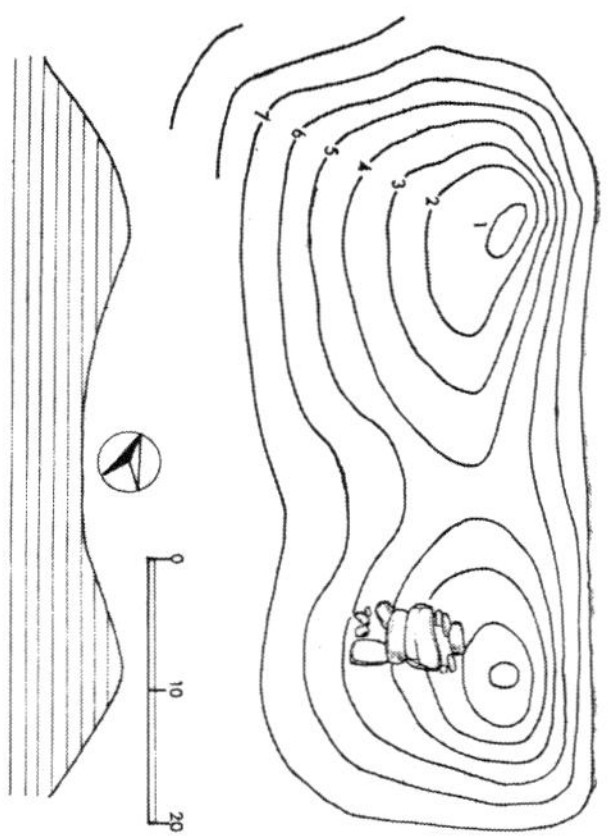

下諏訪青塚古墳実測図

第二期古墳は、湖盆各地の主要地に出現して以来、その周辺に発展展開をみせる。たとえば湖北圏における様子をみると、湖北圏（川岸・岡谷・長地・下諏訪）の中心にスクモ塚古墳が出現し、以後地形的な立地ごとに古墳群が出来る。すなわち川岸古墳群・岡谷古墳群・長地古墳群・下社古墳群というようになる。その時期はおよそ七世紀代前半から後半にかけてであろう。このような古墳の展開は、諏訪湖盆の各地における古墳圏の古墳群への展開であって、背後集団の変質をうかがわせるものであろう。すなわち、地域的集団の長の統制から、より分解して血縁集団の族長クラスの自立独立とみられ、それを第三期とした。

第三期古墳

古墳の側からみると、立地が山麓であって、地域は各古墳群といわれる範囲になってくる。墳丘は一五メートル前後で、横穴式石室を内蔵している。副葬品は実用馬具と金銅装馬具、実用的な直刀、鋭い鉄鏃、金環と勾玉、水晶切子玉、供献形態をもつ須恵器と土師器という器財で、どの古墳もほぼ等質的である。

古墳の石槨形式は、玄室に羨道のつく羽子板形とか、主軸の長い撥形[10]の物である。これらの古墳の変化は、一般的な移り変りであるが、特に第三期を特徴づけるのは、湖北古墳

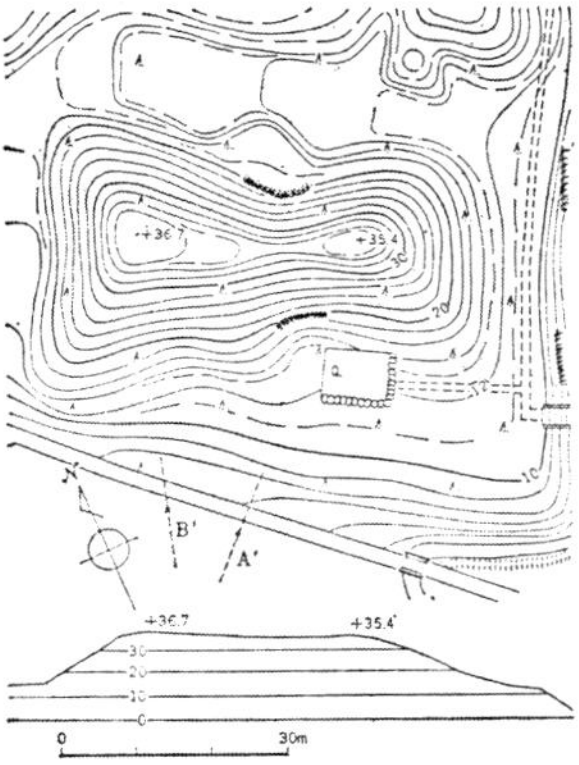

上伊那松島王墓古墳実測図

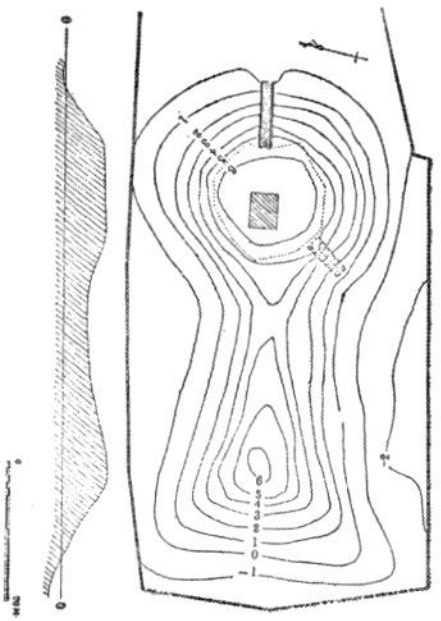

下伊那市田高岡一号墳実測図

圏中の下社古墳群に諏訪唯一例の前方後円墳が出現するという事である。

青塚古墳[11]は、現在下諏訪町立町にあり、かつて下社秋宮の境内であった。立地は霧ヶ峰山塊の西麓にある明神山（九六〇メートル）のもっとも南方に派生した丘陵端の沖積地に接する位置にあり、標高七六〇メートル辺になる。ここは湖盆の東方、南方、そして湖北平野から見上げる位置にあって、そこに崩れた形式とはいえ全長五九メートルの前方後円墳を築きあげている。背後には原始信仰の旧御射山遺跡と、御射山神社を負い、周囲に諏訪下社関係の祭祀跡が多くみられる。青塚古墳の出現は、その古墳形式からしてまったく最終末の前方後円墳で埴輪の存在も知られているが、七世紀末とされるものである。諏訪の古墳の第三期という時期ではかなり唐突的である。第三期の古墳が、古墳群という一地域内に、中心的な古墳が出現し、その後はその周辺により小形の墳丘をもち、横穴式石室は、小形長方形で、棺をやっと囲む程度の石槨[12]になって行く。副葬品は実用馬具、直刀と鉄鏃、土器類となって、諏訪一帯が、ほぼ等質的古墳化している。そういう情況下で青塚古墳は、湖北の地に湖面を通してはるか南の諏訪神社上社と対している。

青塚古墳と同様の横穴式石室内蔵の前方後円墳の分布と発展をみると、下伊那川路の御猿堂古墳の六世紀代につづいて、飯田市松尾に八基の前方後円墳があり、いずれも段丘上に築造されたものである。天竜川をやや遡上した座光寺地区には、高岡一号墳が七世紀後半に、そしてずっと上った箕輪に松島王墓、その先が下諏訪町青塚古墳と、墳形・石槨・埴輪の樹立と同様である。

七世紀代の前方後円墳の勢力が、諏訪では第一期の在地形古墳の土地、そしてそこに入り交替した第二期初現の横穴式石室内蔵古墳のある守屋山麓という、在来の勢力の土地をさけるように反対の湖北の地に出現しているのは、特に問題をもつものである。この前方後円墳という極立って異なった古墳を築造した氏族は、やはり高岡一号墳――松島王墓――下諏訪青塚古墳という線上で、畿内勢力の進入というふうに考えることが可能である。

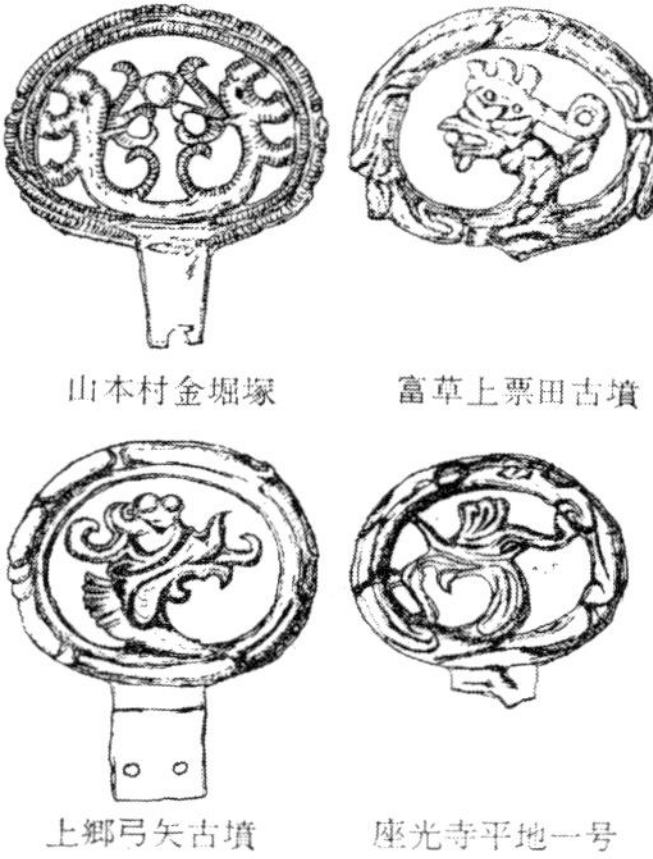

下伊那古墳群より出土の金銅製飾柄頭

諏訪の第三期古墳の展開は、青塚古墳が湖北の地に拠って、そこの地縁・血縁集団の統轄（協力関係）の上に、成立したものとみられ、諏訪神社下社の祭政体の主権者である、のちの金刺大祝の系譜につらなる人物であろう。

そのほかの古墳[13]は、いずれも小円墳で箱形横穴式石室内蔵の七世紀末から八世紀初頭に降るものもある。

特に湖盆東縁[14]（茅野市方面）では、諏訪地方のもっとも古墳の密集地であるが、その分析[15]によれば三群に分類される。そのうち上川河床古墳群とするものは、もっとも後出する一群で、東山道近道と、のちの大塩牧への道の要所を押える位置にあるが、七世紀末に初現の古墳がみられる。なかには八世紀初頭に降るものもあって、変形石槨や積石塚形式[16]・無石槨墳などがみられ、銅椀とか八稜鏡等の平安期にも引きつづいて奉祭される例が知られている。第三期古墳の石室形は、一般的には木棺を被う程度の小形長方形石室（岡谷長者ノ蔵形）になって行くのが、当地方の普遍的なあり方である。

第四期古墳

無石槨墳の存在は、[17]諏訪地方に二十余例が知られるが、これはわずかな盛土の墳丘、その内部は木棺と周囲に一列の列石という石槨のなくなった墳墓を指すが、副葬品も直刀あるいは蕨手刀一本とわずかな身の廻り品という簡素なものである。この墳墓形式も二形式に分けられ、一形式は前述の木棺の周囲を列石で囲むもの、それにいま一形式は、木棺直葬で周囲に列石・配石のないものである。これらの無石槨墳を第四期として、古墳から墳墓への変遷としておきたい。この時期はおよそ八世紀前半からはじまって、八世紀末までの墳墓形式であろ

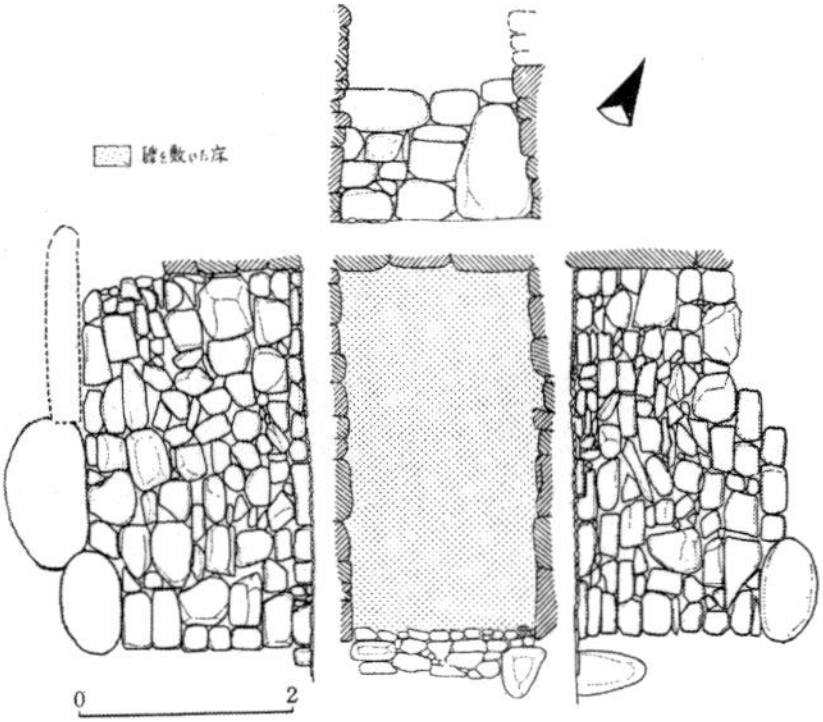

諏訪第四期の古墳、岡谷長者ノ蔵古墳（小形長方形石室）

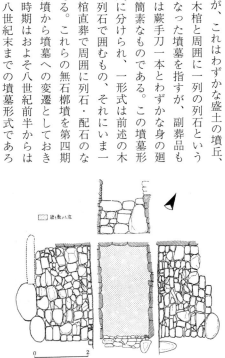

う。

諏訪の火葬墳墓の出現は、岡谷東堀例の隆平永宝を伴なう蔵骨器[18]であり、これを第五期の墳墓形式としよう。この灰釉長頸壺利用の蔵骨器は九世紀初頭のものとされ、信濃の火葬蔵骨器は、一様に九世紀初頭に出現[19]するようである。この蔵骨器は北信濃では土師質蔵骨器で、南信濃は須恵質蔵骨器が主流を占めるという違いがある。

諏訪には奈良時代に仏教的遺物・遺跡はもちろん寺院もみられない。これについて、諏訪には諏訪神社という宗教があって、このつよい統制あるいは信仰のため仏教の進入を拒否してきたと説く論もあるが、火葬墓の出現が九世紀初頭に信濃全域に一斉にはじまるという事とどう関係づけるかは今後の研究課題であろう。

（1）市村咸人他『下伊那郡史』
（2）一志茂樹「蓼科山を中心とした上代交通史考」信濃五―二、六、七
一志茂樹「信濃諏訪地方経由西上野にいたる古代重要交通路考」信濃一七―九
一志茂樹「古代碓氷坂考」信濃一〇―一〇
（3）藤森栄一「須波神の国と古代東山道」古代の日本六
（4）宮坂光昭「諏訪市豊田小丸山古墳」長野県考古学会誌二一

（5）宮坂光昭「諏訪盆地湖北における古墳発達の一試案」信濃二〇―四
（6）宮坂光昭「茅野市釜石古墳」信濃
（7）鳥居龍蔵『諏訪史一巻』諏訪教育会
（8）宮坂光昭『岡谷市横川、カロート、ウバガフトコロ古墳調査報告』岡谷市教育委員会
（9）4に同じ。
（10）岡谷市長地コーモリ塚古墳、ウバガフトコロ古墳の墳形
（11）鳥居龍蔵『諏訪史一巻』
桐原、宮坂他『下諏訪町青塚古墳』長野県考古学会研究報告一
（12）宮坂光昭他『岡谷市長地横川カロートイシ古墳調査』岡谷市教育委員会
（13）鳥居龍蔵『諏訪史一巻』ヂヂ穴、ババ穴、天伯古墳等
（14）宮坂光昭「諏訪湖盆東縁の終末期古墳群の考察」信濃
（15）斎藤忠、宮坂光昭『王経塚』茅野市教育委員会
宮坂光昭、宮坂虎次『茅野市河久保古墳、下の原遺跡調査報告』茅野市教育委員会
（16）宮坂光昭「茅野市大塚古墳について」
（17）宮坂光昭「地方における古墳時代末期墓制の展開」信濃二五―四
（18）藤森栄一「隆平永宝を伴う蔵骨器」考古学一ノ二

（19）庶那藤麻呂「信濃における古代火葬墓の在り方」伊那六―六、七
17に同じ。

諏訪神の伝承と祭り

諏訪の古墳の生起発展において、著しい変化のある古墳相をとらえ、それをその古墳を造った集団内における祭祀あるいは政治上の大きな転換としてみるべきであって、ことに古代の地方においては、その転換において、司祭権の交替は政治的な変革より重要であって、地方における神社のもつ上代神話あるいは地元伝承として、語りつがれているものが多い。

最近の古代史研究熱は、大和中心とするヤマタイ国偏重の方向にあったが、その行きづまりを打破すべく、地方の神々と社の見直しを志ざす方向になってきた。神話伝承は太平洋戦争の敗戦という転機で、研究の停滞があったが、再び使える部分は正しい評価をしようという事で見直されている。諏訪においては、敗戦が神話とか伝承の研究を停滞させたとは思えない。宮地直一博士(1)の研究以来、その研究をつぐ人がいないのである。『諏訪史二巻』の上梓とともに潮の引くように手を引いてしまったのである。しかし戦後の若い人

湖北の明神山より対岸の守屋山を望む
（1）守屋山と（2）上社（3）下社秋宮（右）青塚古墳
（『諏訪史　第二巻　前編』より）

達の手によって、研究の糸口がつけられてきたのは明るい事である。すなわち「ミシャグチ信仰」と守矢氏との関係を、土地神としてどう理解しようかと、いろんな角度からとらえた研究(2)がある。

いま諏訪の神話と伝承を、瞥見し点検してみよう。まずもっとも原始までさかのぼるのは、ミシャグチであって、これは守矢神長の奉祭する土着の神であろう。石棒をもつところから、その起源は縄文中期までさかのぼる可能性がつよく、上社前宮には十三のミシャグチを祭って、総本社の形をとっている。これについては先に述べた詳しい研究がある。

タケミナカタ神話は『古事記』にあるが、出雲にいた大国主命の子に、事代主命と建御名方命兄弟がいた。天孫族によって、その国を譲れといわれるが、父と兄は同意したが、建御名方命は断然反抗をする。天照大神の使者として、建御雷と天鳥船二神が出向いてくるが、建御名方神は建御雷神と争うがこれに敗れ、「科野国之洲羽海」のほとりまで逃れて、ここで捕まり、この地より出ないと誓っている。こうした神話が『古事記』の中になぜ記され、また諏訪と出雲との関係が書かれたかという点に、特に興味を引くものがある。この和銅五年に出来た『古事記』は、その編纂を太安万侶が行なっている。この太安万侶という人物は「多氏」の一族とされ、諏訪の多氏系に関係ある人物として、特に諏訪説話を入れたのではないか、との考え方もある。この話は『日本書紀』の方にはないから、特にその意も強いように考えられる。

しかし一面には、大和政権が東国を統一経営する上にとって、その途上の国、諏訪には土地豪族が奉祭する「荒《すさ》ぶる神」がいる。ここを王化に属させなければより先の東の神々は、その平定容易ならざるを考え、諏訪湖畔に鎮座する神の「王化に従う」様を『古事記』に記載したものとも考えられなくもないのである。

諏訪神の祭政権の交替を物語るような神話がある。絵詞(3)には、「この藤島の明神と申すは、尊神垂迹の昔、洩矢の悪神神居をさまたげんとせし時、洩矢は鉄輪を持して争ひ、明神は藤の枝をとりて是を伏し給う。ついに邪輪を降し正法を興す……」とあるが、小坂円忠の編纂した絵巻物と、物語よりなるもので、諏訪に古来より伝承されている物語の失なわれるを惜しんで、作ったものといわれるが、一方守矢氏系図の所伝[4]によると、「洩矢神、御名方刀美命出雲より逃出して洲羽の海に到るとき、洩矢神これを拒み、藤枝と鉄輪をもって争うが、遂に御名方刀美神の御稜威に服す。そしてこの地は永く命の祭政するために奉ぐと誓った……」と大意は記されている。

この物語は、土着の守矢氏の祭政体と、外来の神（御名方刀美命）の祭政体との祭政権交替の物語であろうか。『大祝信重解状』にも載っている。絵詞では藤枝と鉄輪と書かれており、それがどんな器具であるかは、大変興味のあるところである。だがどうみても、鉄器と藤の枝をもっての争いという点、それが守矢氏が鉄、侵入者の明神が藤枝というのは、鉄器の方が有利であろう。

この話は実際には鉄器と藤枝での打ち合いというの

守屋山頂の「守屋大臣」石祠

ではなく、これはおそらく、両者の最高の秘をつくしての、呪術争いとみるべきではなかろうか。その呪術くらべに敗れた守矢氏は、祭政権を侵入の神氏に譲ったものとみたい。土着の信仰集団と、新たに進入してくる、いわゆる畿内の豪族たちの神との交替劇は、集団同士の殺りく的な争いはあまりないらしい。呪術くらべとか、地元信仰集団を組込んで行くという方法がとられているようである。畿内の三輪山信仰における一例をみると、三輪山信仰の地を、後世において天皇家が領有するが『日本書紀』によると、崇神朝に三輪の地を宮居と定めている。その頃疫病が流行したので、大和の守護霊(オオクニタマノカミ)を王女に祭らせた。しかし王女の髪の毛はぬけ、体はやせおとろえて効果はなかった。モモソヒメに三輪の神が神がかりし、三輪神を祭るならば疫病はしずまるであろうとの託宣で、神祭をしたが効果はなかったという。両者とも失敗するのだが、そこで三輪地方の土豪である三輪氏の祖先とされる、オオタタネコが、三輪神を祭ったが、たちどころに疫病は終熄したという物語である。このことは、土着の豪族の祖先や、土着の信仰集団による祭で、はじめて神の霊威が発揮されたことを暗示しているもので、この物語のように、新来の集団は、在地の信仰集団を、無視しないで組込んで行く方向が多かったとみられよう。

諏訪の明神入来と洩矢神の交替説話も、呪術くらべの結果、土着の神洩矢が敗れ、祭政権を譲るが、その後の諏訪神社上社の祭政体の形態は、明神が大祝神氏となって、生き神

岡谷川岸、天竜川出口の洩矢神社
（1）藤島社（2）洩矢社旧址（3）現洩矢社
（『諏訪史　第二巻　前編』より）

として祭られ、守矢氏は神長の位について、祭る側の司祭権をもつようになり、大祝神氏と神長守矢氏は、連綿といまにいたるまでつづいているのである。

諏訪の土豪と考えられる物語の中に、武居会美酒《えみし》、または武居大友主といわれる国神があって、武居郷に居て諏訪神に奉仕し、その子孫は下社の武居祝としてつづいたとするもの。また茅野下盤河原天白七五三社由来では、矢塚男命なる国神が上社周辺に居をかまえていたが、洩矢神と戦って命を失なう。そのほか諏訪市新井（大和）の先ノ宮社伝では、この祭神は女神で、明神より先にこの湖辺近くの温暖の地に居を構えていた。そこへ明神がきて、社地を所望したがすげなく拒絶した。その報復のため、社前の小川に橋をかける事を禁じた。すなわち外部に出るを禁止したという。

これらの所伝は、いずれも土着の豪族の存在を物語るものであるが、下諏訪武居（土田墓地遺跡）・茅野下蟹河原（下蟹河原遺跡）・諏訪市大和先ノ宮（千本木川周辺と渡辺沢遺跡）は、ともに先史原史時代の大遺跡地であって、先住氏族の有力集団が居住していたことがうかがえるのである。

手長神社・足長神社の祭神については、伝承によると、上諏訪の手長神社の祭神は、明神の家来で、手長足長と呼ばれる大男とされている。また手長は手が長いが足が短かく、足長の方は足は長いが手が短かくて、足長が手長を背負いて、湖中に入れて魚介を捕えたと伝えられている。これらの伝承によると、いわゆる「デエラボッチ」の巨人伝説の一つとも考えられる。しかし一方には、穴居生活（竪穴住居）をしている土着民を、土グモの蔑称でさげすんで呼び、手長足長はこれを指しているとする考え方もあるが、この説をとるならば、これも土着の先住民の集団と考えてよいだろう。

山の信仰では、まず守屋山がある。湖盆の大半からあおぎみられる山で、もっともよくみえるのは四賀辺であり、足下の山々を圧えた威容は堂々としている。山頂は東西両峰に分かれているが、東峰がやや低いがここは地山の複輝石玢岩の岩が露出して、奇怪な観を呈している。ここに守屋大臣の石祠が祭られているが、地元民はいまでも雨の神として祭っており、旱天のときこの山上を荒すと神が怒って、雨を降らすといわれていて、時々石祠を谷底へ転落させている。

諏訪では守屋山頂に雲がかかれば、雨になるといっているが、伝承に次のようなのがある。

於自理皮礼《おじりはれ》、守矢敝雲乎巻上而百舌鳥義智奈賀婆《もりやへくもをまきあげてもずぎちなかば》、鎌遠登具倍斯《かまをとぐべし》

すなわち、湖水の釜口方面が晴れて、守屋山に雲が巻きあげるようになって、もずがぎちぎちと鳴けば、草刈りにはちょうど草がぬれて柔かになっているから、鎌をといで用意をしろ、ということで、農民の農作業のための知恵となっていたものである。また、守屋山は「風の神」ともなって信仰されてきた。これは南の方向にあるから、台風の進入してくる道になっているが、この山の方向からくる台風は、農民にとって大敵であって、秋の実りの前に守屋山に、台風の襲来しない様に祈ったのである。こうした雨と風の信仰をもつ山は、農民にとっては、平和の神であるのであって、当然大勢の人の信仰こそ、それが神になるのであり、人々の祈りを代表する形で、これを奉祭する呪術にたけた氏族が、専門に祈ったものと考えてよいだろう。

「葛井池」伝説は、茅野市上原の上川近くにある池にまつわるもので、古来より諏訪の七不思議の一つにされている。『諏訪大明神絵詞』や『年内神事次第旧記』によれば、諏訪神社上社の神事に関係しており、とくに毎年十二月晦日、一年間用いた幣帛類をこの池にすてるが、翌朝遠州はサナギ湖に浮かぶというものである。この説話はどうも諏訪湖から天竜川を通じて、遠州地方との交流を物語っているものとみてよく、諏訪神社上社の中にそうした文化的影響を見出すべき作業をしてみなければなるまい。

池に関するものには、富士見町境の池生神社もあり、これはのちに、諏訪神社の子神とされている。

霧ヶ峰高原の西方にある八島ヶ池は、高層湿原として有名であるが、旧御射山遺跡と関連して考えるべき高原の聖池であろう。これについては金井典美氏の詳しい研究(5)がなされている。八島ヶ池と旧御射山社については私見を述べたこともあるが(6)、下社の春宮・秋宮の関係からして、水稲耕作における水源地としての祭の場としての考え方をとりたいのである。

石と木の信仰では、七石・七木信仰がある。七石は御座石・御沓石・硯石・蛙石・小袋石・小玉石・亀石であって、すべて上社に関係する地区にみられる。また七木の方も、上社関係の地域内にあって、七木湛の信仰がある。湛は「タタエ」とも「タタリ」とも考え、

名称＼諸説	諏訪上社物忌令（神長本）	信濃奇勝録	畫入七石の事	信濃国一宮諏訪大明神御由来記	現在の擬当地
御座石	正面ノ内	ヤガサキ	矢ヶ崎村内	神前	上社境内のもの今見えず、矢ヶ崎村とするは御座石社の御座石を指す
沓石	社内	社中	社内	護摩堂ノ下	上社布橋を渡詰め當りて更に曲がる所右側下の大石
硯石	―	守ヤ山道	社内	神前上	上社両寶殿の間、四足門を通して向ふに見ゆる石垣上の大石
蛙石	社内（但シ甲石トアリ）	社中	社内	鐵塔ノ下	上社境内蓮池中
小袋石	礒並	杖突峠下	礒並内	高遠道礒並	宮川村高部の内、杖突峠に登る途中右方、道より少し山に入りたる所
兒（小）玉石	海端	ユノ脇又礒並	―	湯ノ脇	上諏訪町湯ノ脇兒玉石神社境内
亀石	千野川	宮川内	茅野村内	チノ	宮川が西茅野を流通り、安國寺と中河原との境に来る邊にありしといふ

名称＼諸説	諏訪上社物忌令（上社本）	信濃奇勝録	畫入七木の事	諏訪郡諸村並舊蹟年代記	現在の擬当地
櫻湛木	粟澤	粟澤村	神宮寺村内櫻のつぼ	粟澤村	玉川村粟澤、其跡を存す
眞弓（檀）湛木	―	眞志野村	眞志野村内まゆみ田	眞志野村内まゆみ田	湖南村（南北眞志野両説あり）
峰湛木	―	高部村火焼山	高部村内	高部村子安宮ノ上	宮川村高部前宮火焼山
千草（檜）湛木	―	神原村	粟澤村内ひる湛	神之原村	玉川村神ノ原七社明神境内
橡木湛木	―	室内村	今不知	室内村	原村室内？　前宮境内？
柳湛木	―	矢ヶ崎村	上金子村内柳のつぼ	矢ヶ崎村	永明村矢ヶ崎
松木湛木	神殿	神殿邊	宮田渡村内	宮田渡村	中州村神宮寺今橋

諏訪の七石と七木湛信仰（『諏訪史　第二巻　前編』による）

神が樹に降りるとして、憑代物としてよかろう。このタタエ七木が神を降ろす木として、古代より神聖な樹木とされ信仰したことが考えられるが、神使巡幸の神の回路における神聖な神降ろしの場であったのである。郡外でも、平出湛、伊那部湛と神使巡幸路にあることからみても、上社関係に多いようである。

馬に関する説話も重要である。「大祝信重解状」に、

一御神宝物事。右大明神天降り給う刻、御随身せしむる所の真澄の鏡、八栄の鈴、並に唐鞍、轡等之在り。

また「諏訪大明神絵詞」にも即位の儀式として、

夜に入りて、大祝内玉殿に詣で、宝殿を開いて神宝を出す。諸人競って拝見す。八叶の鈴、真澄の鏡、御鞍、轡なり、氏人の外影を鏡に移さず。

とあって、馬具が神宝である。また上社の御室で行なう元旦の御占神事に、大祝と神長が対座しての「奇怪の占い」においても、土着神のミシャグチを、馬にのった剣で刺しとめ

るが、これは土地神のミシャグチ祭政体の長である守矢神長を、侵入者である大祝神氏が、馬にのって剣で刺すという、征服者と、被征服者の永久の姿を、呪術で約せしめているものと考えてよいだろう。これとにたのは、元日の上社御手洗川での「蛙狩り神事」である。蛙を弓矢で射て、神前に奉納するという形も、侵入者と被征服者の姿であろう。馬にのり剣をもった侵入者、神氏は、古墳時代の変遷からみれば、第二期の横穴式石室内蔵の高塚古墳であって、馬をもった文化が、上社大祝制度を作ったものと考えてよかろう。

薙鎌も諏訪神社のシンボルの一つとされているが、これについては藤森栄一氏の研究(7)がある。大意をみると、古代の開拓用の鉈鎌に原形をおくものが、中世下社の再興繁栄を願って、風の神信仰と神体蛇体説とを結合させて、奇怪な蛇または馬、竜のおとし子的な造形の、刃のない仮器として出現し、もっとも盛大に信仰の対象として、広く流布していったのは、江戸の慶長頃のようである。江戸中期以後は次第にすたれてしまったらしいが現在でも分社をするとき、新たに製作して配布も行なっている。この薙鎌信仰は下社側の中世からの意図的な信仰形態である。

諏訪神社宝物、鉄製壺鐙

以上諏訪の神話、あるいは伝承、信仰形態をみたが、原始信仰あるいは古代にさかのぼるもののほとんどが、上社系のもので、このことはやはり上社の古態を物語るものといわざるを得ないのである。

(1) 宮地直一「諏訪神社の研究」『諏訪史二巻』
(2) 『古代諏訪とミシャグジ祭政体の研究』水井出版企画
(3) 『諏訪大明神縁起絵詞』小坂円忠作　諏訪史料叢書巻二
(4) 『諏訪神社旧記』修補諏訪氏系
(5) 金井典美『湿原祭祀』法政大学出版
(6) 宮坂光昭「諏訪神社とその祭り」伊那五一一
(7) 藤森栄一「薙鎌考」信濃一四―一一

神への系譜

諏訪における在地豪族は、その地によっていくつかあったであろう。しかしそのもっとも有力な氏族は、守屋山麓に占拠して、風と雨の自然を、また土地神であるミシャグチを奉祭して、呪術を専門的に司る氏族である守矢氏が農耕的司祭権と、政治的統轄権を手中にして、古代諏訪の「クニ」を統一したのである。

土地神である守矢神は、大和の大王達からみれば、東のクニの「荒《すさ》ぶる神」にちがいないが、これも時の流れで、畿内勢力、大和の神達によって、国を譲ることになる。その大和の神は、ミワ（神）氏といい、畿内においては三輪山の祭りを司っていた氏族である。その三輪山の地も、天皇家の所領になってしまうが、その頃であろうか、ミワ氏の一派が勢力を信濃の諏訪へ伸ばしてくるのである。それが古墳の推移からみる、第二期の新たな古墳の出現であり、神話の洩矢神と明神の争いであろう。小丸山古墳あるいは少し上って、糠塚古墳の被葬者たちが、神氏の侵入を示す構造物といえるのではなかろうか。

明神は諏訪で土地神モリヤと呪術くらべをして勝利するが、被征服者モリヤ神を融和させて、上社大祝神氏として祭られる側になり、守矢氏を祭る側の代表である神長に据えて、新しい祭政体を作り出したのである。一方、第二期古墳の頃、湖北に入って古墳を築造した勢力は、おそらく金刺氏の初期勢力であると考えられるのである。

上社関係とする古文献はきわめてとぼしい。『古事記』における、建御名方命の諏訪入国。そして『日本書紀』にみられる、持続天皇（六九一）による風の神として、須波神奉祭が

諏訪神氏系図（前田本）

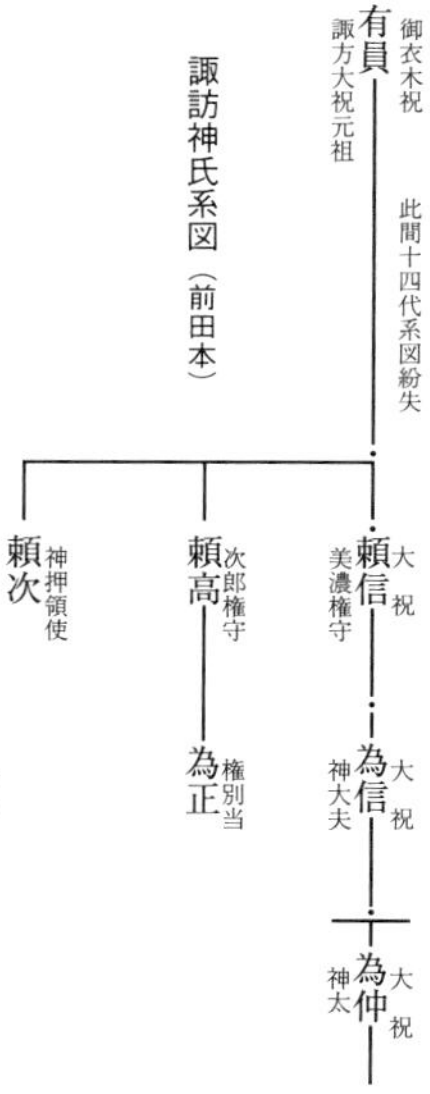

ある。加賀前田家蔵の「神氏系図」によると、神大祝の出自を桓武天皇（八〇〇年代）の皇子、有員親王とし、明神が「山鳩色の袍」を脱いで有員に着せて、「我に体なし、祝をもって体となす」と神意を述べている。この「ミソギ」(1)を受けて神格が与えられ、彼はこれから大祝となって、神氏を名のったとされている。

この神氏系図や物語は、後世の潤色が多いようであるが、この即位の儀式は、前宮境内の「かえでの宮」とも「鶏冠社」ともいわれる場所で、代々取り行なわれたものといわれ、前宮は代々大祝の居館であった。

大祝始祖有員の出自についての説話は、桓武天皇の皇子に有員という該当者は見当らないといわれているが、桓武期には、田村麿将軍のエゾ征伐における、諏訪明神の協力の物語などがある。(2)この二つの物語は、下社金刺大祝の畿内政権との結びつきと、その勢力の強大化するのに対する、上社側の対抗の物語であろう。この事は、この頃上社側も、皇室に対する結びつきを願望した結果、有員始祖の神氏系図の完成とみたいのである。

しかし上社側のこの対抗的な工作も、この辺までが限界であって、まもなく下社側に強力な人物の出現があって、その人物の働きにより、上下社が同一の神社としての形をとる原形が出来上るのである。この人物は金刺貞長[3]であって、右近衛将監正六位上、大朝臣の位と、姓を賜わるが、九世紀中葉に朝廷内で活躍した人物であるらしい。この金刺貞長の出現して以来、諏訪神社関係の記事が多く出るようになる。すなわち「承和九年（八四二）五月信濃国諏訪郡無位勲八等南方刀美神社従五位下。承和九年十月信濃国無位建御名方富命前八坂刀売神従五位下」とあり『延喜式神名帖』（九〇七）には諏訪郡に、南方刀美神社二座があって、名神大の位であるとされている。この頃から、諏訪神社が二社あるという事がはっきりするものらしい。それに神社の位階の上昇ぶりには、瞠目に値いするものがある。

諏訪神社上社前宮内にある
大祝の即位式を行う鶏冠社

　承和九年の無位から従五位下に一挙に上ったことも、かなりの驚きであるが、嘉祥三年（八五〇）に両社とも従五位上に、仁寿元年（八五一）には従三位、貞観元年正月（八五九）に建御名方富命は従二位に、八坂

守屋山麓諏訪上社周辺
（1）上社前宮　（中）神長守矢氏屋敷　（2）上社本宮
（『諏訪史　第二巻　前編』より）

刀売命は正三位、同年二月にはそれぞれ従二位は正二位、正三位は従二位に躍進している。貞観九年（八六七）上社神は従一位、下社女神は正二位となり、天慶三年（九四〇）では建御名方正一位、八坂刀売従一位になり、つづいて女神も承保元年（一〇七四）に正一位となったが、この従五位下から従一位までの昇位は、なんと二十五年ばかりである。この諏訪神社上下社の昇位に対して、二つの問題点がある。その一つは、昇位に対して常に上社神が先になっている事、そして一つはなぜこの急上昇があったのかという点である。それについては金刺貞長の働きが大であったことは、否めないであろうし、この時代には上社方は金刺氏の勢力下、すなわち郡領＝朝廷支配下に入っていたことが考えられる。しかし金刺氏は上社側に対する土着神、守屋神に対する崇敬心を表敬してか、無益の摩擦をさけてか、常に昇階にさいして優先策をとったものとみられよう。

諏訪神社下社の大祝、金利氏の入諏については、考古学的に肯定できる資料(4)は、下諏訪町立町（下社秋宮旧境内）にある青塚と呼ばれる前方後円墳がある。そのほかについては文献上に、その一族の氏名がみられるが、系図的には断翰的であって仕末に負えない。一応古い出典をみて検討してみよう。

『先代旧事本紀(5)』に、

科野国造、瑞籬朝の御代、神八井耳命孫五百健命を国造に定め賜ふ。

とある。『古事記』によると、神八井耳命は神武天皇の皇子で、その子が科野国造の祖とされた健五百健命、神八井耳命には後裔十九氏が諸国に分派するが、意富《おお》・阿蘇・火君等で、その出自の地は九州であることが判る。

『国造本記』の方にも、同じような記事が載っているが、信濃国造と阿蘇国造とは、神八井耳命を姐とするだけではなく、阿蘇系図によると、阿蘇神社の祭神は健磐竜《たけいわたつ》命で、科野

金刺氏系図（熊本県阿蘇家蔵）

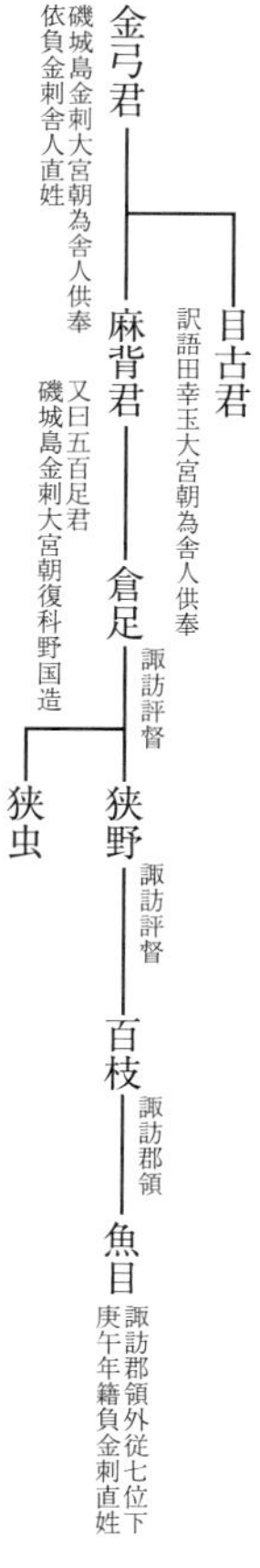

国造とされた健《たけ》五《い》百《ほ》健《たつ》命とは同一とする説[6]もある。

阿蘇家蔵金刺系図をみると、金弓君が磯城島《しきしま》金刺宮（欽明天皇、五四〇年）に舎人として供奉し、御名代部とされている。この系図では、金弓君の子麻背君は、科野国造となっているし、その子孫達は諏訪郡督、諏訪郡領に任ぜられている。

この阿蘇系図とは別に、史料に載っている名をあげてみよう。

主政无位金刺舎人祖父万侶（東大寺正倉文書「駿河国天平九年正税帳」）

駿河国益頭郡人金利舎人麻自（『続日本紀』天平宝字元年八月条）

信濃国牧主当伊那郡大領外従五位下勲六等金刺舎人八麻呂（『続日本紀』天平神護元年正月条）

信濃国水内郡人女孺外従五位下金刺舎人若島（『続日本紀』宝亀三年正月条）

駿河国駿河郡大領正六位上金刺舎人広名（『続日本紀』延暦十年四月条）
信濃国埴科郡大領外従七位上金刺舎人正長（『三代実録』貞観四年三月条）
信濃国諏訪郡人右近衛将監正六位上金刺舎人貞長（『三代実録』貞観五年九月条）

このような記録が散見するが、平安期における金刺氏の駿河、そして信濃、それも諏訪・伊那・水内・埴科等に分布していた事が知られよう。それに大領・少領・主政などの職名は、国造制が、大化改新以後の国司制になってから、国造たちが大領・少領に任ぜられるものであるというから、それぞれ有力氏であった事が判る。

信濃の国造達の本拠地については、「のちの信濃国府が上田におかれたことと、国魂神である生島足島神が、小県に祭られていること等により、決定的である」という伊藤富雄の上田説[7]は、大綱としてはうなずけよう。

国司制度になって、大化の初期に国司が赴任したのかどうかは定かでない。国司は在地豪族である国造の力を削ぐべく、陰に陽につとめたのであり、新しい国司は在地豪族にとっては、侵入者でもあるのであった。

畿内政権のうち、河内地方に巨大な応仁・仁徳陵などを作った五世紀代に、中央官庁の整備に伴ない、地方の統属組織として採用したのが国造制である。この国造制は、大王家

――大連――直姓国造――伴造という地方支配形態が、大和国家の政治支配の柱になっていたと考えられているが(8)、この国造について、その統属形態に違いがある事が指摘されている。すなわち、直姓の国造と君臣姓国造についてであって、直姓では五世紀後半より東国に設けられた国造で、伴造的性格をもち、その従属度がより直接的であり、天皇に舎人部の供進がなされ、軍事力の編成にあっては舎人部が親衛軍として組織されている。これに対し君臣姓の国造(上毛野君、筑紫君、吉備臣、出雲臣等)は、在地集団の長として伝統的性格を強くもち、支配も間接的であり、国造新任の際にはいつも、後々までの服属の誓約と献上をするならいで、軍隊も国造軍のなごりが長くつづいていた。また事実、国造のなかに

▼竜 丘 鎧 塚

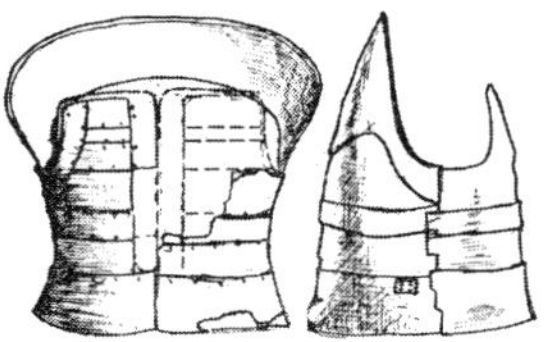

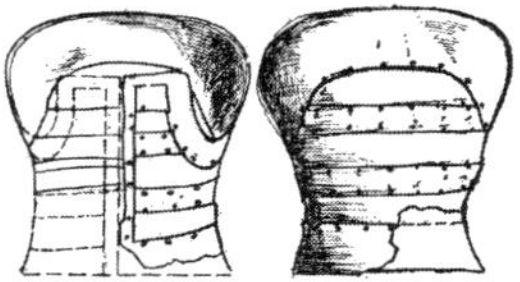

▲三 穂 立 石

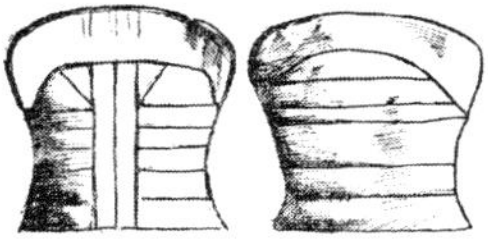

▲座光寺石行二号

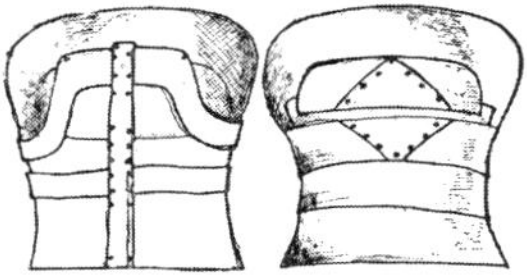

▲座光寺新井原七号

下伊那の古墳発見の短甲

は大王家に対する反乱伝承も多いし、中央大連の軍隊との争いも（「雄略天皇紀」「継体天皇紀」）いくつかみられる。またとくに注視したいのは、地方における祭祀権に対する扱い方であって、鹿島・香取の神郡に対しては、宮廷祭祀の分掌者である中臣氏の下に集中化するのに対し、出雲・筑紫の神郡などは、在地国造を介して扱い、在地性を長く保たさせ重視している事が指摘されている。

諏訪における、第一期古墳から第二期古墳の質的変換は、在地豪族とその集団、および祭政権を、中央政府に統属させようとの現われであって、それは君臣姓国造に対する統属の方法をとったものとしてみられよう。

また第三期の前方後円墳、青塚古墳の突然的出現の、その一つの理由はおそらく第二期から、伊那谷に繁衍する金刺舎人の勢力伸長の結果であって、下社側の守矢氏と神氏の融和合体した祭政体を、中央政治へ統属を目論み、支配をはかるべき現象の現われと考えたいのである。上社祭政体に対する統属のあり方は、科野国造、あるいは大和朝定との強い関係にある金刺氏の両者ともに、支配のしづらい勢力であったと考えられる。しかし下社境内に青塚古墳の築造されたのを機に、金刺氏の勢力は強力になって行き、のちの平安期頃には、上下社は同化する形をとって、金刺系の勢力下に入る時期がくるものと、考えてよいであろう。

青塚古墳が築造された理由の第二は、七世紀後半に生じた、天皇家の皇位継承の争いである「壬申の乱」に大きな関係があるとみたい(9)。「壬申の乱(10)」は、大海人皇子（天武天皇）側の、敏速な東国側の掌握によって、勝利をおさめているが、その東国を手中にする働きをした人物に、美濃国安八郡の湯沐令多臣品治《ゆのうながしおおのおみほむじ》がいる。多臣品治は、父が蔣敷で子は太安万侶であり、信濃国造と祖先を同じくする「多氏」一族であった。

大海人皇子は多臣品治に、不破関の固めを命じたが、三千の兵をわずか四日間で募兵している。この素早い募兵はどう考えても、近くの親近者を考えなくてはならない。となるともっとも近い国は、隣国の信濃の伊那地方で、そこには同族である金刺氏が勢力を張り、その先の諏訪湖北地方にもいる。さらに小県方面には他田氏もいた。これらの金刺・他田氏と考えられる参兵達は、その敏速さで大友皇子側を破っているが、これは馬を有効に用いたもの、すなわち騎兵団(11)であったとみられよう。

「壬申の乱」の結果は、天武朝の成立であって、その後は天武天皇の、信濃行宮計画など、信濃への関心がみられるが、当然、金刺氏への論功、あるいは天武朝との強い結びつきが考えられる。その七世紀後半には、終末形式ながら、最後の伊那谷からの古墳文化の波及として、青塚古墳が、湖北の丘の上に、目立つように築きあげられたのである。この古墳の主については藤森栄一説(12)をみると、「青塚を記録のもれた下社大祝の一人の墓と考え、その時期を下社祭政の確立する時期とみることは、否定する理由はないようである」としている。

筆者はこの説を肯定しつつ、畿内政治の変化を考慮しないわけにはいかない。すなわち「壬申の乱」に功があった、ある金刺一族の一人で、畿内政権（天武朝）の信頼度も高い人物が、その強力なバックアップを背景に、上社祭政体の「荒《すさ》ぶる神」を懐柔すべく、金刺大祝として下社祭政体(13)の出現となったものとみたいのである。

諏訪神社下社秋宮の金刺大祝最後の
金刺昌春寄進の八稜鏡（明応６年）

そこで古墳文化の変遷を考古学的に把えたなかで、下伊那からの最終形式の前方後円墳の波及、すなわち、高岡一号墳――松島王墓――下諏訪青塚古墳という波及のあり方は、多氏系の金刺氏を通じて、伊那谷から諏訪への伸展の跡を物語るものであって、とりもなおさず七世紀末の畿内政権による、東国経営のひとつの足跡とみてよいものである。それは諏訪神社上社の祭政体（守矢、神氏合体）

とは、根本的には対立する立場で発生する、湖北（筑摩・安曇・伊那の一部）をヒンターランドとした下社金利大祝の祭政体である。

（1）四賀普門寺のミソギ平は、このときの有員の居館跡とされており、古来より伝承でこの畑には神聖な伝承があり、肥料には人糞は使用せず、大切にしてきた。現在ミシャグチの社殿と巨木がある。上方の姥ケ懐よりは、平安期に下る和鏡と、水晶珠子、刀子が発見され、有員の遺品と伝えられている。なお近くに異字体を刻んだ古碑（梵字か）があるが、正体は不明である。

（2）田村麿東征の際、東山道第一の諏訪神社の加護を受けるため、東山道を通り信濃へ入りした。伊那諏訪郡境の太田切川にいたると、穀ノ葉文様の水干に鷹の矢を負い、馬にのった一人の武士が現われ、この武将は常に軍の先頭に立って戦い、ついに賊の阿部高丸を打った。帰途佐久辺にて、諏訪明神の化身であると告げ消えた。『大明神絵詞』

（3）金刺貞長は、『三代実録』貞観五年九月条にみえる。

（4）藤森栄一「諏訪神社の考古学的研究」下諏訪町誌上

（5）蘇我馬子の勅命といわれているが、九〇一～九二二年以前に成立か。

（6）大和岩雄『日本古代史論』大和書房

（7）伊藤富雄「上代の下諏訪」下諏訪町誌上

(8) 上田正昭『大和国家の構造』日本歴史古代、岩波書店
(9) 宮坂光昭他「岡谷市長地横川カロートイシ　ウバガフトコロ古墳発掘調査」岡谷市教育委員会
(10) 星野良作『壬申の乱』吉川弘文館
(11) 直木孝次郎『古代兵制の研究』吉川弘文館
(12) 藤森栄一「考古学上よりみたる下諏訪町」下諏訪町誌上
(13) 下社の春宮、秋宮と、霧ヶ峰の旧御射山神社の関係については、旧御射山神社を山宮、おくの宮と考え、そこの八島池と、砥川の水源を水稲耕作の祭祀の源とし、神は春の二月一日に山より春宮に降り、秋八月一日には、秋宮の方へ移って山宮へ帰るという、水稲農耕形の神社形式を考えて述べてある（「諏訪神社とその祭り」伊那五一一）。その祭政体の祭りの上に、金刺大祝がラップした姿が、下社金刺大祝祭政体であろう。

おわりに

諏訪の古墳の発生展開という動向と、古代豪族、そして神と人との媒介をする司祭者達のあり方とが、無縁ではないという考え方から、いままでの古墳の考古学的研究の成果を用いて、古代氏族を鮮明にしてみようとはかったが、充分にその意がはたせたかどうか。

考古学研究者である筆者が、その一つのテーマである、地域の古墳を長年研究した結果、古墳を築造した古代豪族のあり方を、古墳の質的変化を抽出しつつ、諏訪の神々とのかかわりあいとともに解き明かそうとしたものである。

守矢氏は縄文中期からの土着の神――ミシャグチ――を統率し、上社前宮を中心にして、諏訪の「クニ」を形成していた。そこへ神氏が進入し、大祝・神長という、諏訪独特な祭政形態を作り出した。その東の「荒ぶる神」の「クニ」を、支配、懐柔すべく、湖北半の地に「多」氏一族の金刺氏をもって、たぶん「武居」氏の農業祭政体の上にのって、金刺大祝祭政体が出来上ったものであろう。

本論は先に著した「蛇体と石棒の信仰」の続編ともなるべきものであるが、諏訪の神々のあり方は、簡単に解明出来るものでないことがよく判ってきた。しかし現時点では、一応の解決的な結論だと信じている。

諏訪の祭政体のあり方については、本論では、上社祭政体が下社金刺祭政体への同化された時期まで考察を試みてあるが、それ以後は筆者の分野、すなわち考古学的な資料の方は少なくなり、文献資料の方が多くなってくるから、そちらの研究者の方が詳しいし、いくつかの著書も出ている。

しかし上下社発生の関係を考えるため、一言にして述べれば、中世には上社と下社が一大抗争の時期を迎え、ついには永正十五年（一五一八）に下社大祝金刺昌春は上社方によって討取られ、さらし首にされた程の憎悪のむき出しの戦があった。これによって名族金刺氏は滅亡してしまうが、この事件を考えるに、やはり諏訪神社上下社を同一とするには無理な事で、すでに考察したように、その発生点において根元的な違いがあって発生しているからである。この中世における一大抗争については、かつて筆者は「諏訪大熊城跡」の発掘調査を行なっており、大熊城跡は大祝金刺昌春のさらし首をした場所とされているもので、その争乱についても報告書中にふれている。いずれかの機会に山城という考古学的資料を用いて、論を述べたいと考えているが、ここでは上下社の発生が根元的に違う形で、その後も、支配しようとする側と、これに抵抗しようとした側が、その結果を中世までもちこして、結着がつけられたものであることを述べておきたい。

筆者らは、考古学的成果の資料を、いかに史料として用いていくか、という事を研究し、考古学と文献との握手を求めているものである。このような方向の一つの結果として、この論が出来たのであることを記しておきたい。

古諏訪信仰と生島足島神社

北村皆雄

序

長野県上田市下之郷に、〈生島神《いくしま》〉〈足島神《たるしま》〉を祀る「生島足島神社」がある。

生島神・足島神は、『延喜式』の「神名帳」に記載される宮中で祀る神三十六座のうちに名をつらねている所からも、宮廷と関係の深い神であることがわかる。

平安時代の『古語拾遺』には、「生島是大八洲之霊今生島巫所奉斎也」とあり、『先代旧事本紀』にも、「生島足島是大八洲之霊也」とある。

大八洲之霊（生島足島神）は、天皇の即位儀礼である大嘗祭の翌年におこなわれることになっている〈八十島祭《やそじまのまつり》〉に、主神として祀られる。(1)

難波津の浜辺で海に向っておこなわれる八十島祭は、女官が神琴の音に合せて天皇

下之郷生島足島神社

の御衣筥を振り大八洲之霊を付着させるのが目的であり、七世紀末の天武朝の頃から天皇の称号として、「明神御大八洲天皇《あきつかみとおほやしまぐにしらすめらみこと》」を盛んに用いるようになったのも、この祭祀との結びつきで考えた方が理解しやすい[2]。この生島足島神を招き八十島祭をおこなっていた難波には、『延喜式』（神名帳）に名神大社として記載されている「生国咲国魂神社」（現在の生国魂神社）があり、両神を祀っている。

信濃国小県郡にも、名神大社として「生島足島神社二座」と記載されており、宮中と関係の深いこの神を、いつ誰がどのような理由でこの山国にもたらしたのか、すこぶる疑問とする所である。

田中基・野本三吉それに筆者をメンバーとする古部族研究会は、一九七四年七月諏訪からの帰途、バスで和田峠を越え、下之郷にある「生島足島神社」を訪れた。

この神社は、私たちの研究する諏訪神社とも密接に関係し、また信濃の古氏族の動向、特に大和朝廷との関連を知る上にも無視できないものである。

それ以降私は、生島足島神社との関連で古代諏訪や諏訪神社を捉えてみようと考え、幾多の資料を集め、諏訪や上田の郷土史家や民俗学者、あるいは、古代研究者を訪ねたり、「生島足島神社」とその周辺をくまなく歩きまわったりもした。

まだまだ研究不足で一つの論としての体裁を整えるものかと心許ないが、以下の一文を記し、大方の批判を乞うことにした。

（1）岡田精司『古代王権の祭祀と神話』所収「即位儀礼としての八十嶋祭」塙書房
（2）右同書論文

1　消えた生島足島神社

生島足島神社のある下之郷は、もと東塩田村に属し、小県郡東塩田村下之郷となっていた。東塩田村は昭和三十一年に、西塩田・中塩田・別所の三ヵ村と合併して塩田町となり、さらに昭和四十五年、上田市に合併した。現在、上田市下之郷の所在になっていることは序の冒頭に記した通りである。

この神社は、旧塩田二十二ヵ村の鎮守であったという。神社にある伝承では、遠く神代にありて、諏訪明神（建御名方命）が、諏訪に入り給うとき、此地に至り、既に鎮り座せる生島足島の神に御供（粥）を献じて奉ったといわれている所から、諏訪神社よりも古いといわれたりもした。

下之郷の平地で、水を湛えた池を周囲にかかえる生島足島神社は、正面口西参道（東参道は後世にできた）から入ると、右手南方に鎮座し、あたかも海に浮かぶ島の上にたたずむ如くである。境内の左手北側には摂社諏訪神社があり、参道を中に挟んで向いあっている。本社生島足島神社を上社、諏訪神社を下社あるいは陰の宮と呼んでいた(3)。

『延喜式』に記載されている名神大社「生島足島神社二座」とは、この下之郷にある神社であろうか。

かつて、南方にある上ノ社

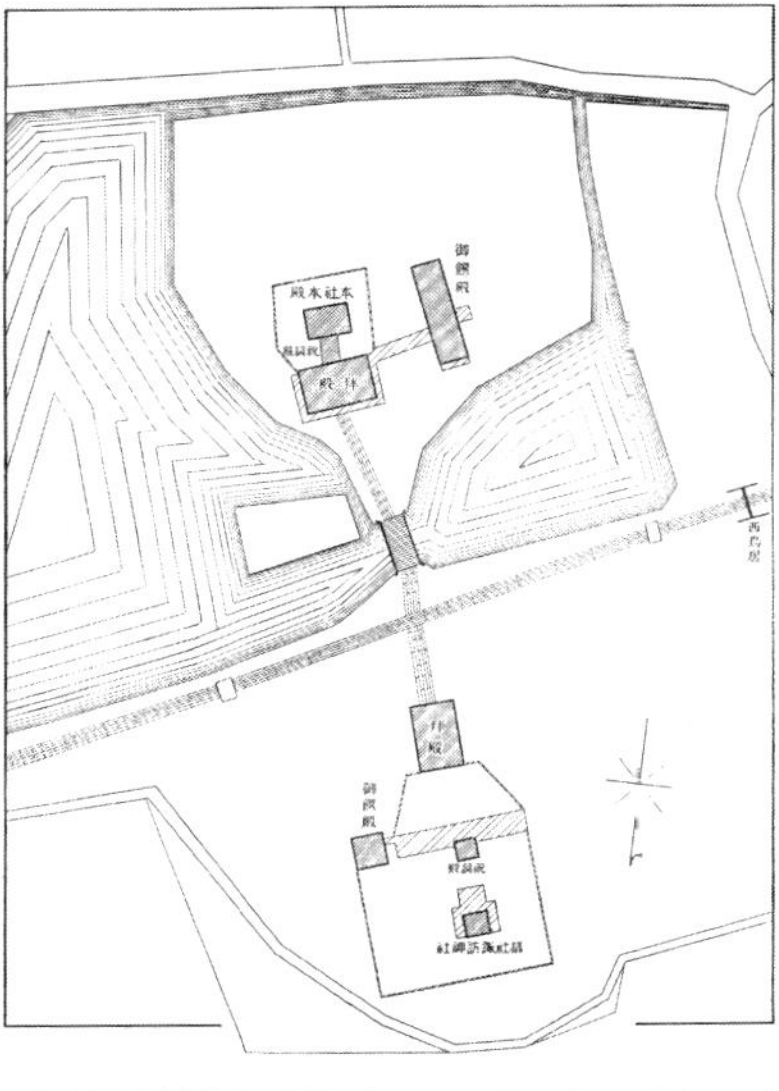

生島足島神社平面図（『諏訪史　第二巻　前編』より）

を〈生島神社〉、北方にある下ノ社、今の摂社諏訪神社を〈足島神社〉にあてていたこともある。(4)

しかし、宝永三年（一七〇六）の『上田藩明細帳』を、地元の民俗学者箱山貴太郎氏の御教示により見てみると、小県郡下之郷には、生島足島神社の名はなく、諏訪大明神上ノ本社と諏訪大明神下ノ本社があることになっている。(5)

さらに時代をさかのぼり、永禄二年（一五五九）、武田信玄が越後の長尾景虎との戦に勝利を得んと神社に納めた祈願状（敬白願書）には、「下郷諏訪法性大明神」と記してあるから、下之郷に諏訪神社のあったことは確かだとみなければならない。

永禄九年（一五六六）と同十年（一五六七）、武田信玄は支配下領国の東・中・南信濃、西上野、甲斐等の武将に忠誠を誓わせるために血判入りの起請文をしたためさせ、神社に奉納した。現在の生島足島神社の中、御室と呼ばれ土を御神体とする本殿の、その秘奥部から発見された九十何通かの起請文には、多くの神々の名とともに諏方上下大明神の名がみえるが、生島足島神の字句はどこにもみあたらない。(6)

この諏方上下大明神とは、長野県諏訪にある諏訪神社の上社と下社を指しているのか、この起請文を納めた神社のことを指しているかは定かでない。しかし、先に記した信玄の祈願状には「下郷両社」という字句もみえることから、この地に諏訪神社の〈上社〉〈下社〉

両社の存在を認めていたであろうことは確かである。

この神社に天正年間（一五七三〜九二）の薙鎌があることも、諏訪神社として存在していたことの一証になろう。薙鎌は諏訪信仰と深く結びつく。分霊を奉祀した由緒正しい社に、諏訪本社より分贈するものといわれているからである。

武田信玄がはじめて下之郷を訪れたのは、天文二十二年（一五五三）だといわれているが、その頃から藩政時代の寛政以前までは、〈諏訪大明神〉あるいはただ〈下之郷明神〉と呼ばれる諏訪神社であったことは疑いえない。

下之郷のこの神社を〈生島足島神社〉と呼ぶようになったのは、寛政十一年（一七九九）正月十九日、京都の吉田家より許可を得てからであるといわれる。

『上田市史』によると、この時の「上田原町問屋日記」に、「下之郷明神生島足島之神社に相成り」と記されているという。

この時の京都吉田家の許可は、生島足島神社の旧号に復するとあるから、『延喜式』（神名帳）に記載の「生島足島神社」を、この社として認定したことになる。

しかしその時、小県郡常田村、今の上田市内にあり信濃国府の総社であったともいわれている「科野大宮社」（『延喜式』に記載なし）と、本家争いをしたことなどもあり、当時の人々の記憶にも定かな確証があったわけではないように思われる。

はたして、『延喜式』に名神大社として記載された「生島足島神社」とは、下之郷にあった神社なのであろうか。

（3）『官国幣社特殊神事調』（神祇院）「生島足島神社」の部
（4）上野尚志『信濃国小県郡年表』
（5）『大日本近世資料・上田藩明細帳』中
（6）『信濃史料叢書第一巻』「生島足島神社文書」

2　生島足島神社の遷座

私たちは、ひとたび視界を拡げて、下之郷の周辺地域を俯瞰してみよう。上田市街地から千曲川を越えて南方向に目を転ずると、押し狭ったやまなみの入口から次第に拡がってゆく、扇状の小さな平野が目につく。面積およそ三三・五平方キロメートル、旧塩田町一帯塩田平と呼ばれている地域である。塩田平の南には、奇岩突こつとした独鈷山（一二六六メートル）をはじめ、富士山（一〇二九メートル）、富士岳（一〇三四メートル）などの山々がせまり、西側には天神岳（一二五〇メートル）から低く張りでている川西丘陵地帯、また東側には小牧山塊の低いやまなみが続いている。

平野の中央部を、小泉小太郎の蛇伝説（三輪山伝説と類似）と関係の深い産川が、北東へ向って流れている。(7)

この産川に沿っておりていくと、上本郷と呼ばれる地域がある。このあたりはかつて本郷村と呼ばれていた所であるが、この地に、下之郷へ遷座する前の「生島足島神社」があったという伝承をともなった社址がある。

昭和十一年刊の『長野県町村誌』の本郷の部に次のような記録がある。

社址

村の西の方、字諏訪にあり。

該地は古伝に上古、生国足国大神と、諏訪の御神の鎮座せるを中古下之郷へ遷座し、遺霊を字上窪へ奉還す。

今尚畑畦に竹藪と古井あり。

さらに同書には、上窪の地籍にある神社について次のような記録を留めている。

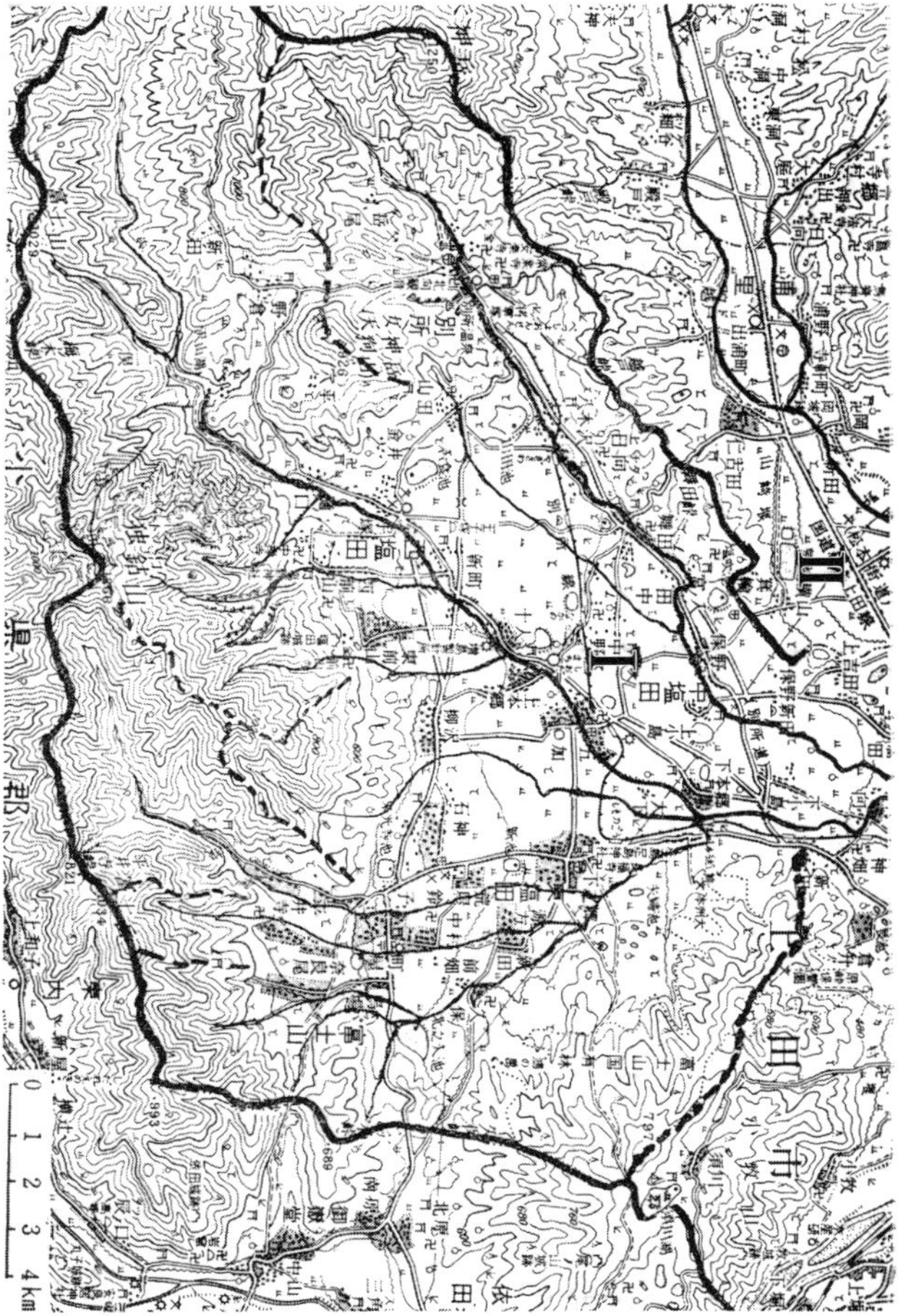

本郷・下郷付近地形図（Ｉ塩田盆地　Ⅱ川西平野）

（『条里遺構分布調査概報』より）

諏訪社　雑社
社地東西九間三尺　東北八間三尺
面積二畝二十歩
村の南の方字上窪上組にあり。
祭神健御名方富命。該社を泥宮大神と称す。原と字諏訪にあり。
古伝に中古、下之郷へ遷座の際（県社生島足島神社をさす）遺霊を当地へ遷す。故に該社泥宮大神は生国足国の神霊なるを、諏訪の御神と混同し祭りしは誤りなり。
創建年月不詳、元禄十四年巳年二月建替す。
祭日四月十六日、社地中大樹あり。(8)

この本郷を中心とした、産川流域の塩田平一帯には、縄文時代から弥生、古墳時代さらに歴史時代へと続く各遺跡が、あたり一面濃密に分布している驚くべき地域である。
以下、上田市教育委員会発行の上田市文化財調査報告書『上田市の原始・古代文化』によると、縄文遺跡は、早期・前期・中期・後期にかけての遺跡七十八ヵ所を数え、上田市内同期遺跡のおよそ半数がこの地域に集中している。

後期から晩期にかけての様相は、いまのところ十分に解明されていないというが、産川流域の手塚・前山・新町・十人・上本郷・五加などの各地籍の両岸は、縄文中期の遺跡で埋めつくされているという。

弥生時代の遺跡も手塚・前山・上本郷・古安曽・五加などに集中して存在し、現在九十一遺跡を数え、東信地方における弥生文化の一大中心地となっている。

古墳時代には、新町の王子に前方後円墳で中期（六世紀）頃と比定される王子塚古墳がある(9)。

『和名抄』所載、小県八郷の一つ「安宗郷」に比定されている本郷を中心としたこれらの地域は、古来からの文化の中心地であったことはまちがいない。

〈本郷〉とは〈下之郷〉に対する本郷であり、この地域に、大八洲之霊＝国魂神である生島足島神が最初に祀られていたという『長野県町村誌』の古伝が重く伝わってくる。国魂神は、どこにおいてもその地方の、本郷たる地域に祀られるといわれているからである。

しかし、私の引用した二つの古伝を検討すると、大きな食い違いに誰もが気づくはずである。

最初引用した字諏訪にあった社址の古伝には、生島足島神と諏訪神の二つが鎮座していたことになり、現下之郷にある生島足島神社と諏訪神社の形態と同じになる。

もう一方の泥宮大神についての古伝によると、字諏訪にあった生島足島神の遺霊を下之郷へ遷座する際移したものだから、今諏訪神を祀るのは誤りであると述べ、諏訪神の存在を、元の地字諏訪に認めていないのである。

私はこの地を訪れ、古老の案内で歩いてみた。

ほんの数百メートルしか離れていない所にこの二つの場所がある。泥宮大神は、上窪池の西側のこんもりと盛りあがった場所に社屋を構え、遥か下之郷にある現生島足島神社の方向をむいている。村の人々はここがかつて諏訪社であったことを忘れ、ただ泥宮さまと呼んでいる。

諏訪地籍にあったといわれる社址はあとかたもなく、桑畑に変えられていた。

明治年間のことであったというが、ここを掘り起して桑畑に変えようとした時、大きな礎石をいくつも発掘したという。恐れおののいた人々は産川の流れに沈めてしまったと古老は語る。

ここに何かがあったことはまちがいない。

生島足島神社か。それとも諏訪神社か。

あるいは両社が共存していたのであろうか。

このあたりに相当する上本郷諏訪畑遺跡からは、縄文中期加曽利E式土器・打石斧、弥生後期箱清水式土器・土師器・須恵器等が検出されている。

また諏訪畑遺跡の約五十メートル南側に位置している枡木遺跡からは、昭和四十五年の発掘調査で、弥生時代後期から歴史時代平安期終末にいたる長い期間の人々の生活跡が、遺物とともに確認されている(10)。

いずれにしてもこの地域は古くからの人間の足跡を地面に留めているのである。地元の

泥宮大神

字諏訪元生島足島神社址と伝えられる場所

諏訪畑遺跡（手前の田）より泥宮大神を望む

民俗学者で『上田付近の遺跡と伝承』の著者でもある箱山貴太郎氏は、その場所を「地字を諏訪というから諏訪の神が勧請されていたのだと思われる」と記している。[11]

私も、本郷を中心としたこの塩田平の一帯が〈シャグジ〉といわれる原始信仰の小県における中心地であることからみて、早くから諏訪信仰圏に属していたと考えている。[12]

かつて私は、今井野菊さんや古部族研究会の仲間と共に『古代諏訪とミシャグジ祭政体の研究』という本を著わし、諏訪神社の古信仰とミシャグジ（小県ではシャグジ）との結びつきを論じたことがある。[13]

柳田国男も『地名と歴史』、『石神問答』の再刊の序で、信州の諏訪社が根元になっていることを認めているが、私もいまだその考えを捨て切れずにいる。

このあたり一円は、新町の字王子にある前方後円墳の王子塚をもった氏族、おそらく大和朝廷の力を背後にかかえた国造の一族が勢力をもつまえ、古墳の年代からおして六世紀以前までは、シャグジ信仰に支えられた諏訪信仰の圏内であったのではないだろうか。

この前方後円墳を築いた国造氏系の氏族が、「生島足島神」を宮廷から奉斎してき、古諏訪信仰のただ中、字諏訪の地籍に祀ったのではないかと私は想像している。

かつて産川は、今の上本郷の南側を流れていたといわれる。すると本郷は、下之郷との間を隔てられていてこそすれ、王子塚のあった新町周辺とは地続きであったのだ。

国造氏族はその地に本拠を構え、ここを信仰の中心地にしていた。

しかし、七世紀以降、その祭場も下之郷へと移転してゆく。それは下之郷現生島足島神社のすぐ東側、小牧山塊の東山を中心に五十基近く確認されている、古墳時代後

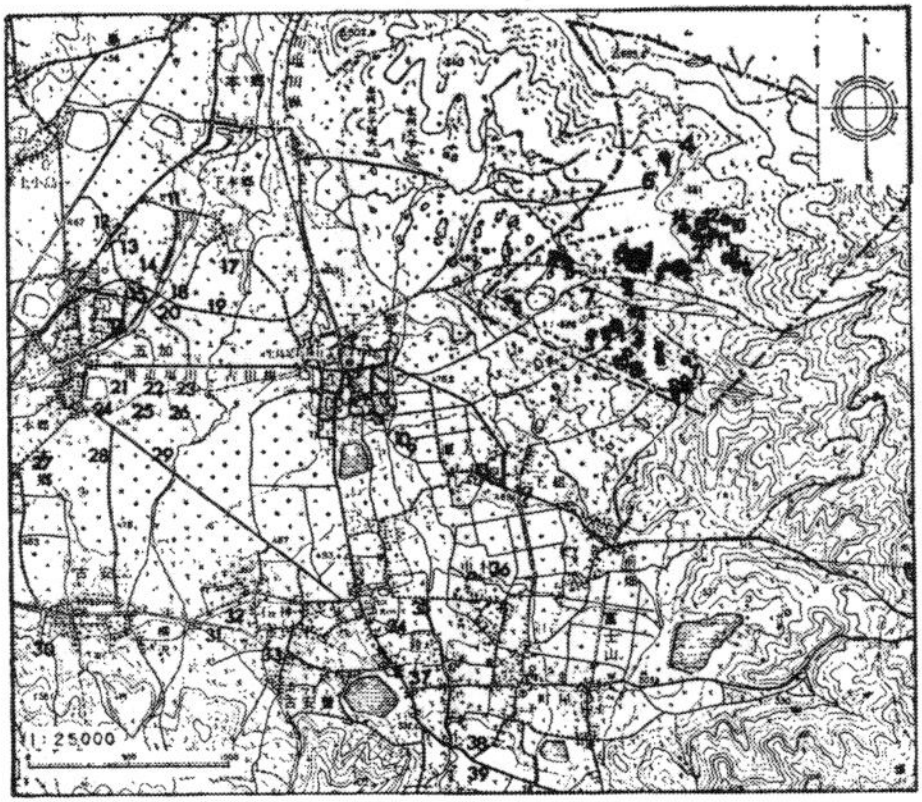

1 他田塚古墳　2 東山古墳支群　3 雲雀古墳支群　4 紅平山古墳支群
5 塚穴原　6 小森山　7 雲雀　8 笹塚　9 西又　10 東村　11 宮原　12 上原
13 梨ノ木　14 内堀　15 富在家　16 北在家　17 梅ノ木　18 北股　19 南股　20 吹上
21 池下　22 石原　23 西沖　24 水口在家　25 向田（Ⅰ・Ⅱ）・戸一丁・穴田・酒開
26 鈴堂（Ⅰ・Ⅱ）・中田・屋原　27 西光坊　28 長丁　29 飯塚　30 東安曽岡
31 石神　32 宮下　33 吉沢（Ⅰ・Ⅱ）　34 下宿在家　35 三文寺　36 下刈又
37 鈴子　38 郷土田（郷土田）　39 下太郷

下之郷生島足島神社古墳分布図（『他田塚古墳発掘調査報告書』より）

期・七世紀初頭から後半にかけて築造された円墳群の存在することから想像される。

かつて東山古墳群と呼ばれ、今は東山山麓と隣接する紀平山周辺一帯も含めて下之郷古墳群と総称されているこの一帯には、七十基ぐらいの古墳があったといわれ、東信最大級の一大群集墳を形成している。(14)この葬所の下之郷への出現と合わせて、祭場も同時に移行してきたのではないだろうか。神社（祭場）が祖霊を祀るものである以上、葬所との地理的関係を無視することはできないと考えられるからだ。

本郷から下之郷方面へ、生島足島神社が移行していった理由の一つに、産川の氾濫が考えられよう。

この地域は年間の降雨量も少なく、かつ水源となる山地が浅いため、農耕用の大小の溜池が一〇〇個ほどつくられているが、「押出し」という地名もあるように、地形の変動が繰り返され、産川の流れも変わっている。字諏訪の地籍は、またたくまに濁流に呑み込まれてしまう低地に位置している。かつてそんな運命をたどったに違いないその地の神は、分霊をすぐ近くの小高い泥宮の地に残し、産川の影響の少ない下之郷の地へと移っていった。

本郷の字諏訪に、最初の生島足島神社が存在していたであろうと推察する私に、「古井あり」と記載された『長野県町村誌』の項目が注目される。

もとより決定的な証左になるわけではないが、下之郷生島足島神社の宮司工藤種利氏に、次のような話を聞いたからである。「生島足島神社の本殿には床板がなく、その土間の大地が御霊代であると言われているが、そこには大きな井戸があり、その上を石で覆い土をかぶせてある」。

昭和十三年の解体工事の折、その土を取り除き小粒の御影石に変えた際、前宮司であった父親が確認したという。

この井戸と字諏訪の古井とを結びつけるのは、あまりに性急すぎるのであろうか。今その古井すら消え去り、確認すべき事実も永遠に地上から消えてしまった。

(7)『上田小県誌自然編』参照
(8)『長野県町村誌東信編』長野県町村誌刊行会、昭和十一年
(9)『上田市の原始・古代文化』上田市教育委員会、昭和四十九年三月
(10)『枠木遺跡緊急発掘調査報告』長野県小県郡塩田町教育委員会、昭和四十五年三月
(11)『上田付近の遺跡と伝承』所収、箱山貴太郎「社寺についての再考察」
(12)『古代諏訪とミシャグジ祭政体の研究』所収、今井野菊「御社宮司踏査集成」によると、かなりの数にのぼるシャクジの所在をこの一帯に確認している。

(13)『古代諏訪とミシャグジ祭政体の研究』所収「ミシャグジ祭政体考」永井出版企画、昭和五十年
(14)『上田市の原始・古代文化』『他田塚古墳発掘調査報告書』共に上田市教育委員会

3 科野国造氏系と生島足島神

生島足島神の本拠が難波にあり、そこに「生国咲国魂神社」今の「生国魂神社」が存在することはすでに述べた通りである。この神社の由来について、田中卓氏は『日本国家成立の研究』の中で、「生国魂社記」を引用しつつ、「生国魂神社は仁徳天皇の御代の鎮座とされ、おそらく仁徳天皇によって難波宮が建設されたころに奉祭されたものであろう」と述べている。(15)

その真偽はわからない。

しかし岡田精司氏が述べるように、生島足島神が、元々は海辺で生活するこの周辺の人々の島々の精霊を讃えた名であり、海人達の豊漁や海路の安全を祈ったものであったとしても、大和朝廷の手に抱えこまれていったのは、割合早い時期であったとみなければならない。

〈島々の精霊〉から〈大八洲之霊〉という政治的性格、大八洲という言葉の成立はもっと

新しいが、そういう性格の神にすりかえられ、国土の王の就任儀礼の祝儀のなかに組みこまれていく時期を、五世紀末から六世紀前半と岡田氏は考えている。(16)

生島足島神の信濃入りをとりあげた大和岩雄氏は、その著『日本古代試論』で「信濃の小県郡にある生島足島神は、難波津の海人たちの移住によって祭られた素朴な土地の神であったろう」と述べ、五世紀以前に信濃に居住してきた海人族の手によってもたらされたと推察している。(17)

果してそうであろうか。

『和名抄』に記載されている小県郡七郷のうちに、〈海部〉〈跡部〉など海人系と関係の深い郷があることから、その移住を認めるにしても、それほど早い五世紀以前に、小県の地へやってきたとは考えがたいように思う。信濃に最も早く移住した海人系で、安曇郡を中心に分布を拡げ、ここ〈海部〉にまで及んでいたといわれる安曇氏族(18)――安曇氏は摂津にも拠点をもち生島足島神を信奉していた凡直を名乗る海人系と同族ともいわれている――でも、本拠地安曇郡への移住は、古墳の築造年代からみて、六世紀末から七世紀とみられているのである。(19)

生島足島神について私は、小県に本拠を構えた国造氏族金刺舎人・他田舎人の系譜をさかのぼる先人の手〈多氏〉によって祀られたか、あるいは金刺舎人・他田舎人が宮廷に仕えていた事実から、宮中に手厚く祀られていたその神を、彼等が奉斎してきたかのどちらかと考える。その時代は六世紀以降、おそくとも六世紀末までにはこの地に祀られたに違いない。

六世紀以降というのは、小県にある前方後円墳の築造年代から考え最上限であり、また両氏が朝廷に仕えていた時代を比定すると、その下限は六世紀末になる。朝廷に直接仕えていた、あるいは前方後円墳という古墳の性格からみても、大和朝廷と関係深い彼等国造氏族系の手によって奉斎されてきたその神は、すでに素朴な土地の神といったものではなく、大八洲の霊という攻治的性格にすりかえられた神、大和朝廷の国魂神としてのものであったろう。

大和朝廷にとって生島足島神祀り、この地に、大和朝廷の権威を確固たるものにすることは、信濃の支配だけにとどまらず、東北への侵出の足場としても必要なことであったと思われる。さて私はここで、信濃へ入った国造氏族金刺・他田両氏に少しふれておこう。

金刺舎人は、欽明天皇の磯城島金刺《しきしまかなざし》宮に、他田舎人は、敏達天皇の他田（訳語田）宮に仕えており、御名代部としての名をとったという。

「安蘇系図」に左頁のような部分がある。(20)

古い様式で書かれており、最も信用すべきものとされているこの系図によると、磯城島金刺宮朝、つまり第二十九代欽明天皇の朝廷に舎人として仕えて、金刺舎人直《あたえ》の姓《かばね》を賜わった金弓君には二人の子供があった。目古君と麻背君である。この二人から他田氏系と金刺系の二つに分かれたことになっており、同族の両氏は、ともに科野国造の家柄を後世まで誇り、各地に要枢の地位を占めたことは、古い資料、文献の記す通りである。

安蘇系図

神八井耳神 ― 金弓君（磯城島金刺宮朝、為㆓舎人㆒供奉依負㆓金刺舎人直姓㆒）

金弓君 ― 目古君（訳語田幸玉大宮朝為舎人供奉）

金弓君 ― 麻背君（又曰五百足君磯城島金刺大宮朝㆓科野国造）

他田氏の名は、「藤原宮跡出土木簡」の持統天皇八年（六九四）の藤原宮遷居の際に、貢物を献げたことを印す墨書銘の中に発見されている。(21) 〈他田舎人直大島〉と記されたその名は、万葉集巻二十で、天平勝宝七年（七五五）に、

から衣裾《ころもすそ》にとりつき泣く子らを
置きてぞ来《き》ぬや母《おも》なしにして

と歌った作者、〈国造小県郡他田舎人大島〉と同一人物ないしは同族のものと思われる。

他田氏は、筑摩郡・伊那あるいは駿河国にも一人ずつ文献に名を留めている。しかし、貞観四年(七六二)の条に「小県郡権少領外正八位下他田舎人藤雄」(『日本三代実録』)とあり、宝亀四年(七七三)の記録として「他田舎人蝦夷者。信濃《ママ》国小県郡跡目里人也」(『日本霊異記』)とあること、また「将門記」に、〈他田直樹〉が承平八年(九三八)、信濃国分寺付近の戦で戦死したことを載せており、この人も小県郡の人と思われることからも、〈他田氏〉は、国造家の嫡流として、長く旧地小県郡に留まっていたことがわかる。[22]

金刺氏は早くこの地を離れ、諏訪・伊那・水内・埴科あるいは駿河国に赴き活動しており、特に諏訪では、諏訪神社下社の〈大祝〉として実権を握っている。

他田・金刺氏の国造氏系によって祀られたと思われる生島足島神は、以後国造家の嫡流として小県の地に留まった他田氏の手によって祀られたと思われる。

他田氏は安蘇氏の系図に組みこまれていることからもわかるように、安蘇氏と同族で、多・大・意富とも書かれて全国に分布した多氏を同祖とする。

その本拠は九州の肥後であり、阿蘇山の麓、阿蘇を中心とした地域であるといわれている。その後大和に居住したが、大和朝廷の東国支配と結びつき、大和から東方各地にのび、常陸・磐城さらに出羽・陸奥まで発展している。その地には考古学的にも共通の遺形を、また安蘇の郷や多・意富の地名を残しているといわれる。[23]

多氏が信濃に入ったことは、小県郡に『和名抄』記載の安宗（安曽）郷のあること、その後他田氏が多くこの地方に残ったことでもわかる。

小県の安宗郷（和名抄安曽と訓む）の位置については、塩田平の本郷を本拠として、地勢上の産川の流域にあたるといわれている。すなわち旧村富士山・東塩田・中塩田・西塩田・別所に及ぶ地域で、地名をひろってみると、東塩田に大字古安曽・小字東安曽・西安曽、あるいは阿曽岡・阿曽峯がある。(24)

本郷を中心としたこの地に、多氏あるいは多氏系の国造他国氏が最初の拠を構え、安宗郷で唯一の前方後円墳（六世紀以降）をつくり、また伝承に留めるように本郷字諏訪の地で生島足島神を祀ったであろうことは、先に記述したとおりである。

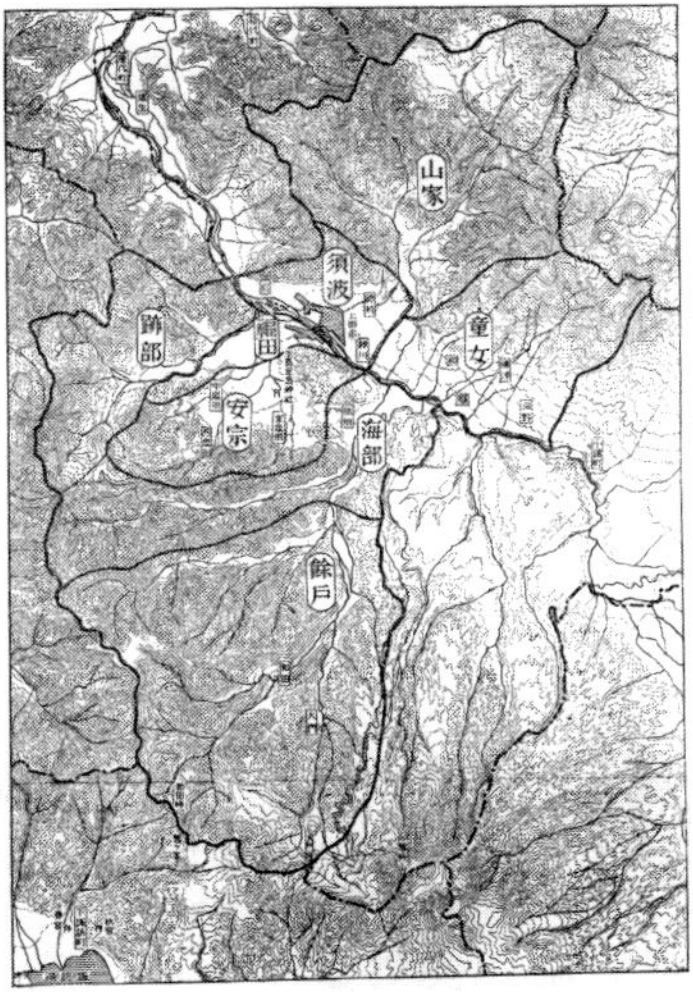

小県郡郷位置図
（『諏訪史　第二巻　前編』より）

(15) 田中　卓『日本国家成立の研究』所収「大化前代の枚岡――古代伝承の展開――」
(16) 岡田精司『古代王権の祭祀と神話』所収「即位儀礼としての八十島祭」
(17) 大和岩雄『日本古代試論』所収「古代信濃考――信濃からみた日本古代史の謎――」
(18) 宮地直一『諏訪史　第二巻　前編』
(19) 『東筑摩郡・松本市・塩尻市誌　第二巻　歴史』
(20) 右同書
(21) 『上田小県誌　第五巻　資料補遺篇』
(22) 右同書及び藤澤直枝『上田市史』
(23) 大場磐雄『考古学上から見た古氏族の研究』所収「常陸大生古墳群」他
斉藤　忠『古墳文化と古代国家』
(24) 『上田市史』及び『小県郡誌』

4　祭祀構造の比較　――諏訪神社と生島足島神社――

国造の職務の一つに、国魂神の司祭者という一面をもっていたことは疑いない。祭政一致という伝統的な政治の中心に立ち、祭祀に従うことは統治者として不可欠な任務であったと思われる。本郷の地を中心に祭政に携わっていた信濃の国造氏族他田氏は、七世紀初頭を境に、下之郷へ拠点を移したと考えられることを先に述べた。その頃から下之郷に、他田氏及びその一族と思われる人々の墓が出現するからである。

古くから他田氏に関係する墳墓〈他田塚〉と呼ばれている塚が下之郷の東山にある。「他田舎人がこの東山山中で死去し、ここで葬られたと伝う」と、『長野県町村誌』東信篇はその伝承を記している。

他田塚古墳

現在〈他田塚古墳〉と呼称されるこの円墳は、四年前の発掘調査により、七世紀初頭のものと比定され、金銅製を含む鉄製直刀五本と数多い鉄鏃を伴出して、埋葬者の軍事的色彩を漂わせている。金銅装大刀は大和朝廷の伴造的性格をもつ氏族のみの所有品とされ、また他田舎人が軍事的な意味をもつ舎人部の伴造とされていることからも、この円墳を他田一族の墳墓と推考する根拠は多い[25]。

いずれにしても、七世紀初頭にこの古墳が出現していることから考え、生島足島神を下之郷東山のその墳墓の下にある平地に奉斎したのは、その頃と比定するのもさほど無理な推定とは思えない。

しかし、その地も古諏訪信仰と何らかの因縁のあった場所ではなかったろうか。

現生島足島神社内の摂社諏訪神社のすぐ北の場所に、〈社口司〉という小字があり、〈シャグジ〉が祀られていたことが確認されている（明治四十二年移転され浅間社へ合祀された）。

元治二年（一八六五）の「下之郷村俵高帳」をみると、神社に〈左口〉、集落名に〈左口在家〉とあるから、下之郷は割合後世までその信仰の影響を留めてひきずっているのである。

現在、生島足島神社と並んで諏訪神社がここに祀られていることで、さまざまな憶測や混乱を生んでいることは、前にも記した通りであるが、私は、この神社の祭祀を分析することで、解明の糸口をたぐりよせてみようと思う。

古来相伝といわれているこの社の祭祀に、「御遷り神事（御移神事）」と「御籠祭」とい

生島足島神社の本殿内部（『塩田平の美』より）

うものがある。

毎年十一月三日（以前は旧十月三日）の夜、境内の一方にいる諏訪神社（下ノ宮）の御霊代（石といわれている）を辛櫃に納め、生島足島神社の本殿で、御室《みむろ》と呼ばれる御深所へ移す（御遷り神事）。

この御室は、御神体といわれる二間四方の土間を、ヒノキの鞘殿《さやでん》で囲み、屋根のみを西側に三尺ほどずり出している。かつては向拝《ごはい》があったといわれている、その屋根下の地面（御神体の土間と同じ高さ）に藁でつくったゴザをひき、御霊代を北の方向（つまり諏訪神社側）にむけて置く。

その夜から四月十八日（旧は三月三日）までここに留まり、七日に一夜ずつ切火をもって粥を炊き、四月十三日までの二十六回生島足島神に進ぜるという（御籠祭）。やがて四月十八日（旧は三月三日）に、御霊代は本殿に帰ってゆく（還座神幸）。

この神事の由来については、諏訪神が、生島足島神に日夜奉仕するために本社殿に御移りになるもので、神代の世、諏訪明神が信濃入りしたとき、すでに当地に鎮座していた生島足島神社に粥を奉ったという故事に結びつけて語られている(26)。

宮地直一博士はこれに関して、「神親ら神に物を献り、饗薦の意を表せらるゝは、必ずしも珍奇の例とするに足りないが、此では祭神の性質からしても、諏訪神が客位にあって、本来の土地神に奉事せらるゝ意味の行事と思はるゝので、恐らくは諏訪の神威が此の方面に及んだ時代に源流を発し、後之を具体化するとゝもに、諏訪信仰の風とも結んで、遂に今日の形式を産むに致ったのではあるまいか」と語る。さらに氏は、小県に古代の地名として『和名抄』に所載の〈須波郷〉のあることなどから、「頗る早い時代から神威が到達して、いつしか地名や祭事に反影を留むるに致ったとして、決して不可あるを見ないのである」と述べている。(27)

中世中期以降この地に、滋野氏の一族と称する海野・禰津・望月等の有力なる者たちが、諏訪氏の同族とも称して諏訪社の勧請を盛んにするが、それ以前の古い時代での結びつきを、宮地博士は考えているようである。

その点について私も氏と考えを同じくするものだが、前述した生島足島神社の祭祀の内容と、諏訪地方の諏訪神社前宮でおこなわれていた祭祀との比較を通して考えると、私には、諏訪神が客位にあって、本来の土地神に奉事せらるる意味の行事とはどうしても思われないのである。

その祭祀「御遷り神事」と「御籠祭」が、諏訪神社前宮でおこなわれていた神事に相似しているのは驚くほどである。

諏訪神社上社の前宮は、他の三つの諏訪神社（上社本宮・下社春宮・下社秋宮）より由来も古いと想像され、かつての古神事の中心地でもあった所である。

この境内の一角に、十二月二十二日、〈御室《みむろ》〉と呼ばれる竪穴式の穴倉がさずけられる。

この御室には、「第一ノ御体ヲ入奉ル」と室町時代の『諏訪大明神絵詞』が記しているように、御神体の〈ミシャグジ〉が前宮の本殿より移され籠もることになる。

この御室は三月寅の日、〈第一の御体〉を再び殿内にもどすまでの間、冬の祭祀の中心地となるのである。

この諏訪神社前宮の祭祀と、生島足島神社で現におこなわれている祭祀は、同じ〈御室〉という場所に、冬の訪れとともに御神体を移し、春になってまた元の座に返すという根本理念を同じくするものである。

もし生島足島神社の祭祀を、諏訪神が生島足島神に奉仕するものと解釈するならば、御室に移された御霊代（石）が、諏訪社のある方を向いており、生島足島神に奉仕する形態をとっていないことからも不可解である。

こう考えてゆくと、生島足島神社の祭祀は、従属した地位にある諏訪神が生島足島神に奉仕するものでも、また客位にある諏訪神が、本来の土地の神に奉事するものでもなく、時節によって神居を移すという信仰、しかも一定の冬の期間、御室に神霊を奉るという他に例をみない諏訪神社の古神事そのものであったのではないか。

その根本理念が、生島足島神社との関係で政治的性格を帯び、意味づけもすりかえられて祀られる神事になったと私は考えている。

私は、生島足島神社の奉斎以前に、これらの諏訪神社の古信仰があったと考える。つまり最初に土地の神〈諏訪神〉があって、その後生島足島神の神威がおおいかぶさってき、ついには大和朝廷の権威につつまれたその神に、諏訪神は奉仕する立場に追い込まれていった。諏訪神のその零落してゆく過程に、神事の由来を語る伝承が、生まれていったのではないだろうかと考える。

(25)『他田塚古墳発掘調査報告書』上田市教育委員会
(26)『官国幣社特殊神事調』(神祇院)生島足島神社の部及び宮司工藤種利氏よりの教示による。
(27)宮地直一『諏訪史　第二巻　前編』

5　祭祀の類縁と御頭郷

この生島足島神社と諏訪神社に共通する神事に「蛙狩神事」というものもある。池の中で眠る蛙を、弓矢で射る正月の儀式である。生島足島神社では、橋の上から矢を東と西に放つだけに過ぎなくなっているが、享保十一年（一七二六）の年中行事書留によると「祝・神主うつぎの弓にて、かいる（蛙）居候処を射、十三社のわきの木にくくりつけ置申候」とあって、実際に蛙を射ていたことがわかる。(28)

神事のうちでも、最も特色があり、古色を伝えるこれら諏訪の神事が、生島足島神社にあることは、大いに問題にすべき事柄である。

諏訪神社・蛙狩神事（『諏訪史　第二巻　後編』より）

諏訪の歴史家の故伊藤富雄氏は、かつて「諏訪上社中世之御頭」という論文を著わして、氏族時代の祭祀制度の古い型を伝える、諏訪神社上社の神使御頭関係の記録を調査し、信濃国内における諏訪神社上社の古神事を担った地域を抽出しつつ、神氏（諏訪上社の祭祀を握った氏族）の分布を明瞭にさせた。(29)

御頭とは、神事に奉仕する当番のことをいう。すなわち「神使御頭」とは、諏訪神社上社で最重要の祭りである、三月初午日の外県御立座神事と、三月酉日の内県・大県の大御立座神事に奉仕する頭番役を受けもつことである。

この御立座神事は、神使すなわち婚姻未犯の童子六人を神氏系及び御頭を担う郷村よりたて、厳しい精進を果した上に、外県（上伊那を中心とした地域）及び内県（茅野市を中心とした地域）、大県（上諏訪・下諏訪・岡谷方面）を、神霊の依代をもたせて巡回させる祭祀である。この神使御頭は「外県介」「外県宮付」・「内県介」「内県宮付」・「大県介」「大県宮付」の六頭から成っている。

諏訪上社の神長官であった守矢満実の「満実書留」により、伊藤氏が作製した御頭郷の表を、次頁に示すことにする。

これをみると、外県介・外県宮付は、諏訪神社上社の神役である「五官」の所役であり、内県介は諏訪十郷の所役として勤仕されている。

内県宮付・大県介・大県宮付の三頭は、信濃国内各地の郷によって務められ、いずれの頭をどこの郷が勤めるかについての定則もなく、その年によって異った頭に携わり、頭人は神使をたてて神事に奉仕した。

その郷を所属郡でみると、伊那郡に虎岩・笠原・知久・座光寺・中沢・松島・平井弖・

年号	外県介	外県宮付	内県介	内県宮付	大県介	大県宮付
文正元年（一四六六）	神長官	？	上原	虎岩	春日	保科
応仁元年（一四六七）	擬祝	権祝	上桑原	笠原	西条	田沢
〃二年	副祝	擬祝	小坂	知久	西牧	保科
文明三年（一四七一）	擬祝	禰宜太夫	大熊	禰津	塩原	座光寺
〃四年	神長	擬祝	下桑原	春日	保科	西条
〃十二年（一四八〇）	神長	擬祝	小坂	西牧	田沢	座光寺
〃十三年	禰宜	副祝	埴原田	虎岩	奈良本	田沢
〃十四年	権祝	神長	南栗林	中沢	塩原	東条
〃十五年	擬祝	副祝	大熊	柏原	禰津	矢沢
〃十六年	権祝	副祝	下桑原	春日	西条	保科
〃十七年	副祝	擬祝	下桑原	松島	西牧	田沢
〃十八年	擬祝	神長	矢崎	山家	虎岩	平井弖
長享元年（一四八七）	禰宜	権祝	北栗林	知久	座光寺	奈良本
〃二年	副祝	権祝	有賀	中沢	塩原	東条
延徳元年（一四八九）	神長	禰宜	金子	矢沢	禰津	宮所
〃二年	擬祝	副祝	真志野	知久	春日	保科
〃三年	擬祝	権祝	国原	西牧	西条	田沢
〃四年	禰宜	不明	千野	笠原	虎岩	不明

宮所がある。

佐久郡に春日、高井郡に保科、埴科郡に西条・東条、安曇郡に西牧・柏原、筑摩郡に山家がある。

そして小県郡には田沢・禰津・塩原・奈良本・矢沢の郷がある。

この神使御頭に奉仕するのは、中世にいたるまで神氏系の氏人のみと決められており、従ってこの郷には神氏系の氏族が、早くから分派されていったと伊藤氏はみる。(30)

諏訪の幕末の国学者松沢義章は、『洲羽国考』で、外県・内県・大県はいずれも建御名方命の御県、古代の神領地で、外県は伊那、内県は諏訪、大県は佐久、小県は現在の小県で、同じく建御名方命の御県として、後世までその名が残ったものと記している。『諏訪史　第二巻　前編』によると、その後『諏訪旧跡志』の飯塚久敏、『修補諏訪氏系』の延川和彦らが、同じ説をとり、宮地直一博士は否定をしている。しかし伊藤富雄氏は、「此の説は今日と雖も取るべき説ではないかと思ふ」と肯定し、さらに「此等の諸地方が諏訪上社の御県であったと云ふ点に就いてはなほ考慮の余地があるけれども諏訪を中心にして其の周囲に神氏の支族が既に早くから分派されて居った事は事実であり、それ等の支族により氏神たる諏訪上社の祭祀が行はれた事も想見するに足りるから、此の御頭の名称が其処から生れたと解釈するのは取るべきで、私も之に賛同するものである。即古代に於ては外県の神氏によりて行はれたる祭祀が外県の介、宮付の意義であり、内県大県も夫々に同様であると考ふるものである」と述べている(31)。

それについて、私は意見をさしはさめるほどの用意をもっているわけでもないが、諏訪の研究者によって大県とみなされている佐久の、「新海神社」の神事についてふれておこうと思う。

佐久郡の総社と称されるこの神社は、建御名方命の御子興波岐命を祀っている。佐久はこの命によって新開《にいさく》されたといわれ、新開の〈開〉が〈海〉に通ずるところから、新海神社の名になり、また〈開《さく》〉が〈佐久《さく》〉の地名ともなったと伝承されている。

この新海神社で最重視すべき神事に〈神幸〉がある。

毎年三月に祭神の〈霊代〉を奉じて、神官が佐久郡内の各地を、定まった通路に従い神幸するを例とした(32)。昭和の時代にもこの神事は細々と生き続けているが、三月の時期といい、神官が霊代を奉じて、馬に乗り、決められた地を廻る事といい、諏訪神社の神使巡行と類似している。

その神幸の地に〈春日（村）〉があり、諏訪神社神使御頭にも佐久の〈春日〉が記載されていることからも、この一帯に早くから神氏の進出していたことを伺わせる。彼等は諏訪系の神社を祀りながら、独自の神使巡行をおこなっていたようである。私は〈佐久〉を〈大県〉と認定するほどの勇気を、まだもつにいたっていないが、この地帯が古諏訪信仰のテリトリーであることを認めるにやぶさかでない。

小県郡について、決められた村々を巡る神使巡行の神事があることを未だ聞かない。しかし須波郷の名、諏訪関係の祭祀があることから、宮地直一博士も「内県の神使の道程から一歩を進め、大門峠を経て、小県の方面に進出するは、地理上自然の方向にか丶るので」頗る早い時代に神威が到達していたと考えていた。(33)神使御頭に奉使する郷も、田沢・禰津・塩原・奈良本・矢沢などが記録にみえ、この郷の神氏を中心に、古諏訪信仰の礎を担っていたと思われる。

私はもう一歩論を進めるために、鎌倉期の嘉暦四年（一三二九）の北条高時諏訪上社造営改帳の古写である「大宮御造栄之目録」や、長享二年（一四八八）の「春秋之宮造宮之次第」を中心に、諏訪上下社造営に関する古記録を参照しつつ、造役を担った地域、特に小県郡の郷を注視してみようと思う。

(28) 宮地直一『諏訪史　第二巻　後編』
(29) 伊藤富雄『諏訪上社中世之御頭』
(30) 右同論文

(31) 右同論文
(32) 『南佐久郡誌』大正八年
(33) 宮地直一『諏訪史　第二巻　前編』

6　諏訪神社造宮の古記録の語るもの

嘉暦四年（一三二九）の「大宮御造栄之目録」(34)に、

右上社御宝殿者安曇塚間両郡三十六郷大村郷為始終所役

とあり、宝殿のごとき重要な個所の所役を安曇と筑摩三十六郷が担っている。

　この地域を、天正六年（一五七八）の「上社造宮帳」を参照してみるに、大村郷は今の東筑摩郡本郷村大村を中心とした東筑摩郡と松本市の各地であることがわかる。

　その他〈一之御柱〉は、佐久郡の大井庄・現北佐久郡岩村田町付近一帯で、新海神社の神幸のおこなわれる地域で担い、〈二之御柱〉は小県郡小泉庄・現泉田村小泉、〈三之御柱〉は、小県郡塩田庄つまり本郷や下之郷など生島足島神社のある地域を含めた塩田平の一帯で担い、〈四之御柱〉は、小県郡浦野庄で、田沢（青木村田沢）・塩原（浦里村塩原）・奈良本郷（青木村）など神使御頭に名をつらねている地域も含まれている。

鎌倉期嘉暦、あるいは長享、天正または永祿における武田信玄の「上下両諏訪造宮帳」等を総合してみるに、上社本宮は佐久や小県、前宮は上下伊那郡と水内の一部、下社春宮は小県の常国庄（上田市常田）や依田庄（依田村付近一帯）、さらに川中島といわれる更級・埴科・上水内郡付近一帯や南安曇郡、下社秋宮は更級郡上村付近一帯や下水内・下高井郡で御柱の造役を担っている。

諏訪神社で持に留意すべきことは、上下両社の造宮を担う地域が、明確に峻別されていることである。一志茂樹博士は、「伊勢神社は内宮と外宮の二つに別れていても二宮領といわれる共有の領をもっているが、諏訪神社上・下社はかつて別々の神社があったことから、それがない」と私達に教示されたが、その指摘は正確に的を射ている。

小県郡をみてみるに、私達は不可解な事実にぶつかり当惑させられる。生島足島神社のある地域、『和名抄』にある安宗郷にあたると思われる地域は、諏訪神社上社の造営を担い、須波郷にあたる地域は下社の春宮を担っている。

これはどう理解すべきなのだろうか。生島足島神社を祀った国造氏系の金刺氏が、下社の大祝職についていることからも、安宗郷は下社の造役を担い、須波郷が上社の領域であるべきではないだろうか。

異本阿蘇氏系図(35)には次頁の部分がある。

この系図をみると、金刺氏系麻背君の子乙頴が、諏訪神社上社の大祝になっていることを、添書で示している。これを事実とするならば、生島足島神社のある安宗郷の地域が、上社に奉仕している事実を、容易に理解することができる。

しかし、金刺氏は下社の大祝職につき、その家筋を伝えていることは、鎌倉時代にかけ下宮金刺盛澄なる者の名があることからも明らかで、この系図の部分は信用し難い。

宮地直一氏は『諏訪史　第二巻』で「上社の大祝家は、一時その出自を皇胤にかけた場合もあるといへ、後々までも神氏の称を棄てないで、少くもその本流においては、金刺の系を混へた形跡を留めない。即ち金刺対神社関係は、下社に於て成立し持続されたのである」と述べ、さらに金刺氏が下社に関するに至った時代を、「大化以降国造家が政権に離れて従前の優位的地位か

異本阿蘇氏系図

麻背君（又曰五百足君礒城島金刺大宮朝復科野国造）
├─倉足（諏訪評督）
└─乙頴（諏訪大神大祝）（一名神子、又云熊古生而八歳、御名方富命大神化現脱着御衣於神子勅曰、吾無体以汝為体、磐余池辺大宮朝二年丁未三月構社壇于湖南山麓祭諏訪大神及百八十神、奉千代田刺忌串斎之）
　└─隈志侶（諏訪大神大祝）（称御衣木祝）

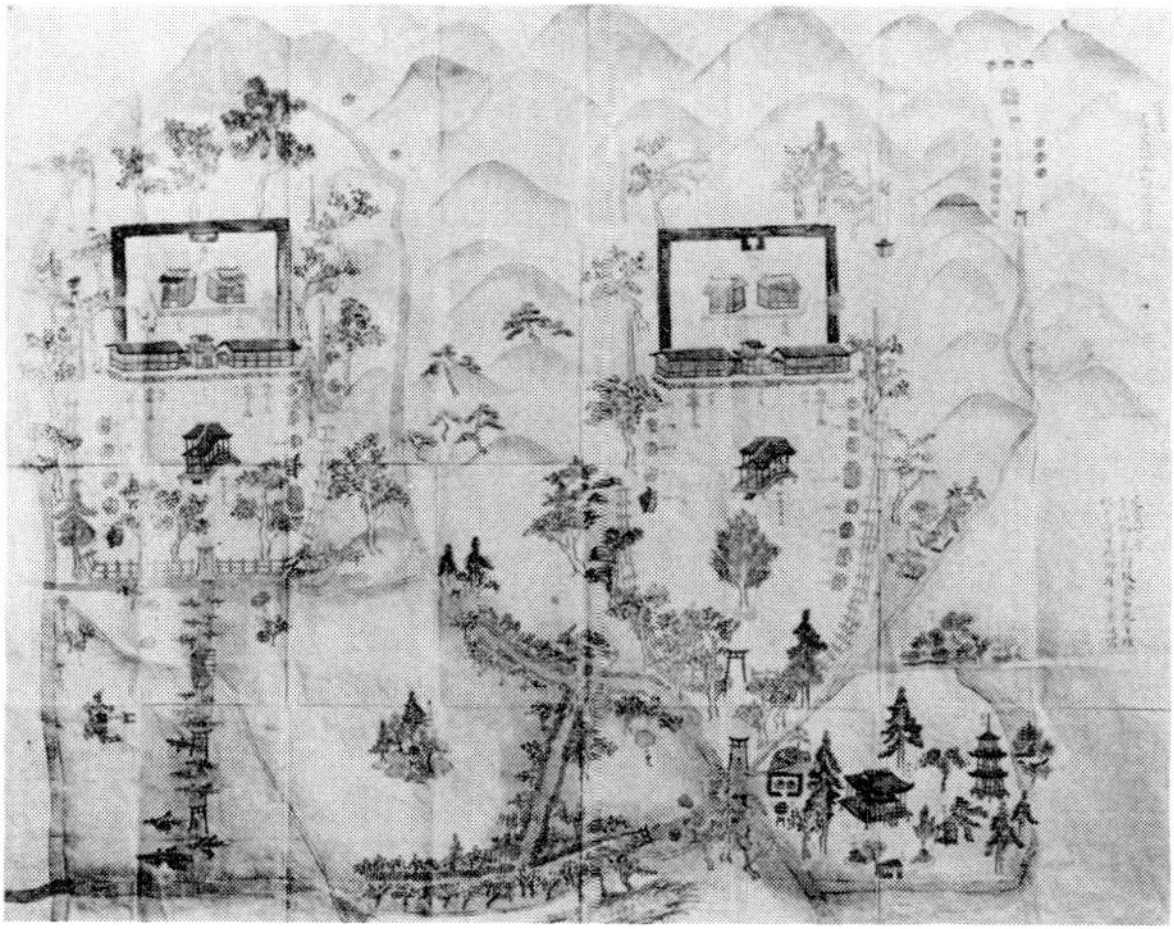

下諏訪大明神春秋両社之絵図（『諏訪史　第二巻　後編』より）

ら却き、その後を承けたといふ金刺氏の流が繁衍して諏訪に入込んだ頃に降り、恐らくは奈良朝から平安初期に至る間の出来事でなかったかと思ふのである」と、八世紀の後半に比定している[36]。

　諏訪における金刺氏については、『三代実録』貞観五年（八六三）九月五日の条に、信濃国諏訪郡人右近衛将監正六位上金刺舎人貞長が姓大朝臣を賜わったことを記す以前までは、定かな手がかりを残していないが、八世紀中半から後半にかけて、各地にその名を繁衍させていることから、諏訪にもその頃入ったとみたい。

　しからば、上社が生島足島神社の

あった地域に勢力を維持していたのは、それ以前のことと解釈するか、「造宮帳」の整えられた、比較的新しい時代に定められたことと考えるかのどちらかしかない。「造宮帳」の資料が、比較的新しいものであると理解することで、果して事足りるものであろうか。「造宮帳」の記録そのものは比較的新しくても、神社の造宮の奉仕郷については、それ以前の古習をひきずっていると私は解釈する。

おそらく金刺氏が下社の最高職につく以前に、すでに定まっていたことではないだろうか。上社神使巡行の大（小）県巡りでも、馬場・友の宮・小井川など下社の地をまわった古習は、下社が独自の力を蓄えてきた以降も変わることなく受継がれた例にもある通り、こと神社の慣習はかたくなに受継がれてゆく。上代の氏族制の存在を基盤にした神使御頭の奉仕郷に名を留める小県のいくつかの郷村（田沢・塩原・奈良本）等が、上社の造宮に名を留めることからも、この「造宮帳」はかなりの時代にまでさかのぼりえる古俗を、留めていると理解してよいように思う。

やはり私は〈ミシャグジ〉や、前述した古諏訪信仰と重ねて理解することなしには、この生島足島神社の地域が上社に属することを、説明できないように思う。

さて、諏訪神社の造宮の問題にふれたついでに、私は生島足島神社の祭祀のなかで、古諏訪信仰の一つと思われている〈御柱祭〉について述べておく必要がある。

七年毎の寅・申年の四月十七・十八日の両日におこなわれているこの御柱祭については、摂社の諏訪明神が、生島足島神に敬意を表わして引き奉るものだと、地元でいわれており、〈御遷り神事〉や〈御籠祭〉と同じ論理で意味づけられている。

生島足島神社の御柱祭は、四月十七日〈御籠祭〉で御室にこもっている諏訪社の御霊代を、神輿に遷し、行列を整え、御旅所社にむかう神幸から始まる。八坂刀売命を祀るという御旅所社には、東山山中（そこには建御名方命を祀った社あり）より、五丈五尺の松が四本曳き出されている。

御霊代は一夜ここに留まり、次の十八日、御柱曳きが仰々しくおこなわれるのである。

上田市付近で諏訪明神を祀る他の地域、たとえば上田市神川地区堀部落や真田町傍陽地区堤、東部町禰津・田沢、丸子町腰越、武石村下武石・小沢根などでは、一本だけ御柱を建てるを例とするが、生島足島神社は四本建てることになっており、諏訪神社

御旅所社

の古信仰を留めているように思われている。

しかし、この御柱祭の来歴は、文化十五年（一八一八）の生島足島神社の文書中に「享保年中、神主工藤伊勢代取立候祭」とあり、伊勢神宮遷宮祭の心の御柱を模倣したことをうかがわせる。享保の社宇日誌には「享保七年四月十二日、御柱祭当社にても相勤め云々」とあるが、この頃は御柱も曳かず、神幸もおこなわず、ただ御旅所辺で祭事をおこなった類の程度であったようである。

それが文化十五年に及んで神幸の事を初めておこない、また、久保村工藤常右衛門外一人の者より初めて御柱の寄進があったと見えている。その後御柱の寄進者も増え年々盛大になってゆくが、天保七年（一八三六）を始めとして、七年毎に御柱祭をおこなったと文書にみえている。(37)

この社記をみるかぎりでは、生島足島神社の御柱祭は江戸期に始められており、それほど古い起源をもつとは思えない。

嘉暦四年（一三二九）の「大宮御造栄之目録」によると上社三之御柱はこの地域の人々が造役を担っていることからみても、かつては諏訪神社上社の造宮に奉仕していたのであろう。

(34)『諏訪史料叢書　巻十一』
(35) 田中　卓『日本国家成立の研究』所収「古代阿蘇氏の一考察」
(36) 宮地直一『諏訪史　第二巻　前編』
(37)『官国幣社特殊神事調』

結び

私は、信州小県に鎮座する「生島足島神社」について、大和朝廷と関係の深いこの神社が、いつ頃、誰の手によってもたらされてきたかを論及しつつ、諏訪に鎮座する諏訪神社との関係を、あらゆる面からふれてみた。もとよりこの論文は、私のささやかな試論であり、ふれうる限りの資料を駆使したとはいえ、埋めつくすことのできない空白の地帯をあまりに多く抱えている。

特に諏訪神社との関連で生島足島神社を捉えてゆくと、新しい側面からつかみなおすことが可能であるが、ふと振り返ってみるに、この神社の本来的な姿が何であったか、闇の彼方に沈んでいってしまうような錯覚を覚えることもしばしばある。

しかし、貞観元年（八五九）に従四位上の叙階を得（『三代実録』）、『延喜式』の神名帳にも名をつらねていることからも、小県に「生島足島神社」の存在を否定すべくもないことはいうまでもない。

しかし、奈良時代中期に起り、平安朝に入り広く諸国の大小神社に及んでゆく神階の制で、小県の生島足島神は、諏訪の建御名方富命神（上社）や八坂刀売命神（下社）に比して、昇階の栄誉に浴することがあまりに少なかったことからみても、割合早い時期にその存在を軽んじられ、中世にいたり諏訪神社の勢力に凌駕されてしまったのだろう。

山国の信州、その中でも諏訪や小県などの小さな地域内ですら、歴史の縦軸の中に信仰が幾重にも重層化しており、かつて、信仰をなかだちさせて幾多の攻防を繰り返したであろう古氏族の動鼓が、時間の暗闇を超えて伝わってくる。

（一九七六・八・二二）

呪術の春

田中基

諏訪湖盆の祭政体がすえ置いたという、風祝《かぜのほうり》という祝人を、平安末の一文人が歌い留めている。

信濃なる　木曽路の桜　咲きにけり
　風のはふりに　すきまあらすな
　　　　　　　　　　源　俊頼

（是は信濃国は極風早き所也、仍諏訪の明神の社風祝と云物を置て、是を春の始に深物に籠居て、祝して、百日之間尊重するなり、然者其年凡風閑にて為農業吉也、自らすきまもあり、日光も令見つれは風不納云々、其意也――『袋草子』藤原清輔）

この風祝について、いろいろな見解があるが、私は山棲みの農耕祭政体が置いた諏訪神社の貴種・大祝その人に直接比定してかまわないと考える。「春の始に深物に籠居て、祝して百日の間尊重するなり」というくだりは、伝承ではなく、実際の神事のことをいっている。御室《みむろ》の神事のことをいっている。

十二月二十二日、所末戸社の神事において、仮屋をかまえて、稲積の上に鹿皮を敷き、童児・大祝が座し、酒宴を行った後、掘立柱の竪穴土室の内に籠ることを開始し、それから種々な神事が行われるが、大局的には、翌年春、三月酉の日に十間の直会殿の大饗宴に出現するまでの長期間を物忌する稲魂の産室である。

そして、この風の精霊は、暗室内で断じて光をみてはならないといっている。この貴種に光があたると、凶作になるといっている。

以前、私は諏訪神社の貴種・大祝の性格を、農耕を基盤とする外来魂・御左口神《みしゃくじ》を装塡したがゆえに大祝に即位する点や、稲積の上に座す光景などから、稲魂・大祝と考えた。今、大祝のことを風の精霊といった。風の精霊といおうと、稲の精霊といおうと、農耕祭政体の人々が、自然に対する意図的な配慮から差出した貴種という観点からは同質であると想っている。大祝という五官祝制度導入以来のもったいぶった呼び方よりも、この男女未発以前の薄明性のうちにある八歳前後の童児に、自然的規定をあたえた態度が適切であると想うからだ。

この清浄無垢な童児を稲の精霊や、風の精霊と考える自然化された精神は、また季節構成に対しても貫かれている。稲魂を中心に構成される祭政体は、稲魂を中心とした季節構成を行っている。稲魂の蘇生に賭けた期間が、この御室の神事であったろう。

トシとは稲作の周期であるという生産基盤に徹底した思考法からすれば、フユは稲魂の蘇生に賭けた長期間の物忌のことを呼び、ハルとは、十間の直会殿に山越えの御贄である鹿頭の血と、大松明の火と、饗宴の酒とでもって迎える萌える生命のハルを呼んだのであろう。弑殺されたと伝承される仮の大祝・オコウさまの赤い衣も生命の色であろう。

このような考え方は、中国暦で正月を導入した以前の、原始農耕民の徹

諏訪神社御頭祭の贄（1784年・菅江真澄）
（大館市立栗盛記年図書館所蔵）

底した時間感覚であり、稲魂暦とでも呼ばれよう。このような思考法からすれば、むしろ、東南アジア稲作民の四月十三日を正月とする発想と近いと考える。正月は、萌えいずる生命のハルは、三月酉の日であったろう。少くとも諏訪祭政体においては。

民俗暦において、ことはじめである十二月八日と、ことおさめである二月八日が注目されているが、このことは、十二月八日から二月八日に至る期間を、稲魂の蘇生に対する農耕民のダイナミックな季節構成であったと理解出来る。正月は、なかった。稲魂のこもりの期間と、再生の時という長期かつ強度の物忌の設定があっただけだ。大祝はなかった。風の祝や稲魂と呼ぶような自然的規定を帯びた貴種が設定されただけだ。ましてや、性を知り、婚姻をした大人が大祝になるに至って、その農耕祭政体の意味は遠く忘れ去られて

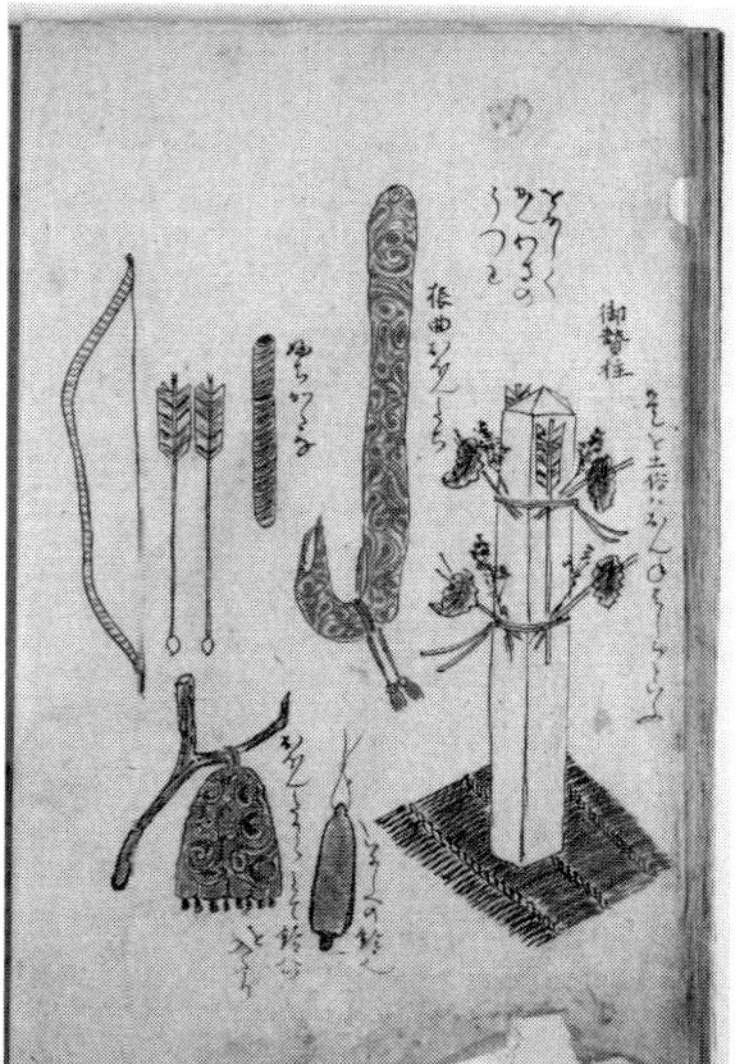

諏訪神社御頭祭の祭祀具（1784年・菅江真澄）
（大館市立栗盛記年図書館所蔵）

いった。諏訪祭政体に限ったことではない。稲魂を始めから大人の巫にすえた宮廷の新嘗祭は、その始めから、すでに変容する社会構成に対応したものであったろう。

十一月二十三日を新嘗とする宮廷の儀礼は、本当は、柳田氏の理解するように、にゅうあえ、すなわち蘇生する稲魂の儀礼とするならば、十一月二十三日から翌年の祈年祭（としこひのまつり）までの長期間全体をにゅうのあえと理解した方がいいのではなかったか。

あらかじめ失われた稲魂儀礼を、国家広域社会の政治的編成にみあった形で変質させた宮廷新嘗祭は、季節構成的には、稲魂の蘇生に賭けた長期の物忌の導入部と終極部を寸断してそれぞれ新嘗祭、祈年祭とかろうじて残存させただけではなかったか。社会構成的には、地域ごとでささえる御頭みしゃくじ信仰の、実体的な集まりの上に成り立つ地域農耕祭政体としての諏訪神社前宮の宮座構成らに比し、政治的統合を完了した恐ろしく広域地域全体を双分化し、それぞれ悠紀《ゆき》の国、主基《すき》の国とし、強制当番制で従事させ、おそらく地域ごとに祀られていた稲魂人間を全国的に唯一とし、天皇としたのではなかったか。既に威力ある外来魂を短期間装塡する絶対少年・風祝らと異なり、いい成人が終身、稲魂になりおおせるという政治的延命策ではなかったか。万世一系とは、本当は絶対少年から絶対少年へと旅する外来魂の側からいった言葉であったろう。

諏訪上社御射山祭について

宮坂清通

諏訪神社上社の御射山祭については、宮地博士が『諏訪史』第二巻に詳しく論述されている他、多くの先学によってそれぞれの所論が発表されているが、金井典美氏が去る昭和三九年季刊「諏訪」第六号に掲載された論文「八朔としての御射山祭」は、極めて注目すべきものである。上社の御射山祭については、古くから諏訪明神が親しく狩に臨まれた遺風の神事であるといわれ、殊に中世鎌倉幕府がこの祭りに関与して以来、ますます諏訪神の狩猟神的神格が強調されて、武神信仰に大きく結びついて来たのである。

しかしながら、諏訪神と狩猟に関する文献は非常に少なく、『諏訪大明神絵詞』（延文元年）や『年内神事次第旧記』（応永年間）その他に「御射山の御狩山」、「御射山御狩」の記載が見られるが、これらを検討して見ると御狩の行事はこの祭りの一部と解するが、適当と思われて来るのである。

そこで本稿においては、絵詞等の文献を中心として御射山祭に考察を加えて、その背後にあるこの祭りの本質を見出したいと考える。

(一) 御射山祭に参加する神々

諏訪神社上社年内七五度の神事のうちに、御狩の神事といわれるものが四度ある。すなわち五月二日から四日に至る押立御狩神事、六月二七日から二九日の御作田御狩神事、七月二六日から三〇日までの御射山御狩神事、九月二七日から二九日に至る秋尾(穂)御狩神事等である。

諏訪神社上社のほとんどの重要な神事は、前宮の神原《ごうばら》や本宮大宮を中心として行われているのに、この四度の御狩神事は、本社の東方十数キロをへだてた八ヶ獄の広大なる山麓の神野《こうや》(現在の諏訪郡富士見町御射山から、同郡原村中新田、払沢、室内一帯)において行われていることと、諏訪明神の象徴である諏訪大祝《おおほうり》が神長官以下の神官氏人を随伴して、卒先この祭儀に参加し、現地において茅萱(尾花、すすき)で葺いた臨時の仮屋――穂屋ともいう――に二日乃至五日間を籠って祭儀を営むことは、注目すべきことである。殊に七月下旬に行われた御射山御狩の神事は、中世以降鎌倉幕府の関与と庇護をうけた関係上広

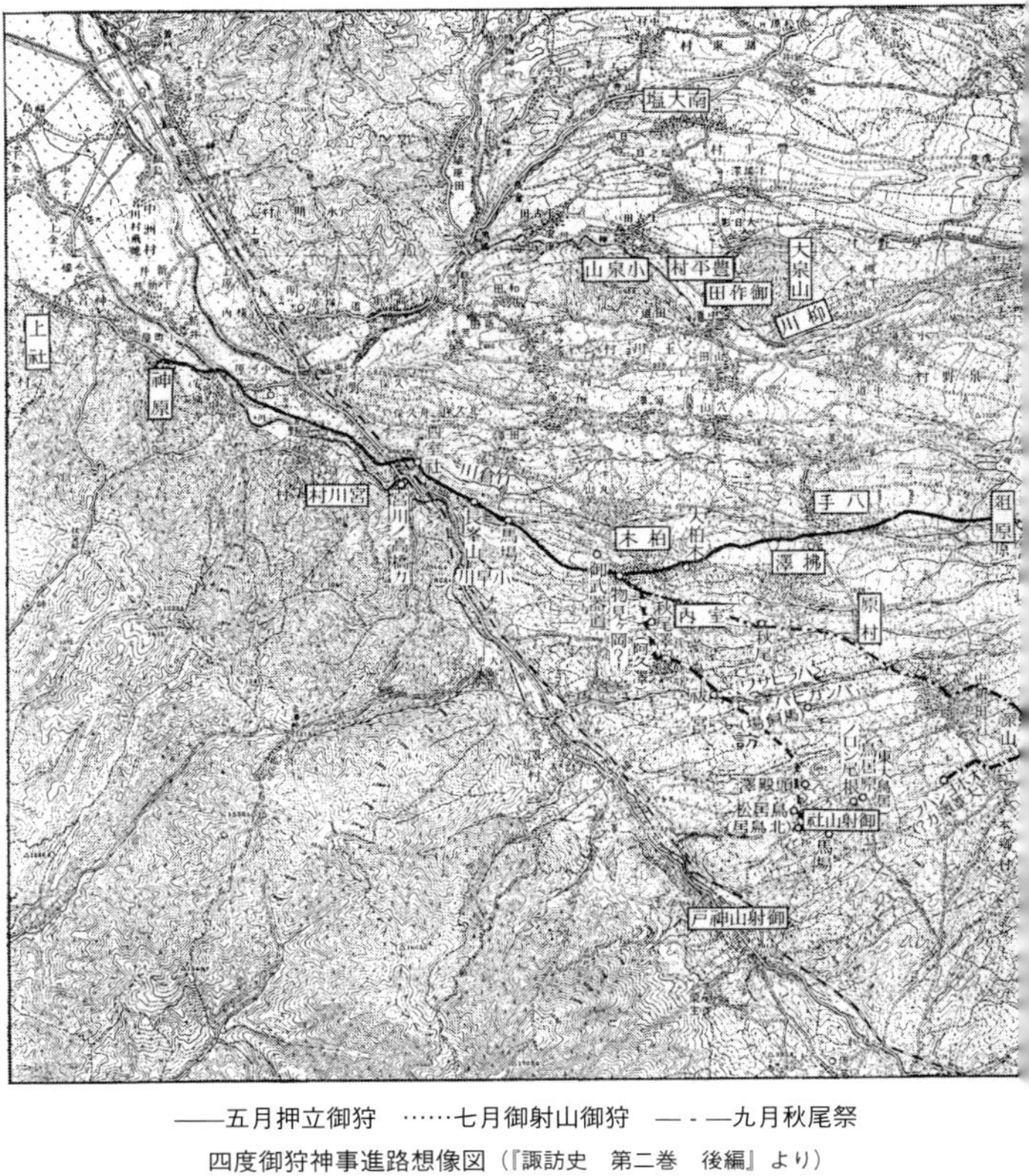

——五月押立御狩　……七月御射山御狩　—・—九月秋尾祭

四度御狩神事進路想像図（『諏訪史　第二巻　後編』より）

く全国各地にひろがって、この御山射の御狩が諏訪祭の代表的なものとして伝えられて来たものである。

『諏訪大明神絵詞』によると、この御射山の御狩は七月二六日の登御（のぼりまし）の祭りから始って、三〇日の下御（くだりまし）まで前後五日間に亘って行われたもので、年内四度の御狩の第一の盛儀となっているが、その行事の概要を次にあげると、

七月二六日　登御　前宮社参、溝上社奉幣、行列進発、酒室社饗膳、御射山穂屋参籠
同　二七日　山宮一の御手倉、御手払、饗膳、揚馬打立、御狩進発、参籠
同　二八日　山宮二の御手倉、以下前日と同
同　二九日　山宮三の御手倉、以下前日と同　御狩帰りて矢抜、歩射、相撲、施行、参籠
同　三〇日　下御　神事、饗膳、神殿帰着

となっているが、そこで御山射御狩への進発の様子を見ると絵詞に、

廿六日御射山登マシ、大祝神殿ヲ出テ先、前宮、溝上ノ両社ヘ詣テ後進発ノ儀式アリ

神官行粧騎馬ノ行列五月会ニ同シ、御旗二流ノ外、御札十三所神名帳銅ノ札ヲ鉾ニ付タリヲ加フ神長是ヲサス、先陣既ニ酒室ノ社ニ至ル（後略）

とあり、その行列の次第を五月会に見ると、

前行旗二流左穀葉右白 次雅楽黄衣ニ行縢ヲハキテ是ヲサス、次ニ五官布衣浄衣六神使赤衣以上下﨟ヲサキトス、次引馬数十疋此ヲ引、次大祝穀葉藍摺鷹羽箙矢同行縢、垂迹ノ行粧ヲ表スルナリ 後騎氏人水干折烏帽子、狩装束歩行僮僕済々也、力者二人ヲ相具シテ柄長ノ杓並ニ引目ヲモタシム、中間雑色数多

となっている。この行列の中で特に注目すべきことは、列中の大祝の装束姿である。大祝は穀の葉の藍摺に鷹の羽の箙矢を負い、菅笠をかぶり、菅の行縢を着用していることで、この姿は諏訪明神の垂迹の姿であると明記されている。

御射山社全景
前面の草原に神長官以下五官の穂屋が建てられた。

この御狩の神事に大祝が前記の姿で登って行くことは、すなわち諏訪明神みずからが御射山に登られ、そして後述する通り五日間を尾花の仮屋に忌籠り山宮に御手幣を捧げて祭祀が行われるのである。また行列の中に他の三度の御狩進発の行列と異って、特に御札という十三所の神名を刻んである銅札を鉾の先に結びつけて、これを神長官が奉持して行くことは、何を意味するものであろうか。

十三所の神名帳とは、諏訪上社に最も関係の深い神々三九神を、それぞれ十三所ずつ上中下の三段に分けて奉祀するものであり、神長官本の「上社物忌令」（文明年間）によると、上の十三所神名には次の神々があげられている。

一番所大明神（政所社）　二番前宮大明神（前宮社）　三番磯並大明神（磯並社）　四番大歳大明神（大年社）　五番荒玉大明神（荒玉社）　六番千野川大明神（千野川社）　七番柏手大明神（柏手社）　八番若御子大明神（若御子社）　九番楠井大明神（葛井社）　十番溝上大明神（溝上社）　十一番瀬大明神（瀬神社）　十二番玉尾大明神（玉尾社）　十三番穂股大明神（穂股社）

このうち大歳大明神、楠井大明神、千野川大明神の三社が多少離れているもののそのほとんどが、前宮神原《ごうばら》を中心としてこれをかこむかのように、それぞれの位置をしめており、その神々の御神徳についても、所大明神は大地の霊すなわち地主の神であり、稲をはじめすべての食物を生産させる神であり、前宮大明神は二十の御社宮司神で、これも大地の守護霊で所大明神とその神格を同じくしている神であり、磯並大明神は玉依姫命、溝上大明神は沼河比売命、千野川大明神・楠井大明神・瀬神大明神・穂股大明神・玉尾大明神はいずれも水の守護神であり、その社も現在でも水辺にあり、大歳大明神・荒玉大明神・若御子大明神は年穀を司る豊穣の守護神であり、柏手大明神は食物調理の神として古来からの信仰をあつめている神々である。

御射山祭における山麓部落の飾付
（提灯台にススキを結びつける）

これら農耕生産に最も関係の深い神々、すなわち人間生活に必須な神々を、守矢神長官が奉持して行列の先頭に立ち、諏訪神の象徴である大祝が威儀を整えて、これに随って御射山に登って行くことは、御射山祭の本質を考えるに際して最も注意をしなければならないと思う。

さてこれらの神々は御射山に到着して

いずれの穂屋に鎮まったのであろうか。これについては文献に明示されていないが、御射山に仮設せられる御庵は『神事次第旧記』を見ると、「御射山作申次第として大四御庵は上下桑原役、前宮四御庵は小坂郷、磯並四御庵は栗林両条、下宮四御庵は有賀真志野」とあって、大四御庵以下前宮磯並下宮のそれぞれの御庵が設けられていることがわかる。

大四御庵は大祝すなわち諏訪神の御庵であり、前宮四御庵は前記十三所神のうち、前宮神原を中心として鎮まっている前宮・所・溝上・荒玉・若御子・柏手・千野川・楠井・大歳の神々の御庵であり、磯並四御庵は神原の西方山麓に隣接する磯並四社、すなわち磯並・瀬神・玉尾・穂股の神々の穂屋であろう。ただ下宮四御庵については不明であるが、宮地博士は下社の祭神の御庵であると解している。

諏訪市中洲神宮寺区所蔵の、いわゆる天正の古図を見ると、御射山の境内には大四御庵・前宮明神・磯並社の御庵の他に、下宮四御庵が神功皇后の穂屋と記され、この東方北に少し離れて十三所と記入され、また大四御庵の背後に風祝御庵の一宇が建てられている。

これによって見ると、御射山登りましに神長官に奉持され、大祝と共に御射山に登る神々は、農耕生産に最も重要なる十三所の神々と、風の祝が祀る神すなわち風雨防災の神であったのである。

なお現在では、これら四つの御庵の旧跡と推定される地点に大四御庵社・磯並社が、ま

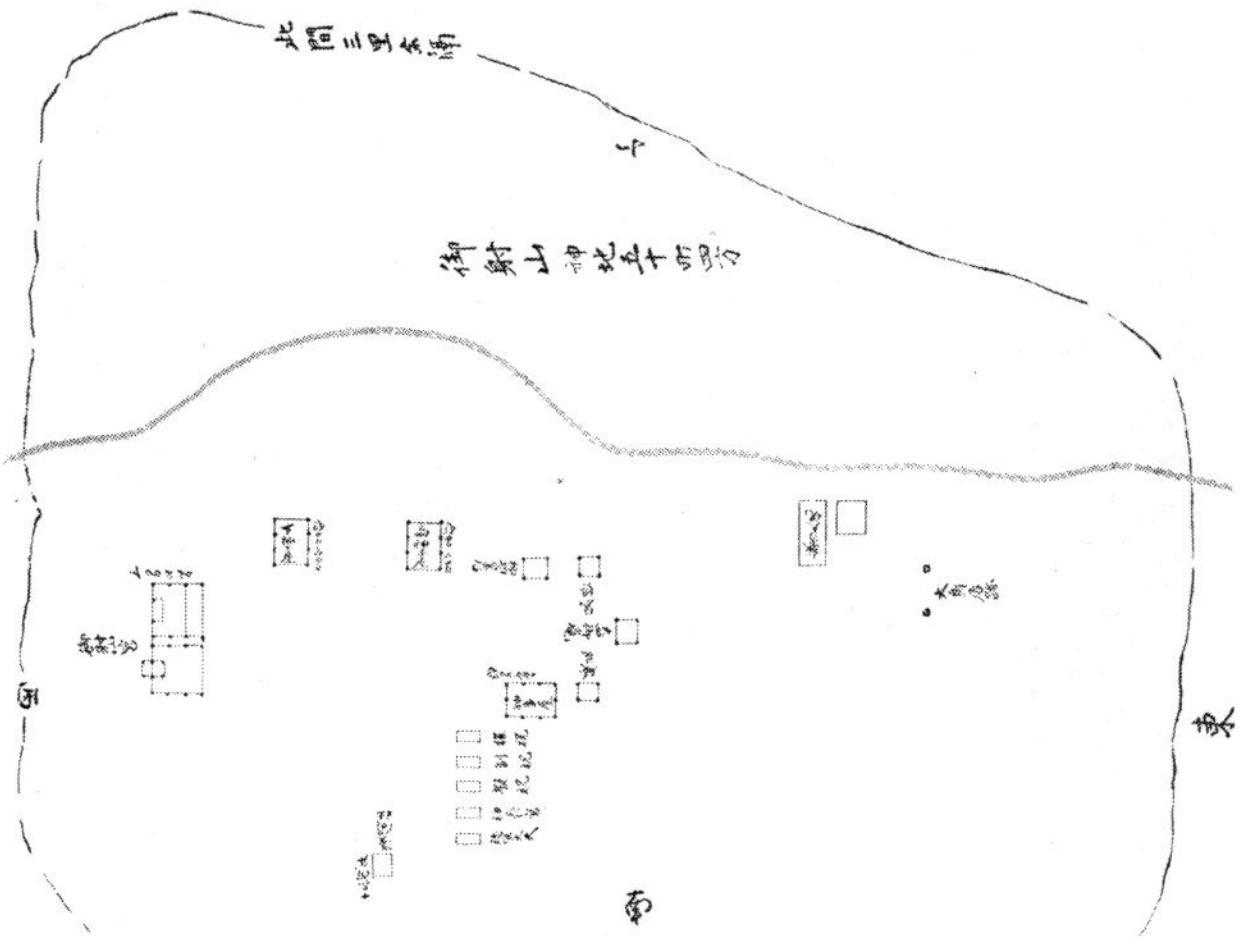

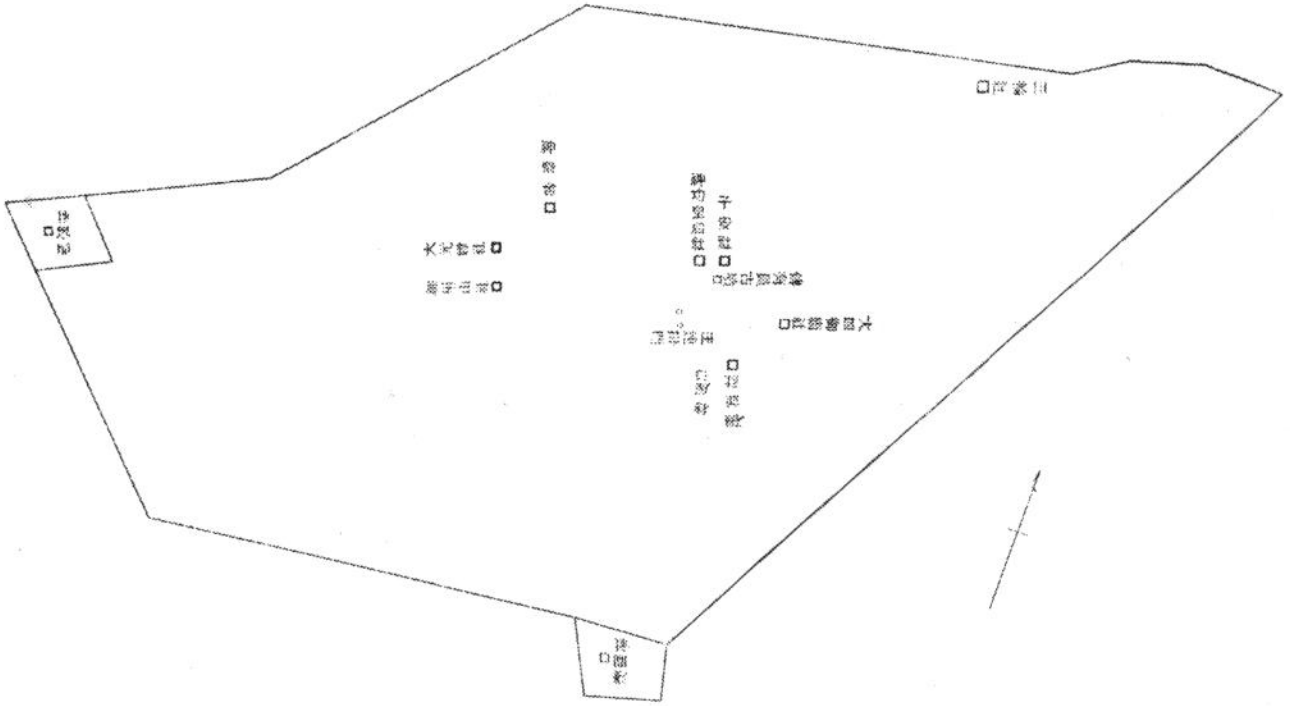

御射山神事絵図（上）御射山境内平面図（下）
（『諏訪史　第二巻　後編』より）

た前宮明神の所に子安社、下宮御庵のあとに神功皇后社の小石祠がそれぞれ石玉垣をもってかこまれている。

（二）御射山に鎮まる神

諏訪の大祝が、みずから御射山に忌籠って祀る神とはどのような神であったかと考えるに、まず『年内神事次第旧記』によると、御射山の神に対する申立（祝詞文）に「つねのあこに仍つかへまつる御射山の御狩山にあふらの御手幣を申て云々」とあって、特定の神名をあげずに御射山の御狩山に鎮まります神としているし、『諏訪大明神絵詞』でも「大祝以下大小神官榊ヲ捧テ山宮ニ詣ス」とあって、山宮の存在は知られるが、祭神については明記されていない。

しかし嘉禎三年の諸神勧請段には、御射山大明神に対する神楽歌に「山宮コクウソウイカニウレシトオホスラン」とあり、更に同書祝詞段には「御社山本地虚空蔵云々」と記されているによって、御射山には虚空蔵菩薩が祀られていることがわかる。虚空蔵菩薩とは胎蔵界曼荼羅虚空蔵院の中尊であって、無限の虚空を蔵としてその中に智恵と功徳をおさめ、広大にして無限の福徳を衆生に与える仏と信じられている。

虚空蔵仏が御射山の山宮の神となったかについて宮地博士は『諏訪史』第二巻において「山宮が本地仏たる虚空蔵仏の崇拝に起り山宮を一社の大元とする意味のもとにこれを大元尊と命づけ大元尊が真言神道より吉田神道にかけて国常立尊とせらるるによって遂に現在の社名を生むに至った」と述べて、御射山の山宮に鎮る神を虚空蔵――大元尊――国常立尊としている。

さて、虚空蔵仏あるいは国常立尊として表現される神とは、いかなる神であったかというと、それは大地の霊であり、水霊であり、また虚空よりとどく太陽の光りであり、熱であり、風雨である。この大自然の運行を司る神が御射山の山宮に鎮まる山霊の神で、稲をはじめ多くの植物の生成と化育を司る神々でなくてはならないのである。「みさやま」の名称についても、「み」は美称であるからその本義はサヤマであって、すなわち清々しい山、神聖なる山とも解されるから、この神聖なる御山に鎮まります神は、原始の農耕生産の根源を司る偉大なる神と信ぜられていたのであろう。

ここにおいて、前章において述べた神長官によって奉持され御射山に登ります十三所の神々を見ると、みな農耕生産・植物の生成化育の守護神であることが知られるので、古代における御射山の山宮の神はすなわちこれら十三所の神々であることが知られるのである。それ故にこそ、御射山の穂屋の御庵は大祝の大四御庵の外に、前宮御庵や磯並御庵の造立が必要とされて来るものと思われる。

中世以降の御射山社の古図を見ると、山宮に相当する位置に大四御庵の方向すなわち東方に向って、虚空蔵と三輪社の二殿があり、江戸時代の寛政三年の絵図には、三輪社が山宮社となっており、現在ではこの山宮社が御射山社となり、虚空蔵が国常立命社となっている。

七月二六日、上社から進発した諏訪大神と国常立命の二基の神輿は、沿道各村落にある虚空蔵の碑石の前で小休憩し、里人達の奉拝をうけた後に御射山の境内に入り、前記の二社にその神霊を奉遷して祭義を行っている。

(三) 御射山祭の内容

御射山祭の内容について見ると、その概略は次の通りである。

二七日　早旦第一の御手倉の行事
　先大祝以下神官山宮に詣ず
　次御手倉を奉る

次申立（祝詞奏上）
次大祝御手払
次饗膳
次揚馬
次御狩に進発――御狩――帰着――参籠

二八日 早旦第二の御手倉の行事、以下前日に同じ
次御狩進発――御狩
次御狩帰り饗膳
次山宮と大四御庵の中間の芝生に集合し御狩帰りを奉告して神楽を奉納――
参籠

二九日 早旦第三の御手倉行事、以下前日に同じ
次御狩に進発
次御狩帰り饗膳
次盃酌
次矢抜
次歩射二十番

次相撲二十番
次施行――参籠
三十日　御射山下りまし
先早旦神前の行事――前日の通り
次饗膳
次明年度頭人差定めの御符を下す
次上矢の手向
次帰路草鹿を射つつ下山

以上が御射山における祭儀の概要であるが、四日間を通じて山宮の神に捧げる大祝の御手倉は、『絵詞』では榊であり、『嘉禎記』には幣帛に尾花を取り添えるとあり、『祭典古式』には茅の茎に紙を挟み八本を一束として別にジシャの小枝をも幣帛としている。

初秋の御射山の山野に、咲き乱れる尾花やジシャは、山神の神実であり、また神の依代とも考えられ、いかにも山宮の神を祀るにふさわしい幣帛として、原初の人々の心がしのばれると共に、この祭りの特質を現わしている。『絵詞』にいう榊の御手幣は、三月酉の日の大立増神事の際に御杖柱に取りかけて捧げるのと同様で、各自が毛髪を榊の枝に付すそれ自体が神霊の依代であり、山霊神の神実でもあったのである。なお現在では幣は茅の茎に白紙を挟んで八本を一束として捧げると共に、クブシの小枝に尾花二本を執り添えて、別に玉串として奉っていて昔日をしのばせている。

次に大祝の申立は前述の通り、御射山の御狩山に鎮まる神として、その対象を一層に古代信仰の域にひき入れている。

また大祝の御手払については、『旧記』には略されているが、『嘉禎記』や『絵詞』によると、山宮の祭りに引続いて四御庵の前で行う行事であって、この四御庵には御射山に登りました前述の十三所神が忌籠られているのであるが、大祝が神官氏人と共に尾花の御手倉を捧げ大祝詞《おおのりと》を奏上し、天下泰平、すなわち五穀の豊穣を祈願して両手にて拍手を打つのである。これを御手払といって、折柄御射山社の広い境内一杯に群集していたすべての参詣人が、大祝の拍手に相和して、拍手を打って祈願をするというのである。この群衆の大拍手の音は、御射山の山野に響きわたって、

大四御庵社の前に諏訪大神の神輿をすえ、その前に神饌と山の御手倉のジシャとススキを供える。

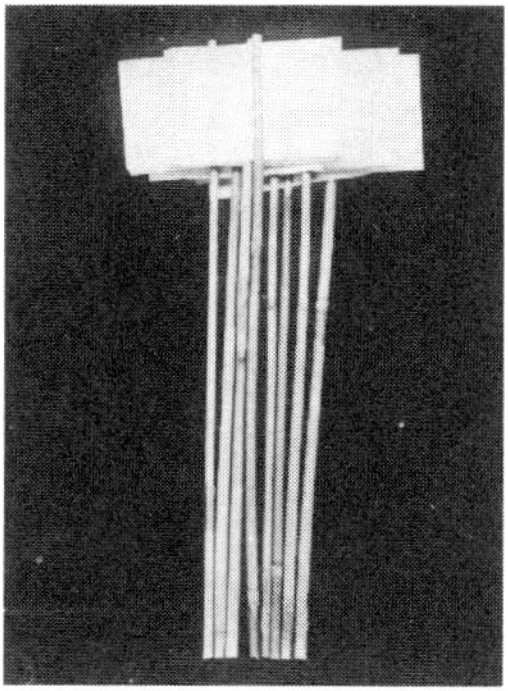

御射山祭所用幣
（『諏訪史　第二巻　後編』より）

馳けている馬さもえ驚いたと記されていて、御射山における祭りの様子が知られるのである。

次に饗膳であるが、これは今日でいう直会の儀式ではなく、御射山の山宮に籠ります神々との相嘗の儀式であった。饗膳の儀がおわると、揚げ馬の儀となるが、揚げ馬とは人馬共々に正装装飾の限りをつくして飾りたてたもので、この馬を各人が山宮の前を曳き廻わして神々を慰める儀式であり、その盛儀の様子を絵詞では次のように記している。

　次ニ恒例ノ饗膳畢テ後、揚馬打立、服餝鞍馬ノ美麗五月会ニ超過セリ、人数ハ時ニ随テ不定也、古ヘハ百騎計、近来ハ僅ニ二三十騎ナトニ減少ス、然シテ神官氏人ノ外ニ諸人随意ノ行粧前後連続ノ儀式比類ナシ。

とあって山野の祭場の偉観を呈している。これはあくまで山宮の神に対する手向の儀式であって、御狩に出場する馬でないことはもちろんである。

以上の行事がすむと、いよいよ御狩への進発が行われるが、大祝は正装のままで、神長官以下神官氏人及び左右の頭人達は狩装束に改めて、狩奉行が御狩場の入口を開くと同時に、広範囲の御射山の神野に打ち出でて御狩を行うのであるが、『絵詞』を見ると「数百騎クノワミヲ並ベテ山中モラスト云ヘドモ矢ニ当ルモノ両三ニスギズ」とある。矢に当るもの二、三であるということは、鹿を射止めることを射したもので、その他相当の獲物があったと思われるが、それは御狩の目的ではなかったのであろう。『神事次第旧記』にある山宮に対する大祝の祝詞文の中に、

かけ《掛》はく《巻》もかしこ《畏》、つね《常》のあと《跡》に仍つか《仕》へまつ《奉》る御射山の御狩山に、あゑちの御手幣を中てはこそうむしとてこむし給ふに、政所はくつは《轡》のもと《許》にしゝかた《鹿肩》をなら《並》へ、のさは《野沢》をわたる《渡》とも、いやる《射遣》やま《山》にあて《当》させ給はす、しゝ《鹿》のこ《子》のふとはら《太腹》にやかけ《矢懸》させ給へ、やかけ《矢懸》のなか《中》ににこいけ《柔毛》にあらいけ《荒毛》、あらいけ《荒毛》ににこいけ《柔毛》、えらふ《択》ことなく《事無》とら《捕》せ給へ、かしこみ《畏》も――ぬかつか中

とあって、古語の文面の難解の個所もあるが要約すると、

この御狩り多くの獲物がとびまわっている中でも、射る矢のとどく個所にいる鹿を射取らせたまえ、たとえそれが毛の荒い大きい鹿であっても、また毛のやわらかい子鹿であってもよいから、とにかく鹿を射止めさせて下さい

という意味に知ることが出来る。

諏訪明神と鹿との関係については密接なものがあるが、それは他日として、昭和五十年刊行『古代諏訪とミシャグジ祭政体の研究』の中に、田中基氏が引用された『播磨風土記』の一文の中に、動物犠牲の血に農作物の豊穣を促す呪性を見るとして「生ける鹿を捕り臥せて其の腹を割きて其の血に稲種《ま》きき。仍りて一夜《ひとよ》の間《ほど》に苗生《なえお》ひき」とあるを見て、改めて諏訪社の御狩における鹿の存在の意義を深めたのである。すなわち鹿は御射山神の神実であると共に、稲の魂が宿り生成化育を象徴する聖なる動物であるとの古代人の信仰が推察されるのである。

御狩は第二日目も、早旦に山宮に対して御手倉を捧げて前日の通りの儀式の後に御狩に出て、帰着し山宮前面の芝原において神楽を奏上し、御狩の様子を山宮の神に報告している。

第三日目の二九日も、前日同様の神事をすませて御狩を行い、饗膳をすませ参加者一同

盃を交し、やがて矢抜きを行う。矢抜きとは鹿を射止めたそのままの矢を獲物から抜き取ることで、その矢数によって大鹿を射止めた者には、尖矢すなわち利雁矢といって、矢の先を大きくとがらせた独特の矢に尾花の幣を添えたもの八筋を、中鹿には六筋、妻鹿は四筋、子鹿及び猪を射た者には三筋がそれぞれ大祝から授与され、これを無上の光栄としたのである。

次に歩射の儀がある。これは一定の所に的を置いてこれを射るのであるが、これは武技を競う意味よりも山宮の神の神意を拝するもので、全国の古社で行われる正月の歩射と同様の意味と考えられる。

次に相撲二十番が左右両頭人によって行われるが、これも歩射の儀と同じで、この場合は山霊神の依代である射止めた鹿を山宮に捧げて、来るべき収穫の秋の吉凶を神意のままの相撲によって占ったものと考えるべきである。

第四日目は、いよいよ下山の日であるが、早朝山宮を拝して下山の神事をすませ、四御庵で神々との饗膳の式を行い、更に明年の御射山祭に勤仕する頭人を定めて、御符を差下した後、一同が上矢といって一定の樹木に矢を射放ち――これは山霊神の昇神の儀とも思われる――下山の途につき、道すがら鹿の形をした的を立ててこれを射当てる競技をしながら、前宮神殿に帰着するのである。

以上御射山における四日間の祭りの内容を述べたのであるが、いずれも厳重なる儀式を通じて、その中に大祝（諏訪神）が敬虔なる祈りの心をもって、山宮の神（大自然を司る神々）に農耕豊穣を祈願するひたむきな祭りであったことが考えられるのである。更にいえば「上社物忌令」に見る通り、この御射山祭に参加するためには、大祝以下神官氏人達が神殿において七日間の厳重な精進潔斎を必要として定められていることや、本来大祝は諏訪神の象徴として常に神殿に籠り、大宮社参以外は他出することを禁じられておるにもかかわらず、この御射山祭を初め他の三度の御狩の神事に限って、神殿より十数キロも離れた山野の仮屋の中に忌籠りして、みずから祭儀奉仕の主体者とならなければならなかったことを考えるとき、御射山の祭りがもつ祭儀の重要性が一層深く知られるのである。

（四）御射山祭と農耕との関係

御射山の山宮に五日間の祭儀を奉仕して帰って来た大祝は、その翌日八月一日に大宮の社頭において憑《たのみ》の神事を仕する。憑とは「田の実」のことで、すなわち稲を指している。『諏訪大明神絵詞』に、「八月一日本社ノ祭供ヲ以テ、御射山カエリ申ス、饗膳常ノ如シ、今日御作田ノ熟稲ヲ奉献ス、又雅楽ニ仰テ童部ヲ召集テ、神長大祝ノ前ニ進ミテ御穀ヲトテ彼ノ童ノ口ニク、メテ、カイヲモテ、ホ、ヲタ、キテ仰セ詞アリ、又鋤鍬ヲ作リテ彼ノ童部ニアタエ、東作ノ業ヲ表ス、今夜大小神官大略通夜セシム」とあり、また『神事次第旧記』に、「八月一日神田二丁四立御前は四立御こくたりもり物はゆひ物うしのひるいの御こく神主出云々」と示されている。

この「憑の神事」は、通常八朔の初穂儀礼とされているが、独立した新嘗の祭儀ではなく御射山祭と深い関係において考察すべきである。

御射山の祭りが、折柄の出穂期を迎えた稲をはじめあらゆる農作物を台風雨の災害から防除し、来るべき秋の豊穣を山宮の神々に祈念する、最後の豊作祈願祭であったが故に、『絵詞』では「本社ノ祭供ヲ以テ御射山カエリ申ス」と述べている。「カエリ甲ス」とは奉賽の意であり、報告をも意味する。五日間に亘って御射山の山宮に祈りを捧げた大祝が帰着の翌日直ちに大宮に出て、田の実の祭りを行い、山宮の神々の守護の許に成熟した御作田の初穂を捧げることによって一連の御射山祭が終了したものと考えてよいと思う。

『絵詞』によるとこの祭りの中で、神長官が特定の童児を大祝の前に召し出し、この童児の口に新穀をふくませて更に飯匙でその頬をたたいて呪文をとなえることは、神秘の作法とされているが、この童児をいわゆる御射山に鎮まる山宮の神すなわち山霊神――田の神の姿に擬したものではないだろうか。童児に新穀をふくませることは、現実の田の神に対する新穀神嘗の儀であると共に、更にまた呪文を称えてその頬をたたくことは、より以上に田の神の神霊の発動を要請したものであり、その童児に鋤鍬等の農具を持たせて耕作の所作をさせることは、まさに豊穣を確認する予祝と最後の祈願の行事であろうと思われる。『神事次第旧記』によれば、この日の祭りに御穀を初めかずかずの盛物や結物と共に、特に牛の昼飯が神主から進められている。農耕における牛はすなわち田の神の象徴であるからこれも田の神に対する供え物であり、この夜神官一同が通夜することも新嘗の儀にほかならないので、以上の祭儀をすませることによって、七月二六日より初められた御射山の御狩の神事が終了したものと考えられる。

次に御射山祭と風神について述べて見たい。諏訪神の風神的要素は非常に古くから認められ、『日本書紀』三十の持続天皇五年の条に、

八月辛酉（廿三日）遣使者祭竜田風神、信濃国須波、水内神等

とあって、これが諏訪神が国家の主権者から祭りを受けられた最初である。持続天皇は先帝天武天皇の志を継がれ、伊勢住吉大倭等の諸大社に幣帛を捧げられ、特に竜田の風神と広瀬の河合に坐す宇迦御霊神（穀霊神）に対しては、在位十一年の間に実に十六回にわた

って勅使を派遣し五穀の豊穣と風雨の鎮めを祈願され、また著名の山や岡や川に対しても幣帛を捧げられているが、これらの神々はいずれも大和国を中心とした畿内の諸大社であった。しかるに五年八月二三日に全く突然に竜田の風神と須波神水内神に対して祈願をこめられていることは、諏訪神の神格を考える上に極めて重大なことであるといわなければならない。これについて宮地博士は『諏訪史』第二巻前編において、前帝天武天皇が信濃国東間温泉地方に遷都の候補地を求められた等の関係から、政治的配慮の意味を主として特に諏訪神や水内の神を祀らしめたと解しているが、むしろ諏訪神のもつ本質すなわち神格論よりしてこれを考えるべきではなかろうか。

『伊勢風土記』によれば、伊勢津彦命が天神に国土を献じた後に、一夜大風を起して信濃国に退去せられた記事をのせて、諏訪神を風の神である伊勢津彦にあてていることを併せて考えるべきである。

また、平安末期の歌人藤原清輔が『袋草子』に源俊頼の「信濃なる伎蘇路の桜咲きにけり　風の祝にすきまあらすな」との歌をあげて、

是ハ信濃国ハ極風早キ所也、仍スハノ明神ノ社風祝ト云物ヲ置テ、是ヲ春ノ始ニ深物ニ籠居テ祝シテ、百日ノ間尊重スルナリ、然者其年凡風雨閑ニテ為農業吉也、

と解しており、更に『吾妻鏡』（四一）建久三年七月三十日、ちょうど御射山下りましの日に、鎌倉幕府は諏訪兵衛入道盛重に命じて、諏訪社に対して風雨の災を除き豊稔の祈願を行わしめていることも、諏訪神の神格を考えるには注目してよいと思われる。

なお前にも述べたが、「上社古絵図」（諏訪市中洲神宮寺区蔵）の上社御射山には、大祝の籠る大四御庵の背後に風祝御庵が設けられているのが見られ、これらを併せて考えて見ると、この祭りの本質の一端を知ることが出来る。

広大なる八ヶ嶽の山麓、なだらかなる高原の全面を覆って打ちなびいている尾花の穂波の状景は、さながら稲穂の豊穣の穂波のそよぎを思わせ、逆に強風雨下のそれは山霊の神の荒《すさ》びを感ぜしめるものであるから、この尾花は山霊の神の依代と信ぜられ象徴と仰がれていたものであろう。

それ故に、御射山祭の御手倉や幣帛に用いられ、また矢抜きの際の尖矢にも副えられ、更にまたこの尾花によって造られるいわゆる穂屋は、単に山の中における臨時の野営の宿舎ではなく、尾花をもって屋根も壁も床も造られるのであるから、穂屋そのものがまた山霊の籠り坐す場ともなり、神殿から登られた十三所の神々や風の祝の神居ともなるのである。

大四御庵を初めそれぞれの御庵に、大祝以下が忌籠りすることそれ自体が、とりもなおさず山宮の神々――御射山の神々――との同殿共床祭祀の古き御射山祭の姿をしのばせているのではなかろうか。

年々歳々きまって台風雨の来襲するこの時季は、あたかも稲の穂孕み期から出穂開花の季節であり、この時季の風雨は天下の万民にとって最大の関心事であったのである。前掲持統天皇が竜田広瀬諏訪水内の神々に勅使を派遣して祈願をこめられている時季も、七、八月が過半で、その他は四月でいずれも農耕の重要時季に相当している。またこの祭りに捧仕する大祝以下の神人は、七日に及ぶ厳重なる精進と潔斎を必要とすることが「上社物忌令」に定められていることも、いかにこの祭りが重要なる意義をもっていたかが知られる。

上社御射山内穂屋（『諏訪史　第二巻　後編』より）

このように見てくると、この御射山の祭りは荒れやすい山神の霊をなだめ、台風雨の災害がなきよう祈った祭りであり、現に今日各地の諏訪社の分社においては、この日（七月二七日を中心とする八月か九月のその日）をも

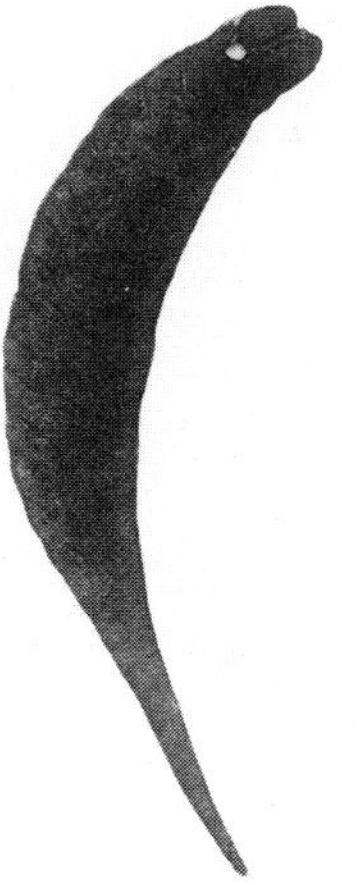

旧御射山社付近発掘の薙鎌
（『諏訪史　第二巻　前編』より）

って例祭日と定めて盛大な風祭りを行い、また諏訪の荒れ日として物忌に服したり、尾花の穂を紙に包んで風除けの護符と称して軒にかかげ、またこの時季の大風に際しては、本社の神宝である薙《なぎ》鎌《かま》――風をなごめる鎌――を凝して各自家の鎌を竿の先に結びつけて屋根棟に立てて風雨の鎮めを祈る習俗が各地に伝えられ、特に上社に関係する地域の農民は、今でも御射山の祭りがすむまで尾花の刈り取りや使用を差止めていた風習を残している。このように見てくると、御射山祭と農耕との関係は、古代住民の信仰を探るため非常に重要な地位を保っていることが知られる。

（五）庶民と御射山祭

御射山祭は中世鎌倉幕府がこれに関与してから、広く天下の祭りとして知られ、従って参詣の庶民も全国から集まって来て相当の賑いであったことが『諏訪大明神絵詞』に次のように記されている。

凡諸国参詣ノ輩、伎芸ノ族、七深山ヨリ群集シテ一山ニ充満ス。今夜参詣ノ貴賤面々信ヲ起シ掌ヲ合セテ祈念ス。諸道ノ輩衆芸ヲ施ス、又乞食非人此処ニ集ル、参詣ノ施行更ニ隙ナシ、都鄙ノ高客所々ニ市ヲナス盗賊退治ノ為ニ社家警固ヲ至ス、巡人ノ甲士昼夜オコタラズ。

とあり、更に同書に、

二十七日早旦、一ノ御手倉、大祝以下榊ヲ捧ゲテ山宮ニ詣ス。去夜ヨリ所々ノ神楽鉦鼓ノヲト、巫女ガ託宣相続シテカマビスシ。散供打マキ積物雨ノ足ノ如シ。下向ノ後四御庵ノ前ニテ大祝《おおのと》御手払、衆人展転トシテ是ニ随フ、山谷響ヲ伝へ、馳馬頻ニ驚ク。

とあるを見ると、祭りの夜の御射山の境内の模様や参詣の諸人の信仰の程がよく知られるのである。

金刺盛久の歌（玉葉集）「尾花ふく穂屋のすゝきのひとむらに、しばし里ある秋の御射山」、また宗良親王の「信濃なるほやのすゝきもうちなびき、みかりの野辺をわくる諸人」と詠まれている通り、さしもの広い御射山全山が諸国からの参詣の人々で埋まってしまい、それがために、神社側から警護の人を出して昼夜ひまなく盗難その他の防止にあたっているということである。

さて、どうしてこのような大群衆が諸国から貴賤を問わず参集して、この祭りに参加したのであろうかと、まず疑問をいだくのである。『絵詞』の示すところでは、この大群衆は諸国の武士達でも、またその従者達でもなく、全くの貴賤を問わないいわゆる庶民の群集である。

今日流でいえば、武士団の行う御狩行事の見物衆すなわち一般観衆とは決して考えられないのである。当時この御狩は、御射山につづく台弓良《でいてぃら》山（諏訪郡原村中新田地方）から大勢の勢子が追出した禽獣を、はるか下の方の谷合いで待ち受けていた武士達が弓矢を放って射止めるのであって、その人々の入り乱れに放つ矢は非常に危険が多く、一般の庶民は御狩場の入口の山の口より一歩も中に入れるものではなかったのである。

そうするとこれらの群衆は、いったい何の目的のための参集であろうか。そこでまず気のつくことは、「去夜ヨリ所々ノ神楽鉦鼓ノヲト、巫女ガ託宣相続シテカマビスシ」ということである。二六日のいわゆる宵祭りに際して、諸国から集まった巫女や白拍子・田楽・呪師《のろんじ》・猿楽師等多くの祈禱師や芸人達が、広い御射山の境内の各所に屯して神楽を奏し、太鼓や鉦鼓を打ちならし田楽や猿楽を舞う状は、今日でいう大道芸人とは決して思えない。少なくとも真剣な心情をもって不乱な行を捧げて、御射山の山霊神に祈りを捧げ山霊の神々の御心を体して、その神意を庶民に告げたのであろう。山霊の神の神意を告げる神がかりの巫女の声があちこちから聞こえ、更に神楽舞の鈴や太鼓は参集の人々の心に響き、『絵詞』にいうがごとく、ほとんどの参詣の群衆が信心一筋に手をあわせて祈念をこめたものと思われる。それではいったい何を祈り何を願ったのであるかというと、それは御射山の山宮の神に対する風雨の鎮護と、来るべき秋の豊作の祈願でなくて何であろうか。『嘉禎記』を見ると、大祝が四御庵の前で山宮に向って大祝詞を奏上して天下泰平を祈って拍手を打つと、参詣の大群衆がこの拍手にあわせて同時に拍手して山宮の神に祈りを捧げる。この一同の大拍手の音が御射山の山野に響きわたって、折柄山野を馳けていた馬さえもしきりに驚いたと記しているのを見ると、参集の群衆の山宮の神への祈りの真剣さが知られるのである。

御射山の祭りが住民の生業——農耕作業——と密接不離なる関係にあるため、諏訪神の神威があがればあがるほど諸国よりの参詣する庶民の数も増加し、祈願のための捧げ物も山のごとく積み重ねられ、また賽銭や米等のおひねりを投げる様子がさながら雨足が立つようであると『絵詞』では示している。ここにも中世以前の庶民の生業に立脚した、古代信仰に基づいた御射山祭の面影を見落すことは出来ないのである。

次に施行であるが、これは慈悲の心のもとに庶民にいろいろのものを、分ち与えることで、いわゆるほどこしである。『絵詞』には「参詣ノ施行更ニ隙ナシ」とあり、『祭典古式』には七月二九日相撲二十番の後に、「次今日水干ヲ脱シ来集ノ輩ニ分チ与フ」とあって御射山の祭りに捧げられた数多くの神物や、神官氏人達が着用して来た水干等の衣服を脱いで、乞食や非人の人達にまで分ち与えてやることである。この行事は仏教思想から出たものと思われるが、御狩神事による多くの禽獣射殺に対するせめての供養から発生したもので、これを受ける庶民達にとっては別の意味における御射山の神々の御心の現われとも受けとることが出来るのである。

(六) その他の御狩神事について

上社年内四度の御狩神事のうち、御射山御狩については既述の通りであるが、その他の御狩についてその概要をあげると次の通りである。

押立御狩神事

これは年内四度の御狩の神事の第一回目で、五月二、三、四日の三日間に亘って、御射山の御狩山において行われるのである。

前宮神殿から大祝以下神官氏人が行列を整え進発し、酒室の社にて左右頭人相会して饗膳が行われてから御狩山に登り、山宮の祭儀をすませてから御狩に従うことは御射山御狩と同じであったが、ただしその登りましの行列に十三所神の銅の神名札のみ省略され、更にまた御射山において穂屋の造立もなく、三日間の狩猟期間中にもあるいは山上に宿りまたは自宅に帰って更に登山しているが、次第に山上での祭儀も省略されてしまっている。しかしながら大祝のみは古式に則り明神垂迹の姿の正装をしていることで、その昔の古儀を残している。

しかし御狩帰着の翌日がいわゆる五月会で、五月五、六日の二日にかけて大宮の神事と馬場廊における流鏑馬・揚馬・礼射・相撲等が行われ、更に御射山祭に勝る数多くの施行が行われている。

この押立御狩神事の内容については、文献を欠いているが、当初は農耕作初めの行事と深い関係があると思われるが、次第に五月五日の尚武との関係が表面に出て、本来の姿が見られないのを遺憾とする。

御作田御狩神事

年内第二回目の御狩神事として、六月二七、八、九日の三日間、御射山台弖良山に続く北方の秋尾沢から御作田方面にかけて御狩が行われている。『絵詞』や『神事次第旧記』その他にも、この御狩の内容について詳しくふれておらず、三日間御狩の次第は五月会(押立御狩神事)に同じとあるが、当度の御狩にはその饗膳に黄うり・長ネギ・鰹・するめ・あめの魚等を供するのを特長としている。

さて、この御狩帰りの翌日六月三十日がすなわち藤島御田植の神事で、大宮(本社)の前面北側の藤島社の社前で行われる。この日植えられた早苗は一ヵ月にて成熟して、御射山御狩神事下りましの翌日すなわち八月一日大宮における憑(田の実)の神事の初穂として捧げられるのである。

伊藤富雄氏によれば、御作田御狩の神事は藤島田植神事の際の御贄狩であるとしているが、注目すべきことで明らかに農耕儀礼の前儀となっているのである。

秋尾(秋穂または闢庵ともいう)御狩神事

上社四度の御狩のうち最後の御狩神事で、御射山御狩の一ヵ月後の九月二七日から三日間、御射山御狩山の北方の秋尾平(諏訪郡原村室内)において行われる。諏訪社の御狩山は、御射山をはじめ台弓良山から秋尾平更に御作田にかけて非常に広大で、四度の御狩ともここで行われている（いわゆる神野とも呼ばれている）。『諏訪大明神絵詞』によると、

九月下旬巳亥日秋尾ノ祭御狩アリ、大祝以下大小神官深山ニノボリテ三日間逗留ス。其儀御射山ニ同ジ。御庵ノ円形、一面ノ庭火ノミカワレリ。又饗膳餅酒馬草粟稲、毎人ノ前ニ是ヲ積置ク、故アルコトナルベシ。第三日朝霧ニ四方ノ鹿ヲマキオトシテ大葦沢ニテ狩猟ス。

と記されている。祭儀の様子は御射山と同じとあるが、今回も十三所神名の登りましがないので御庵も大祝の御庵一棟であるため、四方に柱をたてて尾花にて屋根を葺いても外部から見ると円形に見え、『神事次第旧記』によると、内部一面に萱（枯尾花）を敷き、更にまたこの御庵の前庭にもこれを敷いている。

後にはこの御庵は常設され秋尾の宝殿と称しているが、御射山における大四御庵と同じく萱で葺き、萱の敷床はすなわち御射山の山宮に相当し、大祝が山神霊と共に三日間同殿共床の状をもって忌籠るのであるが、この忌籠りが山宮の神に対する大祝の奉仕の姿であることはもちろんである。

饗膳式における引物は御射山のごとき武器具等でなく、餅・酒・稲・粟・馬草等が前庭の萱の敷物の上に高々と積み上げられ、更に初冬の夜空に燎々と庭火が焚き上げられる。このことについて『絵詞』では「ユエアルコトナルベシ」といっている。御庵の前庭の萱の敷物の上に高々と積み上げられた餅や酒や稲等の農作物は、すなわち山霊神に対する野積の神饌であり、農耕を守護せられたる神々への手向けの幣帛である。また初冬の高原の夜空に明々と燃えあがる庭火も、山神の霊に手向ける豊穣感謝の喜びの心の現われであろう。

第三日目の早朝に朝霧のたちこめる中に御狩をすませ、折柄の四山紅葉の山路を前宮神殿さして帰路につくのである。さて、この御狩帰りの日に本社大宮の社頭において、国司の使を迎えて盛大なる祭儀が執行せられる。この事は御射山祭の山上の儀を終えて帰省の翌日、初穂を献じて本社の神を祀ると同様で、御狩帰りして豊穣感謝を行ったものと考えられるのである。

(七) むすび

以上御射山祭――御射山御狩の神事を中心として年内四度の御狩の神事を考えるとき、

いずれも農耕生産と密接なる関係をもっていることが知られるのである。

奈良朝以降国家権力の大いなる基盤に支えられ、あるいはまた鎌倉幕府や武士社会の格別な庇護と崇敬を受け、諏訪神の狩猟神――武神的神威は次第に広く内外に顕れて来たことはいうまでもないが、その反面、諏訪神の象徴として祭政を掌握してきた大祝が一年に四回もみずから厳重なる精進をすませて、そのかみの諏訪明神垂迹の姿に立帰り、神官氏人を伴ってはるかなる八ヶ獄の山麓の御射山の穂屋に数日間を忌籠って、虚空の神々に対して敬虔なる祭祀と祈りを捧げなければならなかった、その事実を知るとき、この祭りの背後に流れる原初の諏訪信仰について、更に探求の筆を進めて行かなくてはならないと思う。

諏訪神社の竜蛇信仰

伊藤富雄

（一）「諏訪大明神絵詞」所載の竜蛇信仰

諏訪神社現在の信仰が、建御名方刀美《タケミナカタトミ》命と八坂刀売《ヤサカトメ》命の崇拝であることは、今さら申上げるまでもありません。しかしこのような信仰崇拝は、長い神社の歴史から見れば、中途から発生したもので、それは文化の発展に伴い、人格神の崇拝の起った奈良朝時代以後のものであります。諏訪神社の崇拝は、その原始に溯ればもっと異ったもので、その原始信仰の中には、一つの重要な要素として、竜蛇信仰があったのであります。さて昔から諏訪神社の御神体は蛇だと伝えています。また同神社の御使虫は蛇だとも申しております。この信仰は現在でも、なお庶民の中に強く生きており、祭神が英雄神の建御名方刀美、八坂刀売両神であることを知らない者も、その御神体が蛇だということは、一般に遍く知られているのであります。この蛇の信仰は、決して近世に唐突に生まれたものではありません。この論文で、私は、諏訪神社竜蛇信仰の事実を述べ、その信仰が何に基づくかを、明かにして見たいと思います。

「諏訪大明神絵詞」（以下、単に『絵詞』という）は、諏訪（小坂）円忠の作った絵巻物のことであります。円忠は鎌倉幕府の末期から、足利幕府の初期にかけ、幕府の公事奉行人を勤めた優秀な政治家で、学識もまた非常に深かった人であります。その諏訪との関係は、神氏族の一人で、大塩牧の地頭職を領有すると共に、諏訪上社神宮寺の執行職でありました。この絵巻物は滅びてしまいましたが、幸いに絵巻物の詞書（絵の説明文）だけは遺り、今日諏訪史研究には、最も貴重な史料となっております。この絵詞の中には、諏訪神社の竜蛇信仰を窺うべき、多くの説話が記録されております。

鎌倉時代の蒙古襲来は、我が国にとって未曽有の国難でありました。当時の幕府執権は、胆甕のごとき北条時宗だったので、断乎として抗戦を決意し、全国の地頭御家人を動員して海岸の防備を固め、しばしば元の牒使を斬って、その決意の程を示しました。また全国の神社仏閣は、怨敵退散の祈祷に精力を傾けました。実にこの時ほど、日本の民族意識の昂揚されたことはなかったのであります。諏訪大明神はこの困難に際し、偉大な神験を顕わし、護国の神と崇敬されるに至りました。そのことは絵詞（第三）に次のごとくあります。

後宇多院御宇、弘安弐年巳卯季夏ノ天、当社神事時、日中ニ変アリ。大竜雲ニ乗ジテ西ニ向フ、参詣人眼精ノ及所、ソコハカトナシ、雲間殊ニヒハラノ色ヒクヒクト見ユ、一竜ヵ又数竜蒙、首尾ハ見ヘズ、何様ニモ明神大身ヲ現ジテ、本朝贔負ノ力ヲ入レマシマス勢イ也、何事ノ先表ナルラントヲボツカナシ。同御代ノ始メ文永十一年十月、蒙古襲来ノ時、尊神御発向ノ故ニ、賊船漂倒スル事アリシカドモ、是程ノ事ハナカリキ。此タビハ何カナル事ノアルベキヤラント疑ヲナス所ニ、大元ノ将軍夏貴、范文虎、使等襲来、六百万艘舟ヲ和漢中間ノ大洋ニ連続シテ、其上ニ大板ヲ敷キツヾケテ、人馬往復二道ノ浮橋ヲナサント算数シテ、先陣カツカツ数万艘来朝シテ、後陣ノツヾクヲマツト聞ユ。爾ルニ同六月廿五日、悪風俄ニ吹来テ、彼兵船或ハ反覆シ、或ハ破裂シテ、軍兵皆沈没ス、適《タマタマ》船具断板チルニ取付テ浮ビ出ル輩ハ、釘カスガイニツラヌカリテ、白刃赤肉ヲ切ニコトナラズ、流血潮ノ浪ヲソメ、死骸海上ニ充満ス、勝載兵具ノ浪ニウカブ事、秋ノ木葉ノ水上ヲヲホフルガ如シ、希有ニシテ助カル諸将等、悉イケ取ニナリテ、関東ニ下サレテ、遂ニ誅伐セラレヲハリヌ。サテハ尊神化現ノ御体ハ、本社ヨリ鎮西箱崎ノ社、博多ノ津ニテ同時ニ見ヘサセ賜タリケレバ、石築地発向ノ軍卒等モ、貴ミアヒケルト後ニコソ聞ヘタリケン。……

(圏点筆者)

竜は、古く中国で崇拝した想像上の動物で、その崇拝が日本に伝わったものであります。そして日本では、蛇が劫《コウ》を経れば、竜となると信じていました。この記事は諏訪大明神が、竜蛇の御神体を顕わし、敵陣に発向したことを述べていますが、その空中飛翔の有様は、実に生々と描写され、誠に興味の深いものがあります。念のためいっておきますが、本記事に、博多への蒙古襲来を、弘安二年六月二五日とするのは誤りで、「関東評定伝」に『弘安四年七月、大元の賊徒宋朝高麗より、数千艘の船にて寄せ来る。数日海上に漂いて後、肥前国鷹島に群り集るの所、同卅日夜翌日閏七月一日大風、賊船悉く漂倒し、海陸の間に破壊す。』とあるのが正しいのであります。絵詞のいうところは「関東評定伝」に『弘安二年六月廿五日、大元の将軍夏貴・范文虎、周福・欒忠相を使とし、渡宋僧本暁房霊果、通事陳光等を具して着岸す。牒状の旨等前々の如し、博多に於て首を斬る』とあるものを、直ちに襲来と誤るものであります。絵詞は円忠の編んだ記録で、一応正確なものでありますが、これは円忠の千慮の一失でありました。この絵詞に似た記載は、また有名な「太平記」にも載っています。同書（巻三十九・蒙古寇日本事条）に、

都テ六十余州、大小ノ神祇、霊験ノ仏閣ニ勅使ヲ下サレ、奉幣ヲ捧ラレズト云所ナシ、此ノ如ク御祈禱巳ニ七日ニ満ジケル日、諏訪ノ湖ノ上ヨリ、五色ノ雲西ニ聳キ、大蛇

ノ形ニ見ヘタリ。八幡ノ御宝殿ノ扉啓ケテ、馬ノ馳散音、轡ノ鳴音、虚空ニ充満タリ、日吉社二十一社ノ錦帳ノ鏡動キ、神宝刃トカレテ、御沓皆西ニ向ヘリ、住吉四所ノ神馬、鞍下ニ汗流レ、小守勝手ノ鉄ノ盾、己ト立テ敵ノ方ニツキ並ヘタリ、凡上中下二十二社ノ震動奇瑞ハ申ニ及バズ、神名帳ニ載ル所ノ三千七百五十余社、乃至山家村里ノ小社、擽社、道祖ノ小神マデモ、御戸ノ開ヌハナカリケリ。

（圏点筆者）

と見えています。ここに『諏訪ノ湖』とあるのは諏訪神社の湖の意味であります。これは絵詞の話とはやや趣を異にし、諏訪湖の上から、五色の雲が西にたなびき、それが大蛇の形に見えたといい、諏訪明神御神体の蛇形を、神秘的に叙述しているのであります。

「諏訪大明神絵詞」（第三）には、蒙古退治の物語に続いて、鎌倉末期の蝦夷《エゾ》叛乱に当り、大明神が大竜に乗って奥州に赴き、叛乱を鎮定した話を載せています。

当社ノ威、神力ハ末代也ト云ヘドモ、掲焉ナル事多キ中ニ、元亨正中ノ比ヨリ嘉暦年中ニ自ルマデ、東夷蜂起シテ、奥州騒乱スル事アリキ。蝦夷ガ千島ト云ヘルハ、我国ノ東北ニ当テ、大海ノ中央ニアリ。（中略）根本ハ酋長モナカリシヲ、武家其ノ濫吹ヲ鎮護センタメニ、安藤太ト云物ヲ蝦夷ノ管領トス。此ハ上古ニ安倍氏、悪事ノ高丸ト云ケル勇士ノ後胤ナリ。其子孫ニ五郎三郎季久、又太郎季長ト云ハ、従父兄弟也、嫡庶相論ノ事アリテ、合戦数年ニ及ブ間、両人ヲ関東ニ召テ、理非裁決ノ処、彼等ガ留守ノ士卒数千、蝦賊ヲ催集之(メ)、外ノ浜内末部、西浜折曽関ノ城墎ヲ構テ相争フ、両ノ城険岨ニヨリテ洪河ヲ隔テ、雌雄速ニ決シガタシ。困茲武将大軍ヲ遣テ征伐スト云ヘドモ、凶徒弥盛シテ、討手宇都宮ノ家人紀清両党ノ輩、多以命ヲ堕キ。漸深雪ノ比ニ及ヌ、貞任追討ノ昔ノ如ク、年序ヲヤ累ムト、衆人怖畏ヲ致所ニ、或夜深更ニ当社宝殿ノ上ヨリ、明神大竜ノ形ヲ現テ、黒雲ニ賀シテ、艮ノ方ヲサシテ向給ケル。諏訪郡ノ内、山河大地草木湖水、皆光明ニ映徹セリ。同夜同時ニ奥州ニ現ジ給ケルトソ、後日ニハ注進セシ。爰ニ季長ガ従人忽ニ城墎ヲ破却シテ、甲ヲヌギ弓ノ弦ヲハヅシテ、官軍ノ陣ニ降リヌ、三軍万歳ヲ称シテ、則関東ニ帰リケリ。凡神ノ奇特、三韓征伐以来、延暦桓武ノ御宇ニハ、将軍ト身ヲ現シテ官兵ノ戦功ヲ扶助、文永弘安ノ皇朝ニハ、大竜ト身ヲ顕シテ、蒙古ノ強暴ヲ対治ス、嘉暦近年又以加クノゴトシ。本朝擁護ノ神徳、異賊降伏ノ霊威、影響ノ冥応、古今日新ナル者也。　（圏点筆者）

当時、現在の青森、岩手、秋田の地方には、まだ多くのアイヌ人が住み、殊に北海道はほとんどアイヌ人で占められていました。鎌倉幕府は北条氏をもって、出羽・陸奥両国の守護としましたが、その守護代は、古くからアイヌ族の酋長であった安藤氏を任命し、これを治めていたのであります。この安藤氏は坂上田村麻呂が、諏訪明神の助けを借り、討取った阿部高丸の後裔でありました。そこにこの物語と諏訪神社との一つの繋りがあるのであります。この事件は「保暦間記」によれば、幕府執権北条高時の内管領長崎高資が、相続争いの裁許に当り、両方から賄賂を取ったため事態が紛糾し、幕府はその鎮圧に困り、遂に北条氏滅亡の端となったと述べています。また「北条九代記」によれば、蝦夷の蜂起は元応二年に始まり、その鎮静したのは嘉暦三年だとあって、足かけ九年間の叛乱でありました。外ノ浜内末部と西浜折曽関は、青森県津軽の地名であります。紀清両党は氏族が団結した武士団で、「堀田芳賀系図」（高俊の条）に『法名禅香、宇都宮大明神に奉仕する紀氏清氏両家也。是を紀清両党と云ふ。然して此比《ゴロ》清氏中絶の間、紀の高俊頼朝公に仕え、軍忠有り、御旗を賜わり紀清両家の旗頭と為る。則芳賀入道是也。紀家たりと雖も、清党の旗頭也』と見え、恰も諏訪の大祝の一家に似た存在だったのであります。「北条九代記」（嘉暦二年条）に『六月宇都宮五郎高貞、小田尾張権守高知、蝦夷追討使として下向』とあり、また（同三年条）に『今年十月、奥州合戦の事、和談の儀を以て、高貞・高知第帰参す』とある宇都宮高貞は、この高俊の彦孫でありました。嘉暦の頃は絵詞の作者諏訪円忠は、幕府公事奉行人に在職したと推定されますから、この事件の記載は正確と思われます。

この時も諏訪大明神は大竜の形を顕わし、黒雲に乗って戦地に出動し、これによって叛乱は鎮定したと伝えているのであります。

「諏訪大明神絵詞」(第五の巻)には、二つの竜蛇信仰の話が載っています。原文は難解でありますから、判り易く意訳して、示すこととします。

鎌倉時代正応の頃、信濃国御家人小諸太郎は、諏訪上社の御頭役を勤めました。その時下男下女達が何かの所用で、隣国上州に赴き、朝の市場を通ったのであります。当時上州の守護は執権北条貞時で、守護代は果円(平頼綱)でありました。この果円は北条氏の内宮領で、幕府においてもその権力並ぶ者がなかったのでありますが、ここに不慮の大事件が起りました。それは果円の従人が飼っていた牛を、小諸の下女にけしかけたことから口論となり、遂に刃傷沙汰に及び、果円方は権勢に誇って、小諸方の下男を捕え、これを斬ろうといたしました。然るに不思議にも、斬手は忽ち眼がくらみ、剰え太刀は土に立ち、二つに折れてしまい、遂に小諸方の犯人を誅することができなかったのであります。この喧嘩はやがて、鎌倉幕府の裁判所に持ち込まれましたが、執権貞時はある夜不思議な夢を見ました。それは大竜が評定所に顕われたので、驚いて、左右の人々にその訳を訊ねたところ、あれは諏訪明神の眷族で、小諸の味方の者だと答えました。貞時は合掌して、その答を許すべき由を、夢中で祈念したという夢でありました。この霊夢により貞時は、直ちに犯人の重科を赦免したのであります。然るに果円はなお遺恨をふくみ、頻りに訴訟を企てたので、諏訪神社の社家も、恐怖に戦いていましたが、御射山祭場の巫女の託宣に『果円神威に伏せず、我が神人に仇するのは以ての外である。明年五月以前に、その命を召上げるであろう、神人達よ、恐れることはない』。との厳重な神託がありました。果して翌年（正応六年）四月二八日、果円はことにより幕府の訴を蒙り、一家皆滅亡したのであります。

また、下野国那須雲厳禅寺は、勅謚仏国禅師高峯和尚の開いた名刹であります。鎌倉時代乾元・嘉元の頃、信濃国窪寺（上水内郡）という所に、観空と称する一人の僧侶がありましたが、不立文字の宗風に些か漫心を起し、宗論のため国を出て下野に赴き、彼の寺の門前に宿泊して、毎日寺に参学し問答を戦わせました。爰に一匹の小蛇があって、影の形に添うようにこの僧につきまとい、方丈に入る時は、堂下に脱いだ草鞋の上に蟠り、これを守護する様子で、人々も不思議な思いをしたのであります。かくて数ヵ月を送るほどに、観空は高山和尚を信仰する心が生まれ、その弟子となって、名を改め妙通上座といいました。その後妙通は窪寺に立帰って草庵を結び、愈々禅の修業に励みましたが、窪寺の地頭は深く妙通に帰依し、その檀家となり、子息の小童を弟子の喝食といたしました。喝食とは師僧の身辺にあって、食事の給仕その他の雑用を足す小坊主のことであります。ある年窪寺の地頭は、諏訪神社の頭役に当り潔斉しましたが、その妻（喝食の母）は御産をして、神事の触穢があったためか、産婦は俄に狂乱し、療治の手段もなかったので、地頭は妙通を招請し、祈禱と加持を行ったところ、諏訪大明神はこの女人に乗り移って、色々の法文を演べ、平生無智の女性でありながら、仏教諸宗の奥儀を挙揚し、弁説無窮、談論時を移すの有様でありました。終りに大明神は、『汝は修行しても、まだ我執から離れることができないから、真の悟りの境地に達し得ないのは遺憾である』と仰せられました。妙通は神託を承って、涙を流し懺悔したのであります。かくて霊神は上り給い、産後の病は本復いたしました。妙通と地頭夫妻は、共に諏訪神社に来り、御礼詣りをしましたが、妙通は七日七夜参籠して、大般若経を真読したところ、結願の夜の暁に、神前の山麓の岩石の上に、金色の神竜が顕われ、あたりの草木土石みな光り輝きました。そして蛇体は柔和の相好を示し、両三度妙通に対しうなずきましたので、愈々渇仰の思いが心肝に銘じたのであります。この奇瑞は妙通だけにはよく見えましたが、他人には全く見えませんでした。妙通はなお七カ日を延べて、両部の読誦を行い、法楽といたしたのであります。かくてこの妙通は、一年も経たぬうちに、大往生を遂げました。弟子の喝食は、仏国禅師に預けて鎌倉に送りましたが、これが後に元に留学して、京都南禅寺の住持となった有名な此山《シザン》和尚であります。

――以上二つの伝説は、前者に大竜として顕れたのは眷族神で、これは諏訪明神の使者が蛇であることを物語り、また後者は蛇体そのものが、直ちに諏訪大明神であることを示しています。そしてこの二伝説は、大明神が戦陣以外の場合においても、その御神体が、常に竜蛇だったことを物語っています。

(二)「安居院神道集」中の『諏訪縁起』

諏訪大明神の御正体（御神体のこと）が竜蛇だという信仰は、単に狭い信州だけの信仰ではありませんでした。「北条九代記」（乾元元年条）に『今年五月十一日、信濃の国諏訪上宮、白竜となり虚空に向って現れ、本に帰座す云々』とあります。また蒙古襲来の時、蛇形となって神験を表わしたことは「太平記」に記され、それはすでに述べたごとくであります。随って鎌倉時代には、諏訪神社の竜蛇信仰は、全国に知れわたっていたのでありますが、この信仰弘布に大きな役割をしたのは、「安居院神道集」に収められた『諏訪縁起』

であります。この物語の概略は次のごときものでありました。

人皇第三代安寧天皇五代の孫に、甲賀権守諏胤《ヨリタネ》という人がありました。この人は近江国甲賀郡の地頭で、日本国内でも威勢強く、有名な人でありました。妻は大和国添上郡の地頭春日権守の娘で、夫婦の中に三人の男子があり、第一を甲賀太郎諏致《ヨリムネ》、第二を甲賀次郎諏任《ヨリタダ》、第三を甲賀三郎諏方《ヨリカタ》と申しました。諏胤は臨終に当り遺言して、三郎諏方を惣領に立て、東海道十五箇国の惣追捕使を譲り、太郎諏致には北陸道七箇国の惣追捕使を譲与しました。総領の三郎は母と共に諏胤の家に住み、分家の太郎次郎はそれぞれに掘の東と西に家を建て、東の大殿、西の大殿と呼ばれました。父の三年忌も過ぎたので、三郎諏方は上洛して天皇に謁え、大和守に任ぜられました。諏方は国司神拝のため、春日神社に参詣しましたが、春日権守はこれを館に入れ奉り、饗応したのであります。そして諏方は権の守の孫娘春日姫と、偕老同穴の契を結び、近江甲賀の館に連れて来たのであります。

ある年甲賀三郎は、国中の侍共を動員して、伊吹山で巻狩を行い、兄達もみな参加しました。三郎は麓の野原に屋形を建て、ここを春日姫の御座所とし、峯から追落す鹿を射取り、姫に見せることとしましたが、三郎が峯に鹿追いに登った留守に、この山の天狗共が来て、姫をさらって逃げてしまいました。三郎は驚き悲しみ、兄達と共に、全国の有名な山々を尋ね廻りましたが、なかなか見つかりません。三郎は力及ばず帰ろうとしましたが、御乳母子の宮内判官が、信濃国笹岡郡のうち蓼科嶽を見ないのは、心懸りであるから、行って探してみようというので、ここを尋ねたところ、北峯から丑寅の方に当って大きな楠があり、そこに大いなる人穴があって、覗き込んで見ると、恋しき人の最後に着用した小袖の片袖と、髪一と房があったので、甲賀三郎は大いに喜び、侍共に命じ真藤を寄せ集め、大籠《カゴ》に組み、八方に八筋の縄をつけて穴に下し、春日姫が見つかり次第、この縄を動かすから、引上げろと命じて、穴の中に降りて行きました。かくて穴の底につき、東の方に尋ね行くと、姫は小御所の中で、千手経を読んでいましたので、三郎は姫を我が肩に引懸け、藤籠に入れ縄を動かしましたから、地上の侍共は、一生懸命で引上げました。姫を馬に乗せようとしたところ、姫は泣きながら、祖父春日権守から譲られた面景《オモカゲ》の鏡を、取忘れて来たと嘆きました。三郎は私が取ってきましょうと、また引返して人穴に入りました。舎兄甲賀次郎諏任は、兄でありながら弟三郎に超えられたのを、平素から遺恨に思っていましたので、好機来れりとこの縄を切り落し、三郎の家来二十四人の首を斬り、春日姫をば甲賀の館に送ってしまいました。舎兄の甲賀太郎は、次郎の仕業が父の遺言に背くを怒り、手勢ばかりを引連れ、我が知行国下野宇都宮へ下ってしまいました。後にここで神と顕われ、示現大明神と申しました。かくて甲賀次郎は誰憚るものなく甲賀の館へ帰り、春日姫を口説きましたが、姫は固く節操を守り、それに靡かなかったので、遂に怒って武士八人に命じ、近江の海の北岸戸蔵山の麓で、これを斬ろうとしましたが、姫は縁者大和国住人山辺左兵衛督成賢に助けられました。成賢は姫を、その祖父大和国三笠郡地頭春日権守の宿所へ送り届けました。祖父権守は聟の敵甲賀次郎を討取るべく、七千余騎をもって出発しようとしましたが、春日姫に諌められ、思い止まりました。姫は三笠山の奥神出山の岩屋にとじ籠り、永く男性を断ちて十戒を守り、今生でもう一度甲賀三郎に会わせ給えと、神仏に祈願を籠めたのであります。

さて甲賀三郎は、面景の鏡を持ち、もとの籠の所に急ぎ引返しましたが、縄は既に切り落され、家来の死骸は散乱する有様で、地上に帰る術もありません。それが次郎の所行であることはすぐ判りましたが、三郎は姫の節操を固く信じていたので、その再会に望みをかけ、やがて地底の国々の遍歴に出たのであります。好賞国以下十一ヵ国を遍歴し、最後に到達したのは維縵《ユイマン》国でありました。この国は狩猟を専らとする国で、国王を好美翁といいましたが、甲賀三郎を厚くもてなしてくれました。ここで三郎は翁の末娘維摩姫と、深い契を結んだのであります。かくていつしか十三年六月の歳月を経ましたが、ある時甲賀三郎は、春日姫を思い出し、枕も床も浮かんばかりに涙を流しました。側にあった維摩姫は、驚き訳を訊ねましたので、三郎は包まずに春日姫のことを物語ったのであります。維摩姫もいたく同情し、然らばあなたを日本に送返し、私も追って日本へ参り、あなたの忍妻《シノビヅマ》となろうといい、父好美翁との間柄も取計ってくれました。好美翁は別れを惜み、三郎を国内の幾つかの豪華な宮殿に案内し、隈なく見物させたうえ、その所々で饗宴を開いてくれましたが、大切な引出物として、鹿の生肝の作餅一千枚を渡し、維縵国と日本との距離は、一千日の旅路であるから、一日に一つ宛食べれば、ちょうど日本に到着すると教え、またその道筋を委しく説明してくれました。かくて三郎は維摩姫と別離を惜み、教えられた道筋を経ると、信濃国浅間の嶺へ出ました。

暫く休息して四方を見渡すと、多くの山々が見え渡りましたので、今更に旅立つ心地して涙を流し、まず都を志して近江国甲賀郡に入り、父のために作られた笹岡の釈迦堂を尋ねれば、御堂はもとの場所にありましたが、岩屋堂になっていました。然らば我身は大地の底に、幾百年を過したろうかと思われ、限りなく心細く思いました。その日も暮れたので御堂に通夜し、やがて御隔子《コウシ》の中に入り、礼盤によりかかり念誦して夜を過しました。その明くる日はちょうど御堂の講の日で、講衆が多数集まりました。まず童共が隔子の中に入り、三郎を見付けて、「あな恐ろしや、ここに大きな蛇がいる」とて、急いで逃げ出しました。三郎は「我は甲賀三郎という者じゃ」といえば、童共は「これなる蛇は舌を出しおる。我等が呪《マジナイ》じゃ」とて、手に手に持った棒で打叩きました。三郎は「さては我身は蛇になったのか、恥かしや」とて仏檀の下に隠れました。やがて講衆は散じ、日も暮れて静まった頃、僧達が集まって来、法華経を読誦しました。経過ぎて後、上座の老僧の発議で昔物語がはじまり、左座第五番の老僧は、具さに甲賀兄弟の物語をいたしました。そして甲賀三郎は維縵国まで迷い行き、その国主好美翁の聟となったが、故郷恋しく帰国し、昨日今日のうちには、ここへ着く筈であるが、今もって見えぬのは不審だと申しました。左座一番の老僧は、さては今日の昼頃、童共が蛇じゃと恐れていたが、それではあるまいかといえば、口立の僧は、さてはそれであろうと答え、右座二番の老僧は、甲賀三郎は何故蛇身となったのかと質せば、口立の僧は聞きもあえず、日本人でも維縵国の衣服を着れば、蛇に見えるのだと申しました。上座の老僧は、それは如何にして脱ぎ捨てるべきかといえば、口立の僧が、それは簡単なことで、石菖を植えた池水に入り、四方を拝して呪文を唱え、その水の底を潜って上れば、赤裸の日本人に成り返ると語りました。甲賀三郎は仏檀の下で、僧達の話を聞き大いに喜び、まだ夜の明けぬうちに石菖の池に行き、池水を潜って丘に上ると、忽ち赤裸になりました。そして跡を振返って見ると、蛇の抜殻がいっぱい落ちていました。三郎が御堂に入ると、老僧達はおお甲賀三郎よと喜び合い、狩装束を整えて三郎に着せ、かき消すごとく失せてしまいました。あとに残ったのは口立の僧一人で、これに訊ねると、三郎に衣装を奉ったのは白山権現、烏帽子を奉ったのは富士浅間大菩薩、馬や鞍を奉ったのは熊野権現、他の僧は日吉、山王、松尾、稲荷、梅宮、広田等の王城鎮護の神々で、私は近江国鎮守兵主大明神で、甲賀殿にとっては氏神だと申しました。

甲賀三郎は兵主大明神に伴われ、三笠山に入り春日姫を尋ねると、姫は春日神社の御宝殿の中から顕われ出で、ここに目出度く再会することができたのであります。二人は長い忍苦の過去を語り合い喜びましたが、近江に住んで、甲賀次郎の振舞いを見るのも心憂いから、他国に移ろうと相談し、天の早船を作って、震旦の南の平城国に移り、そこの早起梨天子に会って、神道の法を受け、飛行自在の身となりました。その後氏神兵主大明神は、使を平城国に遣わし、本朝に帰り、衆生守護の神明に成り給えと勧め、早起梨天子もこの義に賛成して、天の早車を贈ったので、甲賀三郎夫婦はこれに乗り、信濃国蓼科嶽に着きました。やがて諸神集まり来り、信濃国岡屋の里に社を建て、諏方大明神と称し、三郎は上宮と顕われました。この地は元岡屋の庄と呼びましたが、諏方来《よりかた》って大明神となったので、その名乗をとり、諏方郡と改めたのであります。また春日姫は下宮と顕われました。維摩姫も日本に越え来て神となり、浅間の大明神と顕われたのであります。上宮の本地は普賢菩薩、下宮の本地は千手観音であります。

安居院は、今の京都上京区大宮通上立売の北にあった寺で、比叡山東塔竹林院の里坊でありました。竹林院は山上にあったので、その京都市内出張所というべきものが里坊であります。この寺は中世には、唱導を主とした寺であります。唱導とは一種の技術化した御説経のことで、説経はまた説法ともいいました。安居院流の唱導については、「元亨釈書」（巻廿九音芸志）に次のごとく述べています。

唱導は演説也。（中略）治承養和の間、澄憲法師給事の家学を挟み、智者の宗綱に拠る。台芒儒林を射て花鮮かに、性臭舌端に出でて泉湧く、一たび高座に昇れば四衆耳を清《スマ》す。晩年戒法を慎まず、屢数子を生む。長嗣聖覚家業を克くし唱演を課す。此より数世系嗣瓞々《テツテツ》す。覚隆承を生み、承憲実を生み、実憲基を生む、朝廷其の諭導を韙《ヨシ》とし、閨房に緩やかなり、故を以て民族益々繁し。寛元の間定円なる者有り、園城の徒なり、唱説を善くす。又一家を立て猶憲の苗種の如し。方今天下唱演を言ふ者、皆二家に効ふ。夫れ至理を諭揚し、庶品を啓廸し、千日の衆を鼓し、聞思の道を布く。其の利博如なり。其の徳偉如なり。演説の益、何の術か焉に如かむ。争奈何《マイカン》か利路纔かに闘き真源は即ち塞ぐ。它《タ》の死期を数へ、我が活業に寄す。諂譎交も生じ変態百出す。身首を揺がし、音韻を婉《ヨ》くす。言偶儷を貴び、哀讃を主とす。檀主を言ふ毎に、常に仏徳を加へ、人心を感ぜしめんと欲し、先或は自ら泣く。痛ましき哉無上正真の道、流《ツタ》へて詐偽俳優の伎を為す。願はくは此事に従事する者、三たび予が言を復せよ焉。

澄憲は平治の乱で有名な藤原信西の子であります。父の罪に座し、かつて信濃に流されたことのある人で、父信西に似て非常な秀才だったと見え、「平治物語」にも『澄憲の説法には、竜神も感に乗じ、甘露の雪を降らし』と記しています。安居院流の唱導は、この人を始祖として、天下に拡がったのであります。朝廷は唱導が人民教化に効あるを認め、これに従事する僧侶の妻帯を、厳しく取り締まらなかったので、澄憲の子孫は次第に繁栄したのでありますが、唱導の道は次第に功利的に走り、他人の死をあて込んで、自分の生活に資するようになっていきました。随ってその芸風も段々俗化し、ほとんど俳優と選ぶなきに至ったのであります。「元亨釈書」の著者虎関禅師は、禅宗の清僧でありましたから、この唱導の流俗化に反対し、無上正真の仏道も、後世に至っては、詐偽俳優の伎となったと攻撃していますが、一面かかる傾向により、仏教はいよいよ大衆の中に浸み込んでいったのであります。

「神道集」は、安居院唱導の正本であります。その正体として著録されたのは、足利時代初期の文和、延文の頃だといわれていますが、恐らくその説に誤りはないでありましょう。しかしこの書は、「平家物語」や「曽我物語」と同じく、口承により、長い間、いろいろに語り伝えられたものと思われますから、安居院で統一的な正体を作り上げたのは文和、延文の頃でも、物語そのものの発生は、鎌倉時代にあったと思われます。「神道集」は、十巻五十章から成り、本地垂迹の立場から、神道を説いたものですが、内容は本地物と呼ばれる物語が多く、『諏訪縁起』もその一つです。『諏訪縁起』は本地物中第一の傑作でありますが、もともと物語なる故、荒唐の記載多く、直ちに正史の参考とする訳にはまいりません。しかし中世庶民の信仰や風俗を窮うには、極めてよい書物であります。例えば巻頭の末子相続の話、次いで伊吹山の狩猟の話、終りの蛇身の禊の話などは、いずれもよく時代の風俗や信仰を反映して、誠に金玉の文学といわねばなりません。またこの物語は安居院で作られた関係から、近江甲賀郡と、信濃諏訪郡を主要な舞台として転回しますが、諏訪神社に相当通暁したものの著作であったことは、疑いなきものであります。それは好美翁が甲賀三郎に引出物を贈る条に、菅《スゲ》の行騰《ムカバキ》、御玉会《オタマエ》、初尾花《ハツオバナ》、薙鎌《ナギカマ》、梶《カジ》の葉の直《ヒタ》垂《タレ》等につき、その効用を詳しく述べているからであります。これらの事物は鎌倉時代以来、諏訪神道の秘訣とするところで、諏訪神社をよく知らないかぎり、書けない記事だからであります。『諏訪縁起』は右のような性格の物語で、安居院流説経の正本として、全国に有名になりました。そして柳田国男氏の説くところによれば、この物語を全国に持ち歩いて広めたのは、近江国を本貫とする小野氏の神人団だったといっています。

(三) 諏訪神社竜蛇崇拝の根源

今まで諏訪神社中世の竜蛇信仰につき、その信仰の様相を述べてきましたが、本項ではこの信仰が、何に基づくものであるか、その根源を明かにして見たいと思います。

日本民族は太古から、タマの信仰を持っていました。この信仰は神の信仰が起ってきても、なお、依然として存続し、両者は相交り合って、日本人の信仰を形成していたのであります。記紀や「風土記」の時代は、実にかかる宗教的段階にあった時代であります。タマとは今日の詞でいえば、霊魂あるいは精霊のことで、それは神の信仰に先行した崇拝でありました。タマの崇拝は、宇宙間の万物はみな霊魂を持ち、この霊魂の作用により、あらゆる事物は、生長発展を遂げるという思想でありました。そして、このタマは、一定の時期がくれば増殖し、あるいはまた古いタマも、更新されると信じたのであります。日本の祭りは季節によって分ければ、春、夏、秋、冬の四つの祭りがありました。春祭りは年穀の豊饒を祈る祭り、夏祭りは夏越《ナゴシ》の祓《ハラ》いの祭り、秋祭りは年穀の豊饒を感謝する祭りであります。冬祭りは民俗学者の定説によれば、タマの殖えるを祝う祭りでありました。

諏訪上社は神氏族の氏神でありますから、冬祭りは全氏族の協力で、極めて盛大に行われました。まず前宮の大祝居館内に、物忌のための広大な土室が作られ、これを中心として八日間の祭りが行われたのであります。この土室を御室と申しました。「諏訪大明神絵詞」（祭記）に次のごとくあります。

十二月廿二日、一ノ御祭。大祝以下ノ神官、所末戸社ニマウツ、行列例ノ如シ、饗膳ノ儀又常ノ如シ。同日御室入。大穴ヲ掘テ、其内ニ柱ヲ立テ、棟ヲ高メ茅ヲ葺テ、軒ノタル木土ヲサ、ヘタリ。今日第一ノ御体ヲ入奉ル。大祝以下神官参籠ス。（中略）同廿九日大夜明大巳祭。又御体三所ヲ入奉ル。其儀式ヲソレアルニヨリテ、是ヲ委クセス。冬ハ穴ニスミケル神代ノ昔ハ、誠カクコソアリケメ。

（圏点筆者）

一の祭りは斎きの祭りの転訛で、イックは物忌をして祭りを行うことであります。御室は十二月二二日前、郡内の諸郷の課役で造営され、二二日に御室入が行われるのであります。これをまた穴巣始《アナスハジメ》とも申しました。御体については次に説明しますが、「神官参籠ス」とあるのは、神官達が物忌のため、御室に入るをいうのであります。物忌とは、神事に与る資格を得るため、ある期間うす闇い静かな場所に、じっと閉じ籠ることで、後世これを精進ともいいました。

上社冬祭りの物忌は、非常に厳格に励行されたらしく、「年内神事次第旧記」（十二月廿六日条）に『かんな《神縄》はみむろ《御室》にこもら《籠》ぬ人をか、《搦》くる神事は例式』とあり、御室に参籠すべき人で、これを怠った者は、神縄で縛りあげ、秡を科したことを記しています。恐らくこれは神氏族の、太古からの掟だったでありましょう。さて、御体は御神体のことで、それは「年内神事次第旧記」（十二月廿三日条）に、次のごとくあります。

廿三日き《擬》祝殿御神事（中略）例式小へひ《蛇》入、上原は大《御》県、くり《栗》はやし《林》は内県、あるかましの《有賀真志野》外県、かさり《飾》のをかみ《麻紙》を出、三ケ所からに、を《麻》は六寸三指、かみ《紙帖》三条つ、《宛》、を《麻》三たかつ、、一ケ所つ、《宛》から也、なし《済》申これによると御室に入れた御神体は、藁か茅で作った蛇体で、これを御房と称し、三筋を入れたのであります（廿五日条参照）。「小蛇入」とあるのは、二五日に至って一層大形な蛇体三筋を入れたので、それに対し小蛇といっているのであります。古代神氏族の根拠地は諏訪と上伊那で、これを諏訪《スハ》県《アガタ》と申しましたが、現在の諏訪の地を内県といい、上伊那の地を外県といいました。また神氏族は、信濃の各地に分流があり、それらの領地を総称して御県と呼びました。諏訪上社の祭祀権は、これらの神氏族の握るところで、内県、外県、御県の三部制をもって、その神役を奉仕したのであります。それで冬祭りに際しては、上原は御県の奉仕、栗林は内県の奉仕、有賀・真志野両郷は外県の奉仕をそれぞれ代行して、祭祀が行われたのであります。これら諸郷はそれぞれ自村において、蛇体を製作し、これを前宮の御室に担ぎ込むと共に、この蛇体を飾る麻と紙を、所役として出したのであります。その数量は一ヵ所から、紙三帖、麻三箍ずつでありました。この紙と麻は蛇体に神格を付着するためで、現在注連縄に紙をつけ、榊に麻を垂らすと同一意義で、単なる装飾ではないのであります。なお「済し申」は所役弁済の意味であります。続いて同書（十二月廿五日条）には、

　廿五日金子神田、（中略）神事後御身《神》体入申、かさり《飾》おかみ《麻紙》付申、出役、を《麻》九たか《箍》、

かみ《紙》九条《帖》、神長殿まいらする《参》、御ふさ《房》の御むかい《迎》に神使殿神長殿参、くちまね《口習》申て後、
御ふさ《房》をおり《折》ゆひ《結》申て、……

と見え、十二月二五日には再度蛇体を、御室へ搬入する祭儀の挙げられたことが判ります。しかし文余りに省略に過ぎ、全貌を捕捉できません。幸い「年内神事次第旧記」より、やや後れて記録された「年中神事次第」があり、その（十二月廿五日条）に次のごとくあります。

又みふさ《御房》栗林一筋、上下桑原に一筋、真志野有賀一筋、むさて二人宛六人、またおり六、御房のなかさ《長》五丈五尺、ふとさ《太》二尺五寸、又折長さ四尋一尺、まはり《廻》三六寸、何も如レ此可レ有レ之候、荘《カザリ》の麻紙一ケ所よりも、を《麻》四、かみ《紙》八帖つゝ、出之、みふさ《御房》をは、はん《榛》の木をもつて《以》ゆひ《結》申侯なり。

よって両者を参取して説明しますと、二五日の祭費は金子の神田により賄われ、饗膳の儀式が終って後、御神体の蛇体三筋を、御室に入れたのであります。二三日の儀では奉仕郷村が、上原、栗林、有賀真志野でありましたが、今回は上原の代りに上下桑原が勤めています。一ヵ所の所役負担は、御房一筋、むさて二人、又折二、麻四たが、紙八帖ずつで

ありました。「むさて」はよく判りませんが、御一房の側にあってその介錯をする、特別な役者だと思われます。あるいは房手《ふさて》の訛ったのかもしれません。又折は御房の付属物であることは察せられますが、その語義も用途も不明であります。御房は長さ五丈五尺、太さ二尺五寸とありますから、長さは上社一の御柱のたけと同じで、驚くべき巨大な蛇形だったのであります。太さ二尺五寸は周囲の寸法でありますから、直径とすれば八寸あまりで、これにより蛇体の規模はよく判るのであります。又折は、「長さ四尋一尺、まわり三六寸」とありますから、長さ約二丈五尺、周囲約一尺八寸あったことが知られ、これもなかなか長大なものでありました。諏訪では物の太さを手で量る場合、今でも三六《ミロク》とか四六《ヨロク》とかいっています。三六寸は三六のことであります。かかる蛇形を飾るには、多量な麻と紙を要しましたので、郷村負担の麻・紙のほか、なお神長官は自分の所役として、麻九籂、紙九帖を出しております。さて巨大な御神体御房の製作には、奉仕の部はいずれも郷中総出で、これに当ったことは疑いなく、前宮御室への搬入も、多人数の肩によったと思われます。また沿道の老若男女は、皆出でてこれを拝したと想像されます。そして神使と神長官は、御迎いのため途中まで出向したのであります。神使は上社の憑坐童《ヨリマシワラワ》であります。かくて御房は御室内に奉安され、奉仕郷村の神主達は、これに対って口習《クチマネ》なる申立（今の祝詞）を行い、しかる後これを折り畳んで、榛の木で束ねました。榛の若木は水分に富み、柔軟でありますから、縄のごとくだったのであります。この蛇形は、来年三月寅の日御室を撤去するまで、御室の御神体でありました。御室は冬祭りから来春の三月まで、上社重要の祭事の行われた所で、社と同様神聖の場所だったのであります。なお断っておきたいのは、絵詞と「年内神事次第旧記」とでは、御室へ御神体を入れる日の異うことで、これは前者は足利時代初期の記録、後者は同中期に記録されたため、その間に社家の都合により、祭事の日取が変更されたからであります。

「諏訪史料叢書」（巻二十六）に収められている日光輪王寺蔵『諏訪神社縁起』は、仏説で諏訪神社の事物を説いた書物でありますが、これには御室の御神体を、

御室ノ事、天竺デ七五三ノ金之糸ヲ曳キ、七日七夜之祈念シテ度《ワタス》ト云有リ、或ル人之云ク、十二月ノ祭ノ日ヨリ、次年ノ三日（月）ノ祝之日時迄、籠蛇形也。

といい、御室の御神体は籠り蛇の形だと説いています。籠り蛇は参籠の蛇、すなわち物忌をしている蛇であります。また同書別項には、

ムサテノ麻事、御室夜蛇形ヲ作事ヲ、人是ヲ大明神玩蛇質《スガタ》ト申ハ僻事也、神祇ヲ

蛇ト見ルハ、必心ノ福ニシテ、欣ブ可キ方便也、去ハ御室籠テ、福神ノ社ニ籠メ思フ也、或人云、巳室ハ巳蛇也、室ハ家、蛇之家ト云モ委キ口伝云々。

と見えております、玩蛇《グワスダ》は蝮《マムシ》のことであります。ここでまず注目すべきは、「ムサテノ麻」とあることで、蛇体を装飾した麻を、かく称したことが判ります。次は文意やや晦渋でありますが、「御室で夜蛇形を作ることを世人は、大明神は蛇形であるから、それを象るものだというのは誤りである。すべて神が蛇と見えるのは、心に福があるからで、それは欣ぶべき仏の方便であるから、御室に籠るのは、福神の社に籠ると思うべきである」という意味であります。これによれば、御室に蛇形を入れ、麻や紙で御神体を飾るのは、夜陰の行事だったのであります。なお最後にある人の説を引き、御室は巳室だとあるのは付会であります。以上御室の御神体のみにつき、詳しく申述べましたが、これで冬祭りの全貌を尽した訳ではありませんから、そのつもりで読んで下さい。

冬祭りを終ると春が来ますが、春には稲のタマを始めとして、人間のタマに至るまで、すべて新しくなるのであります。古代人はこの更新されたタマで万物はいよいよ旺盛な活動をすると考えました。人は若やぎ、稲は芽を吹く準備をすると信じたのであります。これがすなわち新玉《アラタマ》の年であります。正月一日、大祝《オオホウリ》以下の神官氏人は、まず最初に前宮の新玉社に参詣しますが、新玉社は稲のアラタマを祀った祠であります。この一行は続いて大宮に参詣し、蛙狩の神事を行い、蛙を神前に供えますが、これは恐らくは、蛇神に捧げる生贄だったでありましょう。

　蛇は生活力繁殖力の非常に強い動物で、九月には穴に入り、地中の暗い所で、長い冬眠をいたします。これは古代人が見れば、理想的な物忌の姿と感じたでありましょう。そして翌春三月穴を出れば、活潑に動き廻り、やがて見事な脱皮をいたします。これも同じく古代人の眼には、驚くべき生命の更新現象と映じたことは疑いありません。冬祭りのミタマノフユ（増殖）の時から、春のアラタマに至るまで、蛇形を御室に籠めて祭るは、この蛇の霊性にあやからんがためであります。古代人は、似た行為は似た結果を生ずるとの考え方を持ち、これに基づく呪術を行いました。すなわち蛇と共に物忌に入れば、やがて蛇に似て、完全な物忌と生命の更新が、でき得ると考えたのであります。民俗学はこのような呪術を、類感呪術または模倣呪術と呼んでいます。故に諏訪神社の竜蛇信仰は、神氏族の模倣呪術から発生したもので、その根源は太古遼遠の時代にあったのであります。

　竜蛇をもって御神体とする信仰は、諏訪上社独自のものではありませんでした。「群書類従」所収『大三輪神三社鎮座次第』には、次の神話があります。

大物主の神天の羽車大鷲に乗りて、妻を覓《モト》めて茅淳県陶邑《チヌアガタスエムラ》に下り行く。彼の所の大陶祇《(山カ)ツミ》の女活玉依姫《ムスメイクタマヨリヒメ》は、容姿端正なり。是に於て大物主神化して美麗の壮夫となり、活玉依姫を娶る、即ち懐妊する有り、爾《ココ》に父母はらめるを疑ひ怪み、媛に問ふて曰く、汝懐妊するに誰人の来るかと。媛答へて曰く、毎夜半美麗の壮夫到来し、其の風姿威儀比《クラ》ぶる者無し、其の姫名を知らず、夜未だ曙《ア》けずして去る、曽て昼は到来せずと。時に父母共の壮夫を知らむと欲し、媛に教へ麻を続ぎて綜麻《ヘソ》を作り、針に貫きて其の衣の襴《スソ》に刺す。媛教の如く之を為す。而て明旦之を観れば、針に貫《ヌ》く糸戸の鑰穴《カギアナ》を控《ヒ》き通して綜麻《ヘソ》の遺れる只三勾《ミワ》有るのみ。即ち糸に随ひ尋ね行けば、茅淳山を経吉野山に入り御室山に至る。即ち大物主の神の子たるを知る。然る後活玉依姫児を生み、之を櫛日方《クシヒガタ》の命《ミコト》と名づく。

この神話は「古事記」や「八雲御抄」にも載っており、三輪山式神婚伝説と呼ばれ、学界に有名であります。そしてこの神話に系統を引くいろいろな説話は、「日本書紀」、「風土記」、「太平記」等にたくさん見えています。「三社鎮座次第」を検討しますと、神婚伝説であることは、いうまでもありませんが、その神話の主要な構成要素は、御室と、蛇形の神と、綜麻《ヘソ》であります。これによって考えれば、古代の大三輪神社には、諏訪神社と同じく、御室において蛇形を祀る祭事のあったことは疑いの余地はありません。大三輪神社は大和国磯城郡三輪山に鎮座し、祭神は大国主神の幸魂《サキミタマ》大物主神で、出雲系の大社でありけます。諏訪神社が出雲系の神社であることは皆、人の知るところでありますが、両大社にかかる一致の存するのは、偶然とは思えぬのであります。私は結論は下しませんが、御室の蛇形崇拝は、あるいは出雲系氏族の特色だったかも知れません。

蛇体崇拝は往古には、日本の各地に存在したものに相違ありませんが、それらの信仰や風俗は、社会の文化発展に伴い、次第に亡びていったことは、容易に想像されるところであります。しかし近世に及んでも僻陬の地では、この古俗を保存した所が少なくありませんでした。いま雑誌「民族と歴史」に報告された二、三の例を挙げ、参考に資するでありましょう。

大和南葛城郡に、蛇穴と書いてサラギと読む村がある。今は三室村の大字になっている。（中略）祭日は陰暦五月五日で、前もって三月十八日に味噌三斗三升三合を搗き、五月一日に祭典に関する協議をなし、祭の前日即ち五月四日に、藁で大きな蛇身蛇首を作り、これを当屋（其祭典を行う順番の家）に置く。蛇身の長さ七尋半。これを祭日に氏子の子供三十余人で、村中を引き廻り、終りに野口神社境内の老樹にかけて置く、是即ち俗に云う蛇祭で、これを一に汁掛とは、この蛇を引き廻して村内を練って行くうちに、多くの来観者に前もって用意して置いた、味噌汁を振りかけるからである。この汁を浴びたものは、息災になるというので、わざわざ古い衣服を着て、かけて貰いに来る者が多い。

（「民族と歴史」十巻第二号）

部落名の蛇穴《サラギ》は、竜蛇信仰を偲ばせる古称であります。また三室は御室で、この祭りは御室祭祀の遺風でありましょう。そして野口神社は、大三輪神社の系統に属する社と考えられます。

伯耆国西伯郡大山村大字赤松村では、四年振りに一度、閏年の二月一日から、凡そ一週間余りの期日にわたりて、荒神講を催し、村民は七八軒もの荒神講の宿に分れて、若衆は若衆、御亭衆は御亭衆、年寄衆は年寄衆、嬶連中は嬶連中、娘衆は娘衆で、夫々会合して𠱋飲した上、藁千二三百も要れて作った大きな蛇を（この蛇体には大な睾丸が、中程の所に拵えてあるのが奇なる特徴である）村の荒神祠にかつぎ込む奇習がある。同郡福生村大字皆生村にも荒神祠に蛇体をかつぎ込む風習あり。しかしこの村では、生殖祭的色彩を毫も存せず、寧ろ村民はクチナハ様といい、非常に畏怖している。毎年旧正月廿八日に抽籤をもって、荒神講の宿を定め、旧十月廿八日に藁製の長大なる蛇をかつぎ行くのである。（『民族と歴史』第四巻第二号『伯耆雑記』）

赤松村の場合、蛇体に睾丸をつけるは奇観であります。

諏訪上社の蛇体御房には、又折なる付属があったことは既に述べましたが、それとは形状が異っていますので、共通点は認め難いのであります。しかしこの祭りは、元来ミタマ増殖の祭りでありますから、睾丸をつけるのは、生殖を象徴するものと解されます。

諏訪上社御室の蛇体祭祀は、天正年間神殿《コウドノ》が宮田渡に移転し、これと共に毎年の御室営作が退転したため、遂に廃絶に帰したのであります。しかし室町末期までは、他社に比してよりよく古態を保存して、民俗的な祭礼を続けて来たため、神氏族の原始信仰をそのまま伝統すると共に、これに基づく多くの伝説を遺し、『諏訪縁起』のごとき物語さえ生むにいたったのであります。

終りに臨み、「諏訪大明神絵詞」、「年内神事次第旧記」、「年中神事次第」、「神道集諏訪縁起」の四書は、我が日本民族の竜蛇信仰を窮う上に、最も貴重な文献であることを指摘しておきます。

〈本稿は、故伊藤富雄氏が昭和三十九年八月「季刊諏訪第六号」に発表されたものである。〉

諏訪の大天白神

今井野菊

大天白神

東海道・東山道に祭られている天白神・御左口神《みさぐじん》の祭祀遺跡は、共に古道に添って群在していますが、天白神は河川の奥地まで遡って遺跡をのこし、御左口神は河川に添った平地または段丘に住みながら、平地を控える所に祭祀遺跡をのこしています。

万葉集註釈、伊勢風土記には、

伊勢津彦命　天日別命に伊勢の国を天孫に奉る約束をして諏訪に入る

とあります。

神話の多い諏訪に育った私たちは、なにかにつけて洩矢神や諏訪明神につながる伝説を聞いて育っています。

「お明神さまのお后《きさき》さまは、伊勢の国の麻績《おみ》の御糸《みいと》村の八坂彦命の娘だそうナ。」

こうした昔話は子供たちには、時代や土地感もなく、母親の里などの事を思いうかべて、まぼろしを追うような伊勢の国であり、御糸村とやらでありました。


昭和二十八年、旧宮川村の前宮神跡はじめ村内の遺跡保存の歩みから郷土史会となり、前宮御左口神とは何か？の謎を解明しなければ郷土史の第一歩、第一行の扉が開かない瀬戸際に立って、私は、古代史を希望しました。それから神長官の御頭《おんとう》御左口神・前宮のおお御左口神の解明を目ざしましたが、御左口神調査は信濃一国ではおさまらず、逐次追い求めて東海道東山道全域に拡がり、最後の踏査は三重県でありました。実のところ、倭王朝の大祖先神の殿堂、伊勢神宮の鎮る伊勢の国の御左口神調査は、内心不安でありましたが、三重県教育委員会からご紹介を頂いた、各地の郷土史家諸先生をおたずねして足を踏み入れましたとき、各先生の第一声は、

「伊勢の国は出雲民族ですよ」

とのお言葉でした。伊勢の国とは倭王朝にこりかたまった土地かと、おそろしかったため、

踏査を最後にまわした私でありましたので、内心ほっとして心がはずみました。

御左口神あり、出雲神あり、大天白神あり、御左口神祭祀の記録あり、神楽歌あり、神宮文庫あり、堀田吉雄先生はじめ諸郷土史家、特に鈴木義一禰宜先生御指導の下に、神宮文庫の古文書が私に、いろいろ教えてくれました。

諏訪人が諏訪人なりの目や耳をもって聞きますと、伊勢の国ほど諏訪に近いところはなく、まさに祖母神八坂斗女命のなつかしいふるさと、伊勢の国でした。

御糸村の麻続《おみ》神社御機殿《おはたどの》に参り、北伊勢の麻生田《おうだ》の大天白明神に詣で、麻績《おみ》氏の子孫江上家、大天白古墳群や遺跡、未開であった御左口神の秘仏を聞いて頂いたりしました。外宮の高倉山のご案内、度合《わたらい》参り、楚原に詣で、菜種の神事を伝える加毛神社に参り、南島町・磯部町・御座町に参り、国崎《くざき》に参る等々、倭朝が一色にしたかに見えた土の上に立って味えば、伊勢・志摩の国は、諏訪にかよい合う歴史事実につながりを持つ事のいくつかを知って、ひと晩感激で眠れませんでした。

諏訪の国学者宮坂恒由が、上州の人飯塚久敏と共に著した「諏訪旧蹟誌」（安政四年）に、

天ノ八坂彦命

后神、八坂刀売命の御父神也、旧事紀曰、天ノ八坂彦神は、伊勢神麻績《かんおみ》連《むらじ》等之祖、

長ノ白羽命、亦云、天ノ白神、亦云、天ノ物知命、亦云、天ノ八坂彦命、と見えて、伊勢麻績連等が祖神に座せば神名帳に、伊勢国多気郡《たけごおり》、麻続神社と被載たる此社は、必して天ノ八坂彦神也。

とあり、この著述は安政年間であるが、当時よく踏査して、確信をもって力強く書き上げていることは、足をもって実地を踏査した人のみが知る感動であります。天《あま》は倭朝に従属した首長に与えたものとのことです。

大天白神、長ノ白羽神、天ノ白羽神等は共に同神でありますが、天白神についての志摩・伊勢以東の呼び名と宛字は、シラ神　シラ　オシラサマ　大天白神　天白神　天馬駒太白神　天狛神　大手白神等であります。特に、関東地方では、大天白神　天白神　太白神　大太白　大天博神　大天魔神　大電八公神　大天馬神等となっております。

天白神は、麻の種を植え導いた神と伝えます。北伊勢はじめ、各所には焼蒔き伝説を伴っていました。星を祭り、天狗をお使いとする天白神は、呪術《まじない》・占いの巫を中心とした信仰であったろうことは各地の口碑にのこり、また巫も存在しています。

思うに天白神信仰民は、原始農耕・原始漁撈の人たちであって、遺跡は原始狩猟民よりも山岳を下った、海辺や河川に添った位置に住んだ焼き蒔きと、漁撈民であったと推考されます。そして後、水稲文化の御左口神を請け入れて共存共営し、段丘は焼き畑づくり、沼地等には水稲を育て、ときには下層部を担いながら、いわゆる草分けであることを誇りとした、野党的立場にあったものと推考します。

東海道添いの海浜、東山道の河川沿いの遺跡のあり方は、海浜や河川の監視によい所に、産土神・村神・氏神として祭られています。河川権利の区別はきびしく口碑され、例えば、この河の天白神の漁撈権は、河のどこからどこまでで、川上の魚は決して侵さないとか、川下の魚は決して取らなかったなどと伝え、また正月神祭りには、取った魚を保存して置いて、氏子一統で天白神にお供えしてから、祝い合って分けて食べるなどの風習を聞かされましたし、場所によっては河天白と呼んでいます。平地でもそうですが、山間部などでは天白信仰と御左口神信仰氏子の村づくりの融和性は、神祭り、村祝いなどに、なに事もなく見えますが、どうも御左口神側に牛耳られています。するとどの神が先住者で、どの神があとから来て土着したか、と言えば、麻や菜種・粟・稗等を作っていた焼き畑農耕神が先住者で、稲文化を持ちこんで来た御左口神が、あとから土着して祭られた神であると推考するよりほかはないし、稲の種を持ちこんで来た氏族が優勢となり、また早く稲文化を請け入れて同化した先住民たちが、これまた優勢者となって、天白古墳を築き得る位置を獲得したことが伺いとれます。

次にはこれら草分け土着民の天白信仰と御左口神信仰の氏子たちと、更にあとから移動して来たであろう倭系神とその氏子の対立話であります。これらは各地の山野に立って、古老から土地土地に伝わる口碑・伝説を聞きながら、その新・旧を説明する祭祀遺跡を俯瞰しますと、手に取るようにその真実性を肌で感じ取ることが出来ました。お諏訪さまはじめ出雲神・天白神・御左口神を産土神として祭る山地や平地の中へ、倭系神の鎮守さまが割りこんで権勢を張ったと伝える話、出雲神が祭祀されていた旧地を占領したと言う口碑もあり、いずれ倭系はあとから移動して来て祭られた神さまでしょうから、神さまの「来り者」話が面白いです。倭将軍との戦いの話、倭神に統一された出雲神の遺跡地の話、亡ぼされた豪族と崇った口碑、古墳の名称、氏子の対立話、祭りの神輿かつぎの道と対立のためにおこす喧嘩話等でありました。

現実には神さまの祭り方であります。例えば、神社名からは主神であるべき出雲神が、神殿の中には脇神となって祭られている例、主神が境内社に下って第一の祠である例、抹消しきれず倭神境内の一社として名もなく並べられていたり、古記録には一社であったが合祀されて、全く消滅され去っている等でありますが、これらによって、倭朝が抹消し去りきれなかった出雲神勢力と氏子の本質と言うか、氏子の郷愁を知ることが出来ました。

特に野党神的立場の天白神や御左口神の祭神名は、時代時代の調査のとき、移り変りがあり、特に明治初年には倭系神の祭神にした届け出が安全であったようです。

現在は道路の拡張、団地の開発が急速にすすめられ、遺跡の発掘が盛んに行われています。ここに希望します事は、発掘にあたって、その付近に古代神である天白社・御左口神、または古墳や塚があったか、あるいは現在所在するか、を調査されて、出土遺物と照らし合わせて御研究ねがいたいのであります。

一例としまして、茅野市八ヶ岳扇状地標高八〇〇メートルの和田遺跡は、大天白神を地主神として祭る小泉山日向であって、縄文中期の遺物の出土地でありました。昭和四十二年、団地とするに際して、発掘調査を行い、同四十三年、茅野市教育委員会発刊の「和田遺跡」の報告書があります。縄文中期遺跡・遺物報告と共に地主神・大天白神信仰に視点を合わせてご一読ねがいたいのであります。

こうした大天白神信仰遺跡と遺物、原始農耕遺物の出土と御左口神信仰遺跡発掘の実例はあまりにも多いのであります。単に遺跡・遺物だけでなく、古代信仰と合わせて研究すべきであると思います。

幸いにここに、古代部族研究にかけて発足されたグループがあります。私はこのお若い方々の研究発展とその成果に希望を託しております。

茅野市の大天白《でえてんぱく》さま

八ヶ岳山麓の、立場川と柳川に挟まれる標高約一〇〇〇メートルの大扇状地に祭壇を構える、諏訪大明神の御射山の御狩り野、通称「はらやまさま」は、古代にはじまり狩猟・縄文・弥生・有史の各時代から現在に及ぶ長い間人々が、大自然神に穫物を捧げて、敬虔な祈りを捧げた土壇、つまり山之神であります。

この扇状地の西末端の山の入り口に鎮る山之神原路神社は、乾《いぬい》神社、または犬射神社とも呼び、諏訪湖のデルタ地帯の段丘際、旧栗林郷から登った所に祭られ、古来この神社から「はらやまさま」の土壇へ直線にかけて原路《はらじ》と呼び、また原路筋と呼び伝えます。八ヶ岳山麓は、この原路筋を中心に北山鹿筋・東山鹿筋・辺見筋・南山鹿筋・武川筋と呼びならされています。

むかし段丘際の栗林郷の下蟹河原（茅野市横内）には、八ヶ岳山麓の権力を一手に握っていた「矢つか雄神」が土着していたと伝え、通称蟹河原長者と呼び伝えています。栗林郷とは現在の茅野市宮川中河原の五竜（御料）姫宮神社付近から、上蟹河原・下蟹原から宮川・上川の流れに沿う新井・金子・飯島・白狐・赤沼・文出・小川等一帯諏訪湖岸までと伝えます。

蟹河原長者、矢つか雄神は国津神洩矢一族と伝え、建御名方命が諏訪の国へ侵入して来たとき反抗して戦い、矢を受けて死ぬとき、洩矢の神に、

「命に娘を奉る。娘をよろしくたのむ」

と言いのこしたと口碑されています。

長者の土着した下蟹原は、楯矢酢蔵神社を中心に、清水は豊かに湧き、陽受けよく、宮川・上（神）川が目前に拡がる生活条件満点の地であって、八ヶ岳裾野の焼き蒔き時代の王者であったと言う伝説が、生きて推考される土地条件のところであります。

栗林郷の鎮守、楯矢酢蔵神社は古く諏訪明神の摂社「中の十三ヶ所」の一社であります。

永明村史跡踏査要項に、

△延喜三癸亥神長官守之書ニ曰ク「楯矢神社ハ天白楯、天白太刀併祭之由、此説則達屋之達者借其音而已」

△達屋ハ立屋、楯屋、立矢、楯矢ノ文字ヲ用ヒラレシコトモアリ。

酢蔵ハ酒倉、酒蔵ノ字ヲ用ヒシコトモアリ。

と見え、産土神は二社であり、共に天白神であることが書かれています。

つづいて蟹河原長者の屋敷跡に祀る大天白七五三《しめ》社、同地の旧氏族大矢島氏一族の大天白、四軒矢島氏の祝神、矢崎氏の祝神、中河原村の産土神、姫宮境内の波間氏の祝神、赤沼の奥野氏の河天白社、新井の産土神、金子の岩波氏の祝神、旧栗林郷であったろう段丘上の藤之森神社（古墳）、塚原区の大天白社、竹村氏の祝神の大天白社等十三社が数えられます。

また栗林郷つづき、扇状地を流れくだる上（神）川流域の各支流沿い古村の要地である、小泉山の和田・古田・埴原田の各大天白、福沢に河天白神が祭祀されています。

杖突峠から八ヶ岳扇状地を俯瞰すれば、大泉の標高線にはなく、下部の小泉山付近の水量が浸沢となる下流に、大天白信仰の遺跡があり、次にこれに重層混交して稲文化の神、御左口神信仰遺跡が発祥して、天白信仰・御左口神信仰が交り合って村づくりをしている様子が一目に眺められます。

この扇状地の御左口神祭祀は、

塩沢　鋳物師屋　埴原田　南大塩（二ヶ所）　古田　和田　福沢　神ノ原　矢ケ崎（七御左口神）　田沢（二ヶ所）　横内　茅野（七御左口神）

等に産土神・御頭御左口神・氏神として祭られています。また笹原の御左口神は近世新田開発時に伊那郡宮所から移された社であります。

また諏訪の大天白は、先にあげた十三社のほかに、

大天貊社（旧村社）　下諏訪町天白町　諏訪湖の段丘上、和田峠口の春宮つづきの地。

　天白古墳二基あり。

大天白社（旧村社）　岡谷市川岸夏明　天竜川端に旧祭祀地をのこす。天白橋あり。

魔王天白飯綱神社　岡谷市港花岡。

北ノ大天伯社・中ノ大天伯社・南ノ大天伯社　諏訪市湖南大熊　三社共に諏訪大祝に
　直属する氏族の祝神。五十猛命を祀る。

大天伯社（中山氏祝神）　富士見町境机　富士川の上流。

大天伯社（樋口氏祝神、古くは土神）　富士川上流の旧流地であり、武智川にも添う。

等の八社、計二十一社であります。

昔から、諏訪の二十八天白とありますから、あとの七社はいずれかの氏族の祝神として祭られているものと考えられます。

次に大天白神と御左口神信仰を簡単に比較してみます。

大天白神

使いは天狗。

みそぎをして北斗星を祭る。

石棒・石皿・石剣を祭る。

土偶の出土

(付近から石冠の拾得に気づく)

行者・女巫

呪術・占・のろい・崇りを言い、豊饒・安穏を祈る。

御左口神

お諏訪さまに仕える。

みそぎをして磐座・北斗星を祭る。

石棒・石皿

土偶の出土

男巫

占・呪術・蟇目の神事・木占・草占・石占・佐奈伎の鈴鳴鏑・太刀振

巨樹から天降る御左口神に農耕の豊饒を憑む。

御柱を建てる。

鈴鹿山脈以東から東国へ民間信仰の巫・行者として移行したものと推考される。

時代が遡るほど政治力があったらしい。

仏教との混交は、天白行者や巫が独鈷を用い生霊・死霊・仏・菩薩が入る。呪文を唱える。

東鏡に、怪星現るとき太白行者が騒ぎ、祈禱をしたことが見えている。

死霊の呼び出し、または口よせ等の巫信仰はオシラサマ巫と同一系統をもって、東北地方の民間信仰につづくものであろうか？

東《あずま》から千鹿頭神として東北へ移行している。

時代が下っても政治力は強かった。

山岳信仰から仏教混交へ。つまり佐奈伎の鈴から独鈷使用へ移行する。仏・菩薩を言う。陀羅尼を唱える。

神氏一族の幕府入り。

中央神として優位にあり、諏訪明神信仰の中に御左口神の原始性はつづいている。

守護事情は雑多となっても、子供の守護神として民間信仰の中に守られている。

星を祭ること・天狗の舞や面は地方の社に生きつづいている。

祭神や由緒はわからなくなっている。

諏訪神社信仰の中に原始性を保つ御作神信仰であるとも由緒も忘れ去られている。

由緒はわずかに諏訪にのこるが他は全くわからなくなっている。

また、特に大天白神、御左口神が重層して遺跡をのこす場合には次のような違いが見られます。

大天白神

焼き蒔きと漁撈生活に適した、海岸や河川の監視のよい位置に祭祀遺跡をのこす。

交通の本通りから、河川に沿って遡る位置に遺跡をのこすためか、交通路は細い。

御左口神

平地を俯瞰出来る位置に、農耕地を守る祭祀遺跡をのこす。段丘に焼き蒔き、平地に水稲、また砦構えも伴っている。

海浜から山地、峠から峠、また平地へと、山・河に交通路を太くつくって、御左口神から御左口神

御左口神と交りながら、自立性よりも従属性が強い。

海浜・河川の漁撈権の区域を守る節度が厳しく守られていた口碑をのこす。

のろい・たたりを唱え、占・呪術が無気味濃く、巫には信者が多い。

河童伝説も伴う。

土地の草分けであると語るが、明かるく口碑・伝説を語らない。記録は少ない。

をつないでいる。

各地方のかつての牧場・産業をはじめ、養蚕・麻づくり・農耕・織物等、産業発展地に多く祭祀遺跡をのこす。

御左口神を祭る諏訪官であり、執政者であり、豪族であったことを口碑にもって、平地・山地ともにへだてなく所在している。

土地の草分けであることを誇って明かるく語る。

神官として後世続いた家もある。

古いためか、その多くがかげのうすれた貧しい祭祀遺跡・古墳である。

天白の家として古い伝統を受けついだ口碑をのこす。しかし天白の家は少ない。

天狗の面のあった話を伝え、また保存している。一般の人は天白の家を、天狗の家または行者の家・巫の家と語る。

現在は天白神の由緒はわからなくなっている。


神使・諏訪官として優位を保っていた古記録を残す。

豊かな遺跡と、土地産業の上に政治力のなごりが諏訪信仰を崩さず、梶の葉紋（多くは一本梶）を誇り、また御左口神の家として口碑・伝説を誇り、村内でも一目おいている。

前宮へ鹿の奉納話・地方の諏訪神社の鹿にちなむ行事や口碑がのこされている。

現在のその多くは、御左口神を知らない。または由緒がわからない。

天白論ノート
――民衆信仰の源流――

野本三吉

I　原始共同体と原始信仰

拙者の信ずる所では、山人は此島国に昔繁栄していた先住民の子孫である。其文明は、大いに退歩した。古今三千年の間、彼等の為に記された一冊の歴史もない。それを、彼等の種族が殆ど絶滅したかと思う今日に於て、彼等の不倶戴天の敵の片割たる拙者の手に由って企てるのである。

（久米長目「山人外伝資料」）

この文章を、ぼくがはじめて読んだのは、八ヶ岳山麓の民宿「山脈」の一室であった。

久米長目とは、若き日の柳田国男のペンネームである。青年柳田国男の情熱は、これらの文章の間からあふれんばかりに噴出しており、ぼくは、その迫力に目を奪われ、しばらくは、興奮を押さえることができなかった。

この日、ぼくは古部族研究会のメンバーと一緒に、茅野の郷土史家、今井野菊さんを訪ね、栗林郷を中心として「天白社」をまわってきたばかりであった。

人目にふれることもなく、ひっそりと忘れ去られ、風化されるままになっていた「天白社」の跡を見てまわってきた、生々しい感覚の中に、先住民としての「山人」に何かを求め、そこに賭けざるをえなかった頃の柳田国男の思いが、ぼくの中にストレートにとびこんできたということなのかもしれない。

あるいは、厳しい不況のあおりを受けて、スラム化しつつある簡易宿泊所街に吹き寄せられてくる無数の出稼労働者、被差別部落出身者、在日朝鮮人、沖縄人、アイヌ人といった人々の物哀しい表情と毎日出会い、生活相談をしているぼく自身の日常が、柳田国男の「山人」への思い入れと重なってきたためかもしれない。

とにかく、それ以来、久米長目の署名のある、この一連の文章は、ぼくには忘れられないものになった。

柳田国男についての詳しい生活歴も知らずに推測することはできないのだが、この文章から受ける印象は、柳田国男自身、現状に対する深い絶望感、または危機感をもっていたのではなかろうか、ということである。

どうしてもぼくには、柳田国男の現実社会への危機感、危機意識が、「山人」（先住民）へと駆りたてている背景のように思えてならないのである。

もちろん、こうした読み取りは、ぼく自身の気持の投影であって、「古代社会」や「原始信仰」の実態へと踏みこまねばならないと思い、どうしようもなく、そうした方向へ思いを馳せてしまうぼくの中にも、現代社会への危機感が重たく横たわっている。

ひとくちに言って、それは、人間が、他の人間や自然と、どのような関わり方ができるのか、という問題に収斂される。

現代は、いわば、それぞれが各個バラバラに切り離され、強制された、人工の組織や集団ができ、「自然」は征服の対象でしかないという状態であって、自然と人間、人間と人間を結ぶ有機的な回路が失われ、破壊されていると言ってもよいと思う。

とすれば、それと対極に位置する「共同体」的人間関係は、どのようなものであるのかという形で、ぼく自身の関心が進むのは当然かもしれない。

「国家」成立以前の、いわば「原始共同体」における「生産」「消費（分配）」「信仰」といった関係が、民衆のどのような意識や願いに支えられ、構成されていたのか、といった問題。それが、ぼく自身の危機感の背後にある関心だ。

このような関心から言うと、最近出版された『思想の冒険――社会と変化の新しいパラダイム』（鶴見和子、市井三郎編・筑摩書房）は、興味深い内容を含んでいる。

中でも「結衆の原点――民俗学から追跡した小地域共同体構成のパラダイム」（桜井徳太郎）と、「近代日本の共同体」（色川大吉）には、問題意識の共通性を感じたし、教えられることも多かった。

特に、桜井徳太郎氏は、共同体問題にからんで、現代の危機意識を次のように書いている。

日本の地域共同体は有史以来の危機に直面している。もちろん、これまでにも、歴史上の変革に即応して変動の波をうけたし解体を迫られたこともあった。

しかしその度合において、また範囲の広さにおいて、質量ともに今日ほど深刻であったことはなかったのではなかろうか。

これが、桜井徳太郎氏の危機感である。

桜井氏が、これほどまでに地域共同体の崩壊を憂えるのは、地域共同体が、必ずしも文配者の統治によって全てをからめとられてはいないと考えているからだが、桜井氏の言葉をかりれば、共同体には「ゴムマリ原理」がある、ということになる。

つまり「外部からの圧力が加わると、民衆はそれに抵抗する無駄を省いて、自分のほうで凹んでしまう。外部からの圧力は決して永続的ではないから、やがてリタイヤーする。」こうして、無限の再生をくり返しながら、村落共同体としての独自の生命力を保持しつづけると言うのである。

つまり、そこに息づいている民衆（生産者）の知恵とエネルギーを再評価するところから「共同体」という「結衆」の意味を探ろうとするのが桜井氏の発想なのだが、現実にはものすごい勢いで、地域共同体は破壊され崩壊しつつある。そこで、この危機的状況の中から、現代における「共同体」（結衆）は、いかにして蘇生するのかという試行への模索がはじまるのである。

しかし、そこへ行く前段階で桜井氏は立ちどまる。そして、こう述べるのである。

その点を追跡する事前作業としては、何をおいても、日本における小地域共同体を成立させ構成させたものは何か。この点を明らかにしておくことが焦眉の急であろう。

この点では、ぼくも桜井氏と同じ地点にいるように思う。

桜井氏は、この論文の中で、更に論を進め、波平恵美子氏（「民間信仰における『ハレ』『ケ』『ケガレ』構造への一考察」）や、伊藤幹治氏（「日本文化の構造的理解をめざして」）を引用し、説そのものを生かしながら、日本人の民間信仰の基底に「ハレ」「ケ」「ケガレ（気枯れ）」の三極構造があり、「ケガレ（気枯れ）」とは、「気」そのものが弱って発動できなくなった状態であり、プラス、マイナスのそれぞれの仕方で、「気」を高揚させる儀式が「ハレ」と「ケ」なのだと説明するのである。

このこと事体、かなり重要な指摘で、ぼく自身も強く惹かれるのだが、どちらかと言えば、ぼくらの発想は、古代から生きつづけ、さまざまの形で民衆に受けつがれてきた「原始信仰」を、逆にたどり返しながら、具体的に、その中に民衆がこめていた「思い」を取り出したいと考えているのである。

その意味では「日本原初考」（1）としてまとめた『古代諏訪とミシャグジ祭政体の研究』は、不充分ではあったけれど、「御左口（ミシャグチ・ミシャグジ）」と呼ばれる、諏訪を中心とした原始信仰と、その祭政体についてさまざまの角度から考察したものであった。

その過程でぼくらは、後になって「天白神」と呼ばれ、今はその正体もわからなくなった信仰の流れにぶつかってしまった。

時には、ミシャグチと重なり、重層しあって分布し、ある時には、ミシャグチよりもより古い地形に位置する「天白（テンパク）神」は、ミシャグチと並んで、あるいは、それよりも古い「原始信仰」であったのかもしれないと予測させるに充分な内容を含んでいるように思われてならない。

既に『道の思想史』（講談社）という書物で、ミシャグチや天白について、一つの仮説的な体系を打ち出した山田宗睦氏によれば、これらの「原始信仰」は、日本列島全土に普遍的な「山の神」信仰を母胎とし、安曇系海人族によって拡がったということになる。

縄文中期、この列島の中央、もっとも奥行きの深いところにある安曇平に、すでに焼畑をつらねる道があった。この道をひらき、往来したものが、安曇系海人族であったことは、うたがいない。その海人族の信仰がやがてミシャグチ信仰になった、とわたしは考えている。

（『道の思想史』上、一五三頁）

問題は、列島全土に普遍的な、山の神信仰が安曇もしくは諏訪を頂点とし、東は相模、西は伊勢、志摩を底辺とする、列島中央三角圏に、どうして、ミシャグチ――天白――双体道祖神として受容されたのか、ということになる。
この問いに、実証主義的な答えはだせまい。だが、いくらか事象で追う推理学の方法をかりるなら、海人族の内陸行をたどりかえした信仰分布という答えがでよう。
（同、一五四頁）

もちろん、安曇平にある「穂高神社」が、海神・ワタツミの御子である「穂高見命《ほたかみのみこと》」を祭神としていることから、天竜川や木曽川をのぼって移動してきた海人系民族がいたことは間違いなく、安曇族とミシャグチや天白の分布を重ねる作業も重要だとは思うが、今は、その前段階として「天白神」の具体的な分布、それがどんなものとして伝承されているのかという点を中心にして考えてみたいと思う。

その点では、ミシャグチも天白も、まだ実証的な踏査の段階ということになる。

それにしても、冒頭であげた柳田国男は、「石神問答」のラストに付した「現在小祠表」の中で、既に「天白」に触れ、各地での呼び方の異聞を記録しているが、これが、日本では最も早い「天白神」への記述であることを思うと、「山人」に賭けた若き日の柳田国男のことが、思われてならないのである。

Ⅱ　蟹河原長者と天白神

古部族研究会のメンバーと共に、今井野菊さんに案内してもらい、栗林郷に集中している「天白社」を見てまわったのは、秋も深い十月の十日であった。

この中には、神長官守矢氏の末裔、守矢早苗さんも加わっていた。

細い道を右に左に曲りながら、野菊さんは時折「みなさん方、土に聞いてくださいよ」とくり返すのであった。

このあたりは、いわば、諏訪湖のデルタ地帯にあたる。かつては、今よりもずっと水量の多かった諏訪湖が、このあたりまで伸びていたのかもしれないし、幾筋かの川の流れがあったのかもしれない。

現在も、「上川」「宮川」の両河川が、このデルタ地帯のまん中を流れており、水には恵まれた土地であったことは、充分に予想できることであった。

この栗林郷一帯、更には、八ヶ岳山麓に及ぶ広大な土地は、かつて蟹河原《かにがわら》長者（矢塚《つか》雄神）と呼ばれる土着の部族によって守られていたといわれる。

蟹河原長者は、洩矢一族といわれ、建御名方命の進駐に対し、最後まで闘ったともいわれている。その土地一帯に「天白社」が残っているということは、蟹河原長者（矢塚雄神）

が、天白信仰民族であったということになるのであろうか。

ともかく、伝説として残された蟹河原長者の最後はこのようなものであったという。

伝説には国津神洩矢が、建御名方命に服従したとき、一族の蟹河原長者、矢塚雄神は、岳（八ヶ岳）の実権を握り、その段丘日向の下蟹河原（よこおち＝現在の横内）に聚落を構えていたが、洩矢神の服従に対して不満やる方なく、

『自分は、たとえ独りになっても岳の領土へは敵を一歩も入れぬ』と奮戦し、遂に流れ矢に当って倒れ、『娘を命に奉る』と言いのこして死んだ、と口碑にのこされている。

この矢塚雄神の旧地と伝える所に、天白七五三《シメ》社（〆社）が祀りのこされている。

（今井野菊「大天白神」一八頁）

この伝説に示されている「天白七五三社」は、現在、土地の旧家、矢崎、矢島、四軒矢島家それぞれの氏神としてまつられていたが、小さな石の祠である。これら氏神は、すべて天白神であった。七五三社とは、天白神の元締めといった意味だと思うのだが、かつては、このあたりが、蟹河原長者（矢塚雄神）の屋敷であったのかもしれない。

小さな路地の奥まった段丘にまつられた、この天白七五三社は、ぼくらだけでは、とて

も見当がつかないと思われるほど質素であった。この天白社の背後は、かなり急な崖になっており、その昔、このあたりまで湖が広がっていたか、川が流れていたのではないかと思わせるような光影であった。

日向と昔呼ばれた土地だけに日当りもよく、清水もかつては湧いていたといわれ、人の住む場としては絶好の地だったのではあるまいか。

天白七五三社

この天白七五三社のすぐ近くに、栗林郷の産土神をまつる「楯矢神社」と「酢蔵神社」があった。

こちらは、産土神をまつる栗林郷の鎮守であるだけに、キチンと整理されていたが、この二神社の祭神は「楯矢神社」が、大己貴命、牛置帆命、「酢蔵神社」が八意思兼命である。そして、ご神体は、石棒。

しかし、守矢神長文書によれば、この二神社ともに、天白神をまつっていることになっている。

昭和七年にまとめられた「永明村史跡踏査要項」によると、こうである。

延喜三癸亥神長官守之書ニ曰ク『楯矢神社ハ天白楯、天白太刀併祭之由、此説則達屋之達者借其音而已』
達屋ハ立屋、楯屋、立矢、楯矢ノ文字ヲ用ヒラレシコトモアリ、酢蔵ハ酒倉、酒蔵ノ字ヲ用ヒシコトモアリ

ちょうど、ぼくらが楯矢神社を訪ねた時、そのすぐ近くで工事が行われており、入口近くにある祠の御柱の根元近くまで地面に掘り進んでいたのだが、この御柱に「天一」「天二」「天三」「天四」という掘り込みがあった。他では気づかなかったので、不思議に思ったのだが、天白や天一というのは、中国の陰陽道との関係があるのかもしれない。

『山の神信仰の研究』を書いた堀田吉雄氏は、「天白新考」を後にまとめられたが、その説を要約すると次のようになる。

堀田は、天白とは、大一、天一、太白の合成かとも考えている。大一とは北極星のことで陰陽の根元であり、また紫微宮の上帝をさす。天一とは、倭名抄では『奈加加美』（中神）とあり、陰陽道の基本文献の一つ金匱経によれば、『天一立二中央一為二十二将一定二吉凶一』とある……太白とは天一の別称。堀田は、北信の方で十二天白とよぶとこ

ろから、天白と、十二山の神との習合を考え、これが天白信仰の中軸ではないかと推断している。

結論として、堀田は『王朝末期頃から中世初頭にかけて、陰陽道が公家社会から武家社会へ浸潤し、漸次下降拡大してきた頃が〔天白〕の発生の時期』であり、十二山の神の信仰は『縄文式文化以前からの原始的信仰』とつながり、これを母胎として、天白神は成立した、という。

（『道の思想史』一五四頁）

この御柱に関して言えば、もう一つ重要なことがある。諏訪神社の上社の御柱を伐り出す「深山《みやま》」（八ヶ岳中腹地、「おこやま」とも言う）の神領地つづきの一角に、この蟹河原長者（矢塚雄神）の村の産土神、楯矢・酢蔵神社の御柱を伐り出す特権が、現在もあって、小宮《こみや》の御柱では最も太い用材であることを誇りにしているということである。

先の蟹河原長者の伝説を裏書きするものとして、この事実は重要な点だと思う。

つまり、この栗林郷一帯には、八ヶ岳山麓をつつみこむ勢力をもった土着部族がおり、その先住民族の上に、進駐民族がおおいかぶさったということである。

そこで、今井野菊さんの次の仮説と疑問が出されるのである。

諏訪の天白祭祀氏族は、建御名方命の諏訪入り以前の先住民であることは、はっきり想像できるが、諏訪国津神洩矢自体は、天白祭祀氏族であったか？

あるいはシャーマニズムの祭祀法を持つ、この神の統一下に、天白信仰氏族があったのか、俄かに判定するものがない。

（『大天白神』）

しかし、「洩矢神の裔孫、神長守矢氏の祈禱殿に祭る神は『北斗星』であり」、洩矢神自体も「天白信仰民族」ではなかったかという想像も成り立つのである。

中河原にある、通称「波間の天白様」（川天白）は、宮川を近くにした平野の中にあった。一面の田んぼで、その中に「中河原御霊（五竜とも書く）姫宮」があり、そのはじに波間氏の氏神としての「川天白」がある。

どこでもそうだが、天白社そのものは、今では人々に忘れ去られた存在となっており、この川天白も、姫宮の方に目を奪われてしまえば、全く目に入らない小さな木の祠である。

土地の人は、この天白様の下流からでなければ魚はとらないという。天白社より上流で魚をとると祟りがあるというのである。

しかも、正月には、天白社に、とってきた魚をささげる風習が今も残っているというのである。

他にも、奥野氏の氏神となっている赤沼の川天白があり、金子にも、岩波氏のやはり氏神になっている大天白社があるが、一様に栗林郷に散在する天白社は、水、川、漁撈に関係があるように思われてならない。

更に、この線を八ヶ岳山麓の縄文土器出土地へと延ばしてゆくと、焼蒔き、漁撈、狩猟にとって条件のよい古村の「古田」「和田」「埴原田」「福沢」といった地にぶつかり、それぞれに天白や川天白がまつられているのである。

以下、栗林郷を中心に、蟹河原長者を中心とした土着民族にあわせて天白社の分布を見てみると、次のようになる。

栗林郷における天白社

（1）楯矢神社（栗林郷の産土神）

（2）酢蔵神社（同）

（3）天白七五三社（蟹河原長者の屋敷跡の神と伝えられている）

（4）大天白社（矢崎氏氏神）
（5）大天伯社（大矢島氏氏神）
（6）大天白社（四軒矢島氏氏神）
（7）川天白（中河原姫宮境内、波間氏氏神）
（8）川天白（河天白）（赤沼、奥野氏氏神）
（9）大天白社（金子、岩波氏氏神）
（10）新井村鎮守（横内村達屋社を移したもの）

旧栗林郷（原路地籍）の天白社
（11）天白社（藤之森）
（12）天白社（塚原土神）
（13）大天伯社（竹村氏氏神）

八ヶ岳山麓（蟹河原長者領と伝える）における天白社
（14）川天白（福沢、岩下氏氏神）
（15）天白社（上古田、天白屋敷）

（16）天白社（下古田、御作田よりの地）
（17）大天白社（和田土神）
（18）大天伯社（塩原田土神）

更に、以上18の天白社を地形的にみると、（1）から（6）までの、いわば栗林郷横内にある天白社は、旧諏訪湖の接点ともいえる段丘際と呼べる所に位置し、周囲には、宮川、上川が流れている。つまり、明らかに水に関係があったと考えられる。

また、（7）から（10）は、地形的には平坦地だが同じく周囲には、宮川、上川が流れ、旧諏訪湖と接していたと思われる。

（11）から（13）にかけては、地形としては、山の段地であり、前の天白社と同様に宮川、上川、更には旧諏訪湖と接していたと思われる。（14）から（18）までは、八ヶ岳山麓だが、どの天白も、河川に挟まれていることは明らかな事実である。

（14）は、雑司川と上川、（15）（16）は、鳴岩川、柳川、雑司川、（17）は、柳川、雑司川、上川、そして（18）は、横河川と上川である。

以上、少なくとも、蟹河原長者とつながりがあると思われる土地に見られる「天白社」の全てが、水、河川、漁撈、湖に関する地形をもっているということは、記憶されてよいことだと思われてならない。

翌日、地元の市会議員でもある古代史研究家の藤森明さんを先頭に、今井野菊さん、守矢早苗さん、それに古部族研究会の面々で念願の守屋山へ登った。

雲一つない快晴の中を、山頂まで一気に登ったのだが、途中にはトリカブト・ホウの木、それにウルシなどが繁茂し、その間を、名も知らぬ鳥たちがとびかい、実に痛快な気分であった。

守屋山の山頂からの眺望は、実に見事で、霧ヶ峰も戸隠山も浮かんだように見ることができたし、和田峠や塩尻峠も、手のとどくほど間近に見えるのであった。

更に、眼下には巨大な諏訪湖。そして、そこから広がる神野と呼ばれる豊かな水田と原野。大泉、小泉の丘もクッキリと見える。

このあたりはミシャグチや天白の散在するところだが、小泉のあたりを境として、その分布がプッツリと切れてしまう。

頂上に腰をおろし、野菊さんのつくってくれたオニギリをほおばる。

この諏訪湖を中心とした、日本のフォッサマグナの帯は、何度となく激しい地殻変動の嵐によって地形を変えたのであろうが、なぜか、ひどく懐しい景観なのだ。

この守屋山の頂上付近からも、たくさんの貝の化石が発見されており、目の前の八ヶ岳も、激しく火を噴いた時もあったのであろうし、その活火山の活動で、隆起や沈下がめまぐるしく起ったところでもあろうと思う。

しかし今、守屋山頂に腰をおろして眺める視界には、荒々しい自然の姿がひどくゆったりしたものに見える。

それが不思議であった。

こうして諏訪湖を眺めていると、諏訪湖を水源として海にそそいでいる「天竜川」になぜか心惹かれる。

天竜川は、かつて多くの人々が移動する重要な交通路だったはずである。

水路が、人の移動にとって重要な役割を果していたことは、よく知られるところだ。

しかも、この天竜川の両岸の段丘には、天白社が並んでいるとも聞いている。

遠山の「霜月まつり」には、天白神が登場し、天狗に似た面をつけて踊るのだという。

そのことは、あるいは先住民の魂が化身となって伝承されている数少ない例かもしれない。

ともかく、天竜川流域には、民族移動の事実と共に、天白神の跡があるはずであった。

「伊那」という雑誌に「天白さまという神様」（五一二号）という論文を書かれた水野都沚

生氏は、天竜川と天白社について、次のような興味ある記述をしている。

飯田、下川路地籍を流れる天竜川の川中に天伯岩がある。その岩の中心に穴が掘ってあるが、この穴が、昔の今田村、時又村、下川路村の村境を示す基点だったそうで、かつては小さなお祠が祀ってあったというから、おそらく天伯様であったろうし、多分水の神としてであっただろうと思う。

天竜川の沿岸町村にはいくつもの河伯にまつわる伝説があり、その流域に、天狗の芸能や、天伯を祀るやしろが多い点で、天白、天狗、河伯は密接な関連があり、ある点で共通するところがあり、ほとんど同一であるとも見られるように思われる。

最後に私の注目したい特徴らしいものを次に挙げると、それは、天白社のほとんどが、伊那谷の大動脈である天竜川の流域に集中点在していること、または支流の松川や遠山川の流域にあること。

さもなくても必ずと言ってよいほど天白社の近くには、谷川が流れていて、どの社祠も小高い丘の上に鎮座していることである。

こう見てくると、天白信仰を調べる上で、天竜川沿岸と、その流域で行われている民俗芸能への興味と関心が湧くのは、当然のなりゆきであった。

守屋山の山頂で、ぼくは、一度、じっくりと「天竜川」の流れに沿って歩いてみたいという誘惑にかられていた。

Ⅲ　遠山まつりと天白神

暮から正月にかけて、雪深い信州の山奥では、遠山地方を中心にして、「霜月まつり」が行われる。

十二月中旬から、木沢村、上村、和田村といったぐあいに「霜月まつり」は、遠山の村々を移動してゆくのである。

遠山は、信州の南端、遠山川沿いの山村の総称である。山膚にへばりついたような石屋根の家と、急斜面をよじ登って天までとどくような畑が、この遠山地方独特の風景だと聞いている。

この遠山の山村を訪れんと欲する人は、西からすれば小川路峠。北からは地蔵峠、南は遠江の奥山より青崩峠が控えていて、いずれも海抜五千尺以上の峻嶮を越えるか、さもなくば天竜の急流を下って、わずかに口を開いた遠山川沿いの崖道を遡らなければならぬ。

（伊那民俗研究会編『山の祭り』）

このような人里離れた山の中で、素朴でエネルギーにあふれた「霜月まつり」は行われるのである。しかも、このまつりの中に、天白神が登場するというのである。

ぼくの心は、日を追うごとに、遠山の山中へと惹かれてゆくのであった。

しかし、この「霜月まつり」たけなわの時期というのは、ぼくの勤める日雇労働者の街にとっても、大変な時であった。

暮から正月にかけては、文字通り、一日一日、日銭で生活している肉体労働者にとっては、仕事のない地獄の季節なのであった。

生まれ故郷を離れ、更にまた「市民社会」からも差別と偏見の中で隔離された「寄せ場」の労働者にとって、この真冬の一週間が最も厳しい日々になるのであった。

ぼくの中では、こうした全国を流浪する下層労働者の姿と、柳田国男の言う「山人」のイメージが、なぜかダブッてくるのであった。毎年、ぼくは、この冬の季節を、その街の中で暮らすことにしていた。日雇労働者自身が中心になって行う、自衛行動としての「越冬」に参加するためにである。

しかし、何としても、今年は、遠山の「霜月まつり」には出かけたかった。雪に埋まり、テラテラと情念に身を焼きながら、「霜月まつり」をくり返している、先住民の体臭と叫びを聞きたかった。

美篶裏川原天伯社

新しい年に入り、ぼくに残された最後のチャンスは、遠山「下栗」の「霜月まつり」に駆けつけることであった。

古部族研究会の北村皆雄さんが、何年かぶりで、下栗の「霜月まつり」を見に行くので、一緒に行ってみないかと声をかけてくれたからである。

ギリギリまで、日雇労働者の街の中に身を置き、一月二日の午後、ぼくは、新宿から列車にとびのることになったのである。

その夜おそく、ぼくは、伊那の美篶にある北村皆雄さんの実家を訪ねたのであった。

翌朝、ぼくは北村さんと、北村さんの父上の北村誠さんの三人で、「さんよりこより」の行事で有名な、天伯社（美篶裏川原天伯社）に出かけた。

通称、川手天伯と呼ばれる、この天伯社は室町時代の応永三四年に創られたといわれている。地形は、平坦といってよく、川手天伯には、大きな杉とカヤの木がのびていた。近くには、三峯川が流れ、川手天伯社の対岸には、「片倉天伯」（桜井）が見える。

この「片倉天伯」からご神体が「川手天伯」へ流れつき、この両社の間で、御輿が三峯川を渡って行き来するのである。

村誌「みすず」によると、川手天伯社のいわれは、次のようなものだといわれる。

応永年間大洪水の際、藤沢村片倉天伯が流され、桜井片倉の平岩潭に入り流れて来て、川手裏の川原に止まった。鎮水後、桜井より神酒等を持参して一体を迎え奉り、川手から送って行く。これから一体は裏川原に社地を求め社殿を造営してここに祀った。……

又一説には応永の昔、洪水の際、藤沢村片倉天伯が流され、桜井の三峯川に漂着、村人はこれをうつぼ木の片倉の巨大な平岩に祀り、一体は川手の岸に漂着したので村人が迎え祀ったものであるともいう。

ここで述べられているように、みすずの三峯川沿岸に耕地を拓営した人々にとっては、三峯川の水との闘いは、実に長い年月の間、死活の問題であったはずである。

元禄時代以後、三峯川の氾濫は、主なものだけをひろっても六十回以上であったと記録されているのを見ても、三峯川の洪水は、人々にとって重大な問題であったことがわかるのである。

しかし、この洪水の時に、なぜ「天白神」がでてくるのか、ということになると、わからないことが多い。

この川手天伯社では、毎年八月六、七日（旧では七月六、七日）を祭日と定め、神輿を川手天伯社より、桜井の片倉天伯社まで送り、そして祭事のあと、再び川手天伯社へ迎えいれるという神事を行うのである。

それに先だち、社殿の東広場で「さんよりこより」の踊りを行い、その後に、神主に先導され、五色の幟にかこまれた神輿が三峯川の流れを渡り、対岸の桜井に着く。

三峯川を渡る神輿

桜井の天伯社では、神主以下の出迎えがあり、御輿をすえ、幣帛を社殿に移し、祭式が行われる。このあと、再度、子どもたちによる「さんよりこより」祭事があって、神輿はもとの路をもどってくるという形をとるのである。

ここで重要なのは、子どもたちの行う、「さんよりこより」の祭事である。

子どもによる遊びや祭事の多くは、信仰行事の模倣が多く、この「さんよりこより」もかつては、大人たちが行っていた、ある行為の再現か、宗教的祭事だったのではないかと思う。『伊那市神社誌』（伊那市教育委員会編）では、「さんよりこより（または、サンヨリゴヨリ）」を次のように記述している。


一時頃になると、区長の『さあ踊りを始めて下さい』の合図で、子供等は青竹の飾りを担いで広場に大きな輪を作ると、其の中に二人の男が股引はっぴで萱笠を冠り、太鼓を持込んでしゃがみ、合図で太鼓を打ちながら、円陣の子供達は元気な声を張りあげて『サンヨリゴヨリ』と連続叫びつつ廻る。

三回廻ると輪の中の男二人が激しく太鼓を乱打して、円陣の囲みを破って逃げ出す。子供達は出さず逃がさじと竹の飾りで激しくたたく、追うの大活躍の後、二人の男は元の輪の中へ帰る。

こうして繰り返すこと三回で終わり、青竹の飾りは全部踏み折ってしまう。

輪のなかの男は、骨だけになった笠を脱いで笑って終わる。

この「さんよりこより」は、実にさまざまの想像を誘発するのだが、第一に「さんよりこより」の中心にいる笠をかぶった二人の大人の存在である。常識的に言えば、これは、神聖な霊的なものを示す異界からの来訪者、すなわち神聖な神ということになる。

萱笠を被ったスタイルというのは、顔をかくすという意味をもっと同時に、旅する人というイメージをも湧かしてくれる。

折口信夫氏が主張した「マレビト」的な感じも、「さんよりこより」からは感じられる内容の一つである。

また「さんよりこより」の意味だが、地元の人の話では、「さー寄れ、子寄れ」のなまったものという説と、「麻縒《よ》り、こ縒り」で麻を織ったり、縒ることではないかという説の二通りがあるということであった。

もっとも、明治時代初期の記録によると、「さんよ

さんよりこより

りこより」は、「さいよりこより菜がなくば糠味噌」と歌われたものだということなので、あるいは単なるかけ声だけだったのかもしれない。
また、タナバタの日に、この祭事が行われていたということを重く考えて、ハタオリという視点から見てゆくと、『みすゞ――その自然と歴史』（みすゞ村誌編集委員会）の中の次の記述も興味深いものとなってくる。

ウツボの木とは、神霊の宿る神聖な木という意味であった。また『たましいの入れ物』として、いろいろのウツボというものが、古い時代には用いられて、後に、矢の容器となった靭《うつぼ》も、もとはこの『たましいの入れ物』としての魂筥であったのではないかとも考えられている。古い信仰をたずさえて、国々へひろがっていった信仰宣布者である巫女たちが、なによりもたいせつに手にしたものは、この神の霊《たま》のはいった手筥であった。

すなわち玉手箱である。この手箱ということばが転じて、そのいつきまつる神を天婆公とか天幕とか天白（天伯）などの当字を用いてあらわしたものであろう。そして、この巫女たちは、信仰のことと同時に地方へ新しい裁縫の技術も伝えていったのではないだろうか。そうしたことがあって、いつか天伯社の祭神がタナバタツメであるということにきまってしまったようにも考えられる。

みすずでも、古く天伯社の祭には、絹や木綿の布を笹竹に巻き神前に供えたといわれている。


そういえば、川手天伯社の本殿の祭神は、大棚機姫命になっている。

ここでは、天伯社そのものが、川の流れに関係が深く、その流れにのってやってきた異郷からの来訪者（マレビト）が、この地に、何らかの技術（例えば裁縫・織物技術）をもってやってきたのではないか、という問題提起をしておくだけにとどめたい。

いずれにしても、天白神というのは、水や川などに関係のある信仰によって生まれてきているということは明確になってきたような気がする。


その日の午後、ぼくらは、ようやく、念願の「下栗」に到着した。

何重にも連なった山の間を越え、奥へ奥へと進んでゆくと、再び、あの「山人」幻想が頭の中に浮かんでくるのであった。

北村さんは、以前、この下栗でテレビの取材をしたことがあり、その時お世話になった野牧胤さんのお宅が、この夜の宿舎となった。野牧さんのお宅は、代々、この下栗で生活をし、このあたりでは「井戸端」という屋号で知られていた。

車は、この野牧さんのお宅から数百メートル下で止め、あとは歩かねばならないのだが、その間の細い道は、ついこの間の崖崩れのため、大きくヒビが入り、山肌がざっくりとえぐりとられたように、赤土を露出しているのであった。

崩れ落ちた岩石や土砂は、はるか下の目もくらむような谷底に埋まっているのである。

ぼくは、野牧さんのお宅の前にやってきて、ふと、この景色はどこかで見たことがあると思った。累々と重なりあう山、そして、左手にそびえる赤石山脈には、まっ白な雪が、長くすそのまで残っている。

「これやあ、ダージリンそっくりじゃないか」

となりで、杉山昭親さんが、そうつぶやいた時、ぼくも、ハッキリと思い出していた。

昨年の二月、ぼくは、北村さんと、カメラマンの杉山昭親さんの三人で、約一ヵ月間、ヒマラヤ山麓を歩きまわったことがあった。

目的は、シッキムとブータンの民俗学調査だったけれど、結局、どちらの国にも入れず、その国境ぞいを何日も歩いたのだった。

急な山の斜面に、へばりつくように建っている家並といい、澄んだ空気といい、あるいは素朴な子どもたちの表情といい、あの時とそっくりであった。

あのヒマラヤ旅行以来、杉山さんともすっかり親しくなり、今回の下栗まつりには、杉山さんも仕事を離れ、奥さんと一緒に参加しているのであった。

やがて、夜が更け、村人や観光客が続々と神社に集まってくる。

まつりの行われる社殿はそれほど大きくなく、まん中に、土でかためられた炉があり、その上に、二つの大きな釜がおかれ、休みなく火がもえ、たきぎがくべられていた。

下の図は、上村上町の正八幡宮の平面図だが、どこの「霜月まつり」も、ほぼこれと同じ形式で下栗も全く同じであった。

上村上町の場合は、正八幡宮のすぐそばに「富士天伯社」があるが、下栗の場合には、天伯社そのものはなかったと記憶している。

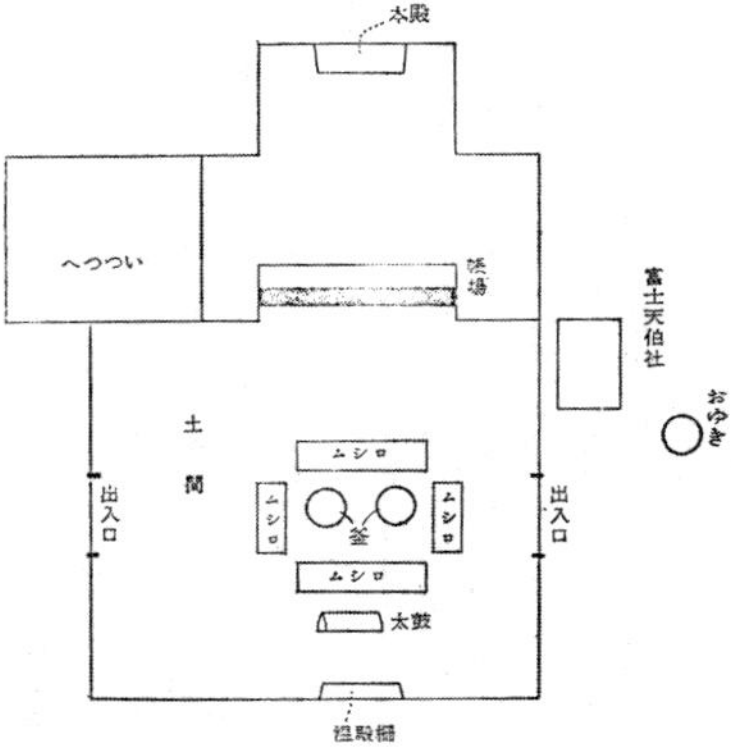

上村上町の正八幡宮平面図

ただ「遠山のまつり」(三隅治雄)によると、次のような注釈がつけられている。

上町では社の隣りに天伯社が置かれているが、他の部落でも社の周り、社の内部にいくつかの神々を祀っている。

土地ではそれを地の神と考えているところが多いが、これらの神々の方が、社の主祭神より直接に、まつりの行事と関係がある。

特に、注意すべき点であろう。

村人たちは、釜のまわりのムシロに腰をおろし、舞がおわると食事をし、しばらくの休憩のあと再び、舞がはじまるという具合にゆっくりと進んでゆく。なにしろ、「霜月まつり」は一晩中行われるのである。

大祭式次第によると、その順序は次のようになっている。

大祭式次第

一、開会

一、水迎え

一、釜洗い
一、座揃
一、御七五三祓いの神楽
一、神名帳
一、式の湯立
①天王の湯立
②五穀豊穣の湯立
③よろこびの舞
④村内安全祈願の湯立
⑤蚕王祭の湯立
⑥眷族の湯立
（湯のはな）
一、三太夫の精進召
一、中祓い
一、鎮めの湯立
一、たすきの舞

一、お面

一、閉会

午前零時をすぎる頃から、社殿の中は、ムンムンする人いきれとなり、身動きすらできないほどになる。湯立ての煙は社殿の中に立ちこめ、目からは涙がこぼれる。外は、シンシンたる寒さだが、中は、汗ばむほどである。それまで、むしろ単調でゆったりしていた祭事は、このころから、ひどく荒れてくる。

まず、若者たちが、この人混みの中で、「オッセ、オッセッ」とかけ声をかけながら、当たるを幸いぶつかってゆくのである。

その人の波が、あちこちで連鎖的に拡がりぶつかり、押し返す渦ができる。「オーッセ、オーッセ」というかけ声は、だんだん大きくなり、人々は激しくもみあう。

ここでは見物人は、全く許されない。

この中には、山で生活する人々の発散するエネルギーがあふれている。

別に『かつぎまつり』とか『押しまつり』とかいう名も、いまは少なくなったが、懐しんでそうよんでいる人もいる。

村人の説明では、かつぎまつりは、昔、まつりの夜に男女の野合が許されて、若者たちが娘たちをかついでまわった。それから出た名だといい、『押しまつり』は、舞処の中で見物人たちが互いにオセ、オセと言って押し合いをすることから呼んだ名だという。

が、別に押しまつりの名のおこりを、この霜月のまつりが一部落だけで独立しておこなわれるのでなく、部落から隣部落へ順々に押し廻してゆくものだという事情から説明する人のあるのは、注目してよいだろう。

（三隅治雄「遠山のまつり」）

このあたりから、まつりは迫力を増しはじめ、激しい剣舞や、荒神、竜や狐、天狗などの登場のあと、大きな面の天伯神二体が現われ、最後のしめくくりを行う。

この天伯神登場のくだりを、『遠山まつり』（長野県教育参員会編）は、次のように書いている。

突然、場内はしずまりかえる。紅白せんだん巻きのモモの木の弓を持ち、紅白に巻いた矢をたづさえ、天伯の神面の舞がお祭りの最後をかざる。

つるを鳴らし、魔物を追っ払い、天下泰平の形を示すこの天伯は、すべてのものを統合する神だと信じられている。

たしかに、天伯神が登場する時は、遂にでるか、といった一種厳粛な気持になったことは確かである。

しかし、まつり全体の構造から言うと、鎮めの儀式も終わり、形としては、まつりそのもののしめくくりはできているわけである。

そこへ天伯神が現われるということで、豊穣を約束するためにやってきた「山の神」だというふうに考えることができるかもしれない。

下栗では、この最後に現われる天伯のことを「宮天伯」と呼んでいる。その面も、赤い鼻の大きくて高い面であり、一般に言われる天狗面をもっとグロテスクにしたようなものである。これは、木沢村でも和田村でも同じで、鼻の高い天狗面ということになっている。「霜月まつり」そのものは、遠山一族の死霊のたたりを鎮める神事や、修験道の印むすびなどが登場したり、三河の花まつりの踊りがあったりと、かなり重層しているが、ぼくなどには、どうも、最後に現われる天白神を呼びだすための前座のように思われるのである。

たとえば、「天伯は土地により、宮天伯、富士天伯などといい、神事中でも、天伯様へのもてなしは特に際立っておこなわれ、上町などでは天伯のまつり、といった印象さえある」（三隅治雄「遠山のまつり」）と書かれであるのを見ると、ますます、そんな気になってくるのである。

水野都沚生氏は「天白さまという神様」の中で「『天伯』は猿田彦、天狗と共通するか、同一の偉力に富む山の神と考えられているとみてよさそうである。」と結論づけており、「霜月まつり」における「天白神」の位置は、やはり、かなり大きいとみなければならないのではないかと思われる。

下栗「霜月まつり」に登場する天伯神

Ⅳ　天狗と河童と山の神

下栗の「霜月まつり」は、ぼくの中で、「山の神」や「天狗」「猿田彦」といった、どちらかといえば、山中にひそむ、何やら恐ろしげな神々への関心と興味という結実となって残ることになった。

そのへんを、もう少し納得したいと思い、次の日、杉山さんの車で、平岡近くまで送ってもらい、単身で、坂部の冬まつりに参加することにした。

なにしろ、下粟のまつりは、午前五時近くに終ったので、ほとんど眠れなかったのだが「天白神」の、あの面が、ぼくにはどうしても気になってならなかったのである。

正式には、下伊那郡天竜村神原にある冬まつりの会場、諏訪社は、ほんとうに人里離れた山のてっぺんに建っていた。

こんもりとして、産土神諏訪社の前に、一軒、社守の船田利長さんの家があるきりで、集落は、そこよりしばらく下ったところにあるのである。

あまり寒さを感じなかった下粟と比べると坂部は、シンシンとした寒さが、背にこたえるようであった。

諏訪社の境内には大庭火が赤々とたかれ、出店もでる。

まつりは、午後七時すぎ、下の森、火王社から若い衆が、太鼓にかけ声もいさましく、神をおろして迎え、諏訪社に到着するところからはじまる。小学生の少年が、上衣、花がさ、せんす、鈴などをもちかえつつ、二時間近くも踊りぬく花の舞や、やちごや剣をもって踊る本舞、湯をはねてまわる湯立てなどが、休む間もなくつづき、境内も、社殿の中も見物人でいっぱいになる。

ぼくは、この坂部の冬まつりで、地元天竜中学の亀田武己さんと、まつりの写真を撮りつづけているカメラマンの田中利勝さんと会うことになった。

亀田さんとは、以前から文通をしていたのだが、新野の雪まつりについて、独特の見解を個人誌「地平」に発表され、その論文の内容にぼくは惹かれていたのであった。

田中さんとは、坂部の冬まつりではじめて会ったのだが、三人共、意気投合して、新野の雪まつりには再び三人で顔を合わせることになるのである。

ところで、この坂部の冬まつりで、クライマックスとも言うべき、「たいきり面」の登場と、つづく獅子、鬼神面（天公鬼神、青公鬼神）の登場の場面でぼくは息をのんだ。

たいきり面、鬼神面共に赤鬼である。しかし、まっ赤な衣裳を身にまとい、大きなオノをもって舞台中央に現われた時、ぼくは、神を感ずる前に、荒々しい自然の中を必死で生きぬいていた「人間」を見た思いだったのである。まっ赤な面は、どこか物哀しく、いかにも人間的であった。長くたらした髪は、山野を駆けまわり、汚れ、ちぢれ、切れていた。

その赤鬼が、神子のうちふる太い木をたばねた松明の炎に向って、その大オノをうち振るのである。

亀田さんは、この「たいきり面」の登場と所作を次のように描写している。

太鼓の音が一段と大きくなった時、幕の内面部屋の方より『鬼が出る、鬼が出る』の声があがる。上衣を着けた神子二人が松明を持って、舞殿から楽屋に上がり、幕を上げる。

朱色の鬼の面の登場である。比較的大きな面で、口を開き歯牙が出ている。誰にも舞っている人間がわからないように、装束は全身赤である。指までかくす手袋のついた、全身が一つの袋状になった装束である。足だけが黒足袋でワラジを履いている。

腰には丸ぐけの紐を巻き、背中に鈴をさしている。前後に居る神子は、釜で火をつけた松明を大きくゆっくりと左右に振る。

それに合わせて、鬼は手にする約二メートルの大鉞を振る。

舞いは一貫して、釜を無視した形で、舞殿中央で舞われる。舞いは大振りに激していき、まず神子が左右に振る松明を、大鉞でものすごい勢いで切る。燃えさしは砕け、社殿の外までも飛び散る。筵は焼け焦げ、社殿は煙に満ちる。九度切って向きを変える。後に居た神子に向き、再び彼の持つ松明を九度切る。火を切り終って気がついた時、鬼は舞殿に一人仁王立ちになっていた。

（亀田武己「火を切る鬼――坂部郷冬祭論（三）」『地平』42号より）

この時の迫力と驚ろきを、ぼくは今も憶えている。二メートルの大オノは、重く、そして木でできているのだから、火のついた松明を切ることなどできない。しかし、力いっぱいオノをふるうので、松明の太い木の束と、オノがぶつかりあい、ゴツンとにぶい音がする。そして、そこから、火のついた燃えさしが見物人の中へ、いくつもいくつも飛び込んでゆく。それをよけるために逃げまわる人々の声。

それはもう、舞などというものではなく、一人の人間が必死に火と闘っている姿であった。一人の物哀しげな、ぼくらの祖先が、力いっぱいオノをふるって、燃えている大木をたたいている。その一心不乱の姿に、ぼくは目を惹きつけられた。

そして、その時、ぼくは直感した。これは「焼畑」の所作そのものなのではないか……と。亀田さんは焼畑農耕についてぼくに説明してくれたのだが、亀田さん自身は、前から、この場面を焼畑の儀式だと考えていたというのである。

前掲の文章の中で亀田さんは書いている。

坂部で焼畑農耕の行われていた事は広く知られている。村の人の記憶をたどっただけでも、大正二年頃まで、かなり広い焼畑があったようである。山の斜面に、鉞や鉈で道を開いて行き、焼畑を作った。

焼畑を作るべく四囲を切り、延焼を防ぐ術をして後、火を放つ。たいきり面の所作が、新しく焼畑を開墾する所作でなくて一体何であろうか。焚切り面のする作業は、すなわち焼畑を作るための道を開ける作業である。

はじめ、ぼくは、このような形で、まつりの中に引き込まれてゆくとは予想もしていなかったのだが、この、たいきり面の鬼に、ぼくは、なぜかしらず、親しみを感じてしまったのであった。

次に獅子舞があり、再び赤鬼が登場、こんどは、一メートルほどの「鬼神棒」とよばれる棒をもち、床をたたきながら踊るのである。ところが、この踊りの最中に、まるで行く手をふさぐようにして禰宜が現われ、烏帽子に扇をもってまったをかけるのである。

ここで、鬼神と禰宜とが激しくやりあう。

鬼神は、激しく棒で床を突き、足をふみならし抗議する。しかし、ついに禰宜にまけてしまい、鬼神棒をとられ、上衣を着せられてしまうのである。どうみても、これは、禰宜に、鬼神が破れ、征服された姿以外ではない。このくり返しが三度ある。二度目には、禰宜と鬼神棒のとりあいをやって、禰宜を倒したりして、見物人のヤンヤの喝采を博するのだが、結局、負けて衣裳をつけさせられ、「うれしやなうれしやな」と踊らざるをえなくなってしまうのである。

ぼくなどは、どうしても、赤鬼の鬼神に同化して見てしまうので、焼畑を中心に生活していた、このあたりの先住民が、後からやってきた、知恵のある民族によって滅ぼされていった姿を再現されているような気になってしまうのだが、このような光景を、この深山で寒さにふるえながら見ていると、またしても、あの柳田国男の「山人」論が思い出されてしまうのである。

坂部のたいきり面

日本にとって稲作文化というのは重要なものであり、長いこと、日本人の精神構造の形成に大きな意味を占めていたことは事実だが、いわば、それ以前にも、つまり「稲作」が入ってくる以前にも、土着民の開発した農耕というのがあったはずである。

今のところ、それは『稲作以前』（佐々木高明、NHKブックス）に指摘されているように「焼畑農耕」と考えるのが自然であると思われる。

その焼畑農民にとって、最も重要なのは、やはり「火」であり、そして「水」だったのではあるまいか。

「霜月まつり」に登場する「大天伯」は、「ヒーノー様」と呼ばれ、火の王だとされている。また、木沢のまつりで現われる「小天伯」は、「ミーノー様」と呼ばれているが、これは水の王ということなのではあるまいか。

坂部の冬まつりの中で、必死に火とぶつかっていた赤鬼たちは、ぼくには、どうしても先住、焼畑民に思えるのだが、この先住民が「鬼」や「天狗」として、人々から恐れられ山の奥に住む者として押しやられていった背影が、そう考えてゆくと、ぼくにもわかるような気がするのである。

そうだとすると、想像の翼を一挙に拡げて、水の神もまた、漁撈を中心にしていた民族の存在ぬきには考えられないわけで、これらの人々を「河童」として、人間以外の存在として規定したとは考えられないだろうか。

「天狗」と「河童」――これは、ぼくらが子どもの頃から慣れ親しんできた想像上の動物とされてきた。しかし、こうした想像がなされる背後には、具体的な事実があったわけで、それを先住民、つまりぼくらの祖先と考えることは、あながち不自然でもないような気がする。

水野都沚生氏は、信州に伝わる天狗と河童の次のような興味深い話を記録されているので引用してみる。

> 月の明るい晩には、飯田市の背後にそびえる木曽山脈の中の風越山に住む天狗と、天竜川を隔てた対岸、伊那山脈の東権現山に住む天狗とが、往き来をするのだが、途中、天竜川の河原に降りて、月に浮かれでた河童と相撲をとる、というのである。
> また、天狗は川に潜って河童となるという変幻自在性の説話も子供のころ聞いたことがある。
>
> （「天白さまという神様」）

こうしてみると、天狗と河童とは、山と河のちがいはあれ、もとは同じものなのかもしれないと思ったりする。

山におれば、焼畑を中心に、ソバやヒエ、アワ、イモなどをつくり、河におりては、魚をとったり、水あびをしていたとも考えられるのである。

この間に、「天伯」という鬼や、天狗に似た巨大な面をつけた存在を置くと、天白神そのものも、そうした部族の仲間であったような気がしてならないのである。

「山の神」というのは、厳密に言うと、「山民の山の神」と、田の神となって春になると山から降りてくる「農民の山の神」と二つに分かれると言うことだが（「稲作以前」）、ぼくには「山の神」とは、やはり焼畑を中心とした人々の間で生まれた神のように思われてならないのである。

V　天馬駒明神と天白神

名古屋の中学校教師、駒瀬銑吾さんから一枚の新聞の切り抜きが送られてきたのは、三月の後半であった。

駒瀬さんは、天白区天白町天白住宅に住んでいる、以前からの友人だったので、昨年、ぼくは名古屋の、この「天白区天白町」という地名のいわれを調べようと、駒瀬さんを訪ねたことがあったのであった。

同行してくれた若い民俗学徒、小川克己さんと一緒になって、いろいろ調べたけれど、ついに収穫と言えるものをつかむことができず戻ってきたのであった。
ただ一つ、『天白村誌』の中に、天白の起源という項があり、その中に次のような記述があったのみであった。

天白の起りは、所在不詳であるが、本村内に天白明神を祀った社があったからである。

その天白が、村内を流れる本流の川の名となった。明治39年5月、町村合併令の実施に伴い、平針村、植田村、弥富村の一部八事部落、島野村が合併した時（島田部落、野並部落の合併）、川の名の天白を村名とした。

（『天白村誌』一〇一頁）

しかし、これまで全くわからないということと同じであった。
ところが、送られてきた、朝日新聞（昭和五十一年八月二十一日号）の地方版には、「『天白』って何？」というタイトルで、東海市に住む村瀬正則さんの「天白」追跡の紹介が掲載されていたのである。
少し長いが、貴重な記事なので、次に引用しておくことにする。

名古屋市に天白、名東の両区ができて一年余になるが『天白』の地名の由来を知る人は少ないだろう。『天白』――郷土史誌や文献にもほとんど現われないナゾだらけの地名である。一部の郷土史家がその解明に挑んではいるが、深いベールのかなたにある。

東海市在住の郷土史家で、天白川流域研究会員の村瀬正則さん（五六）もその一人。〝追跡〟を始めて十余年。一応、成果をまとめたが、やはり『ナゾだらけ』という。『天白』とは、いったい何だろう。

天白区の母体は昭和区天白町、さらに愛知郡天白村にさかのぼる。天白村は明治三十九年、平針、植田、島野の三村合併で誕生。村内を縦断する天白川から村名を採った。

しかし『天白』の由来そのものについては『天白村誌』（同誌刊行会、昭和三十一年発行）も『愛知郡誌』（同郡役所、大正十二年発行）も触れていない。

文化十三年（一八一六）刊行の津田正生著『尾張地名考』でさえ『天白川の称号、その故を知らず、初より字音なり、俗音なり』と、あっさり片付けている。

では、天白川の名はどこから来たか。

川の下流にあたる緑区鳴海町に天白という神を祭った社があったからだという。

事実、同町には天白の地名がいまも残る。村瀬さんによると、鳴海にあった天白社は江戸初期に山王社に移され、さらに成海神社に統合された、という。つまり、天白区は神の名に由来しており、鳴海町にあったのを拝借した、といえる。

それでは『天白』という神は何か。村瀬さんは地方誌をあたり『天白』の二字をみつけると休日を利用して現地へ足を運んだ。各地で古老の話を聞いた。その分布は長野県を中心にした太平洋側で三重県より東。水田や河川の合流点など水際に多いこともわかった。

この点は、ぼく自身の数少ない踏査とも一致する点である。新聞による記事は、更につづく。

『天白』は県内だけで六十ヶ所もあった。

村瀬さんが調査した『天白』は県内だけですでに三十ヶ所。中世の文書にもあった。そして、こうした調査で①四日市市日永に西行法師が詠んだという『梓弓春の日永の水の面に月澄みわたる天白の橋』の歌碑があったと伝えられているが、これが事実なら『天白』の最古の記録②諏訪市・諏訪神社の祝詞に『天白こそ災難を退かせ給え』とある③伊勢神宮神楽歌には『天白は星の宮位の神なれば』とある、など天白が諸悪の侵入をはばむ星神だったことをつきとめた。

一方、瀬戸市品野町や春日井市高蔵寺町にあった天白社は農耕に関係深い水神としてあがめられた。

時代、地域で形こそ変ったが、天白は古くから民衆の信仰の対象だった。

『天臼』は『天獏』『天馬駒』『天伯』などとも記されている。

村瀬さんは、とりわけ『天馬駒』に注目した。四―七世紀ごろの遺跡から出土するものに陶馬や土馬がある。それらは水の神にささげたいけにえだ。一方、古事記には『天斑馬（あめのふちごま）』のくだりがある。

これは悪霊をとりのぞく白馬だ。

『テンパクの語源はこのあたりではないか』と村瀬さんは推測する。しかし『なぜ鈴鹿山系以西に天白がないのか』『古墳時代と西行法師の時代の空白をどう説明するのか』など疑問は多い。

ぼくは、すぐに朝日新聞の名古屋支局にといあわせ、村瀬さんの住所を聞き、その日のうちに手紙を出した。

おり返し、村瀬さんから丁寧なハガキがとどいた。


天白様は悲しい神社です。祟るというので天狗と同じ怖いものにされました。ミシャグジと天白のつながりは今井野菊氏の発想ですが、私は馬の祭祀とのつながりで捕促しています。われわれは広く歩き、細かく聞き、洩らさず拾い、それから考えましょう。


村瀬さんは、仕事の合間をぬってフィールドワーク（現地踏査）をしておられ、なかなか家におる日が少ないようであったが、ついに六月六日、村瀬さんの都合がついて、会えることになった。

早朝に家をでて、その日の午後、尾張横須賀駅で、はじめて村瀬さんとお会いした。

白髪の落ちついた感じの方であった。

お宅にお邪魔し、次から次へと展開してゆく「天白論」「ミシャグチ論」「古代信仰論」に、ぼくもすっかり熱中してしまった。

村瀬さんは、今は、徹底して調査する時期だとしきりに言われた。今やらなければ、古代日本の文化や信仰の痕跡がなくなり、調べられなくなるだろうとも言われた。

そのためには、今は「天白」について一般化するのではなく、できるだけ細かく、深く調査し、記録しておくことだ、という考えのようであった。

村瀬さんの調査によると、天白社の祭神は実に千差万別であり、とても一つに絞ることはむつかしく、その土地土地の風土や生産のちがいなど個性もあるし、また天白神の成立した時期の違いなどもあるので、それはそれとして認め、その中から共通項を引きだすと次のようになるという。

第一は、水に関係があるということ。この点で村瀬さんは、水田農耕を中心とした農民の切実な願いを担った神なのではないかと推論する。

第二は、徳川時代に「天白川」は、「はらい川」と名称が変ったことがあるのだが、なぜ「はらい川」となったのかに注目する。

農耕にとって、収穫をあげるために、さまざまの害虫や洪水、妨害者と闘う必要があり、その場合「はらう」という行為は、一つの信仰にまで高まったと見るのである。

つまり、「水」と「はらい」が、天白神の、あえて言えば大きな特徴であり、そこから、村瀬さんの「天馬駒」論がでてくるのである。

この日、ぼくは、村瀬さんから「天馬駒大明神」というレジメをいただいた。

これは村瀬さんが、しばらく以前に、名古屋考古学会で発表された要旨である。日がたっているので、あるいは内容的な変化もあると思われるけれど、これも貴重な記録なので引用させていただく。

天馬駒大明神

はじめに

天白の神を理解するには、縄文や弥生時代人の感覚から発生したものか、古墳時代以降の思弁の中に発生したものかを知ることは重要なことである。

目下充分な説明をする自信はないが、

①愛知県では水に関係ある神としての信仰の残存傾向が強い。
②信仰圏が鈴鹿を越えて西には存在しない。
③愛知県では矢作川流域、渥美半島に多い。
④最稠密分布が長野県である。
⑤表記の方法にも、天白の外、天伯、天獏、天博、天馬駒、あるいは類似の手白等雑多であり、それぞれが異質ものではないかと疑わせる。従って各地の天白社の祭神も特定されていない。

そこで、弥生時代頃の遺跡から土馬に着目し、特に①に力点をおき、⑤の天馬駒を中心に、天馬駒＝天白への変化を探りつつ、天馬駒の原型から祖型を展望したい。

天馬駒の所在

天馬駒というのは、阿久比町板山字南天白にある『天馬駒大明神』の祠である。祠は二〇〇年は経たと思われる一本杉と、若干の常緑樹叢に囲まれて東面し、社殿には天馬駒大明神（左）、大国主命（右）の霊代が納めてある。尾張徇行記では創建の年月は不詳。その他町史、郡史など記すところがない。即ち、誰も立ち入ったことのない神のようである。

板山の過去

これは本論では非常な力点とする項目であるが、若干整理の途中で不備な点を発見し、関係文書のなかに理解しがたい点があったので、概略にとどめるが、村として成立してきたのは、氏神熊野神社が一四世紀に創建されているところから、およそ鎌倉期と推定する。くだって寛文村々覚書によると、田畑併せて二〇町、戸数三七軒、人口一二〇人、徇行記の時代になると、『山の上まで耕す……それでも田畑不足し、出稼ぎ』に出る程貧之村だったようである。
これは、山間に開かれた狭い水田が主な生活の場だったからに外ならない。

天白は天馬駒か

天馬駒大明神の祠は、さきにも述べたように『南天白』にある。徇行記にもそうなっている。日本の地名のつけ方としては、表記が原義を正確に表わすことのないのは殆んど常識で、このことは同音の天馬駒の省略が天白だと思わせる。

ここから、天馬駒の省略が天白であるとの見解も成立しないこともなかろう。だが『馬駒』が一挙に『白』になってしまったのには『伯』の過程があったのではなかろうか。伯には馬、馬の神、ばくろうなどの義があり、この伯をさらに略して白にしたとみるならば、天馬駒から天白へつながってもそんなに無理な見方とは思われない。

天馬駒の意味

さて、天白の地は、福板川の右岸、いまも水田がある。この川は巾一メートル程の用排水路で、板山の谷の水が全部集中する。
左岸の前田は乾田であるが、天白は年中乾くことのない湿田で、これは板山村が谷地を開拓して、立村されたことを物語り、徇行記に『水損の地一町ばかり』とあるのは、この地を指していると思われる。

この湿田の一角を土盛りして大明神の社地としたのである。これは、天馬駒が湿田と密接な連絡があることを示唆してはいないか。

古代からその前代において、水の神を祭ることは、農業にとって重要なことであり、水の神の祭儀に馬を奉幣した例は、六国史には頻出する。弘賢随筆57に『白馬を神聖なる物とするは本来支那の思想ながら、我邦にでも頗る古き代よりの風なり。或は白馬を馬の性の本なりといい、地に白馬あるは、天に白竜があるが如しとも言う説あり、素問の書にも馬を西方の白色に配し、その類は金、その穀は稲、天に上りて大白星となる説あり』（東洋文庫「山島民譚集」八八頁）

この馬が、陶土で造られたとき、われわれは土馬と呼ぶ。この土馬が、水に関係ある社から発見されている報告も二、三あり、また直接河川の底から発見された例もあって、板山の天白が水損の甚だしい地であれば、土馬の奉献・供犠といった祭式はとらなかったにしても、そうした神を斎く伝統の意識が基底にあったが故に、馬もしくは馬の模型を供犠しなくても、そこに斎く神を天白の神と唱えるようになったと観測したいのである。

（名古屋考古学会での発表要旨、一九六八・四・一六）

ぼくは、この「天馬駒」論を聞きながら、日本中、いたるところに拡がっている「河童駒引」のことを考えていた。前にも書いたけれど、河童は、ぼくらにとっては少年の頃から知っている動物だけれど、この河童が人間に対してはたらく悪戯には、たいてい一定の形式があって、その中でも馬を水中にひきずりこもうとするのは、有名な話なのである。

柳田国男の「河童駒引」によれば古今の資料だけでも、岩代、陸中、越後、常陸、武蔵、相模、駿河、三河、甲斐、信濃、飛驒、美濃、能登、山城、出雲、播磨、長門、阿波、土佐、肥前など、ほとんど、日本中いたるところにみられるのである。

これは一体何を現わすのであろうか。

しかも、気になることは、河童が馬を水中に引き込む行為は、ほとんどの場合失敗しており、河童は、詫証文などを書いて謝罪していることなのである。

柳田国男の後をうけて『河童駒引考』（復刻版・東大出版会）を発表した石田英一郎氏は、比較民族学の立場から世界中の例を集め、特に中国との関係を強調しながら、駿馬もまた、竜と同じように水の神の胤という古来からの俗信があることから、水神と、牛や馬との関係を追い、次のような結論を下している。

以上を総括して、筆者はユーラシア大陸の全土にあまねく分布する、水神と牛馬との密接な結合なるものが、もと農耕社会の豊饒儀礼に占めた牛の中心的な役割にはじまり、後に馬がこれらの農耕地域に進出してくるようになって、あるいは牛に替り、あるいは牛とならんで、河海湖沼の霊怪ともなれば、また水神への供犠獣ともなったものと解釈する。

したがって、石田氏も、農耕と、駒引を結びつけているのである。

では河童の存在はどうなるかと言うと、

日本列島にあっても、牛および馬は、早くから水神あるいは水神の聖獣として深淵碧潭に出没していたこと、他の大陸各地におけると同様であったが、わが水神の零落したある者は、みずから猿猴のような異形《いぎょう》と化して、さかんに牛馬、ことに馬を水底にひきこもうとするようになった。これがすなわち、わが国独特の水精である河童、一名エンコウの駒引伝説生誕の経路である。

（『河童駒引考』一八二頁）

ぼくは、まだ河童という水神について、詳しい知識をもちあわせていないのだが、石田氏の言う「水神の零落したある者」というのが河童であるとするなら、なぜ零落したのかが解かれなければならないと思う。

しかも、水神たる河童たちは、ほどんど駒引に失敗しているのである。

もしも、馬を水に捧げるという行為が、農耕儀礼として認められているのなら、馬そのもの、あるいは土馬が、水神たる河童に連れ込まれてよいのではあるまいか。

むしろ、積極的に河童を喜こばすことこそ水神を喜こばすことにつながるはずなのである。しかし、そうなってはいないところに、水神そのものの変化があったとみなければならないのではあるまいか、とぼくは思う。

水神が、河童という、みにくい動物に化身せねばならなかった原因、理由が、このあたりにあるような気がしてならない。

とすれば「零落した水神」の意味が、少しは解けてくるように思うのである。

ともかく、村瀬さんのお宅で、天白論議に熱中している間に日も暮れてきたので、知多市八幡町中島にある「天白社」に連れて行っていただくことにした。

このあたりは、すぐに右手が海であり、昔から塩田が盛んに行われていたという。

天白社は一見して「寺」のような感じを受けたが、その裏に、石の祠があり、更に巨大な木の枯れた根が残っていて、かなり古いものであることが直感された。

また、左手すぐのところに信濃川が流れ、周囲は畑となっている。

村瀬さんと天白社の周囲を調べていると、それまで気づかなかったが、人気のない境内を一人の老人が、白い杖をつきながら、グルグルとまわっているのであった。

同じコースを同じ歩調で歩いている姿は、まるで、天白社を守るかのようであった。

白い杖をついておるからには、盲目のはずで気になってならなかったので、帰るまぎわに声をかけてみた。

すると、この方は、この天白社の社守で、平松たけおという方であることがわかった。

数年前から急に目が見えなくなり、運動がてら、この天白社の境内を、朝晩歩くのだということであった。

天白社の前の村瀬さん

村瀬さんの話だと、平松家には、「天白社由来」といった書きものがあるはずなのだが、どうしても見つからないらしい。

なぜか、ひどく暗示的な気がして、天白社を後にしたのだが、ふと「祟る」ということの意味を、考えてしまうのであった。

たとえば「天ばこ様の祟りはひどいと昔から界隈で知らぬ人はない程怖れられていて、この森の草木は祟りを恐れて誰もとりません」（佐々木寿一談「設楽」第一号）といった話や、「天白様の木を切ったために全部落に悪疫が流行し、あわてて村社に合祀した」（上条重利「長野県犀峡地方における天白神の信仰」）という記録は多い。

また、今井野菊さんも、「『御作神』を踏査して、東海道、東山道をあるいて、由緒不明の古代神『天白』の祟る話が一番多かった。」（「大天白神」）と述懐しておられるほどなのだ。

この意味は、天白信仰そのものが、非常に呪術的な要素の強い古代信仰だったと言えると同時に、零落させられた神々の怒りとも言えるのかもしれない。

Ⅵ　オシラ神と天白神信仰

「多気」という駅で、ぼくが列車を降りたのは、午前九時を少々すぎた頃であった。

旧多気郡麻績郡御糸村、現在の三重県多気郡井口中というところにある「麻続《おみ》神社」を、ぼくは訪ねてきたのである。

多気郡の「多気」を駅名としているところなら「麻続神社」のある場所も、すぐにわかるだろうと思い、改札口で駅員に聞いてみたのだが、意外なことにわからない。

駅長さんまで出てきてくれたが、よくわからないと言う。

「麻続神社」は、別名「八尋之宮《やひろのみや》」とも言い、古来から伊勢神宮へ供進する荒妙を織る「御機殿《おんはたどの》」なのである。

そして、諏訪大神となった建御名方命《たけみなかたのみこと》の后、八坂斗女《やさかとめ》命の故郷ということになっているのである。

もともと、伊勢と諏訪のつながりは深く、「伊勢風土記」にあるように、伊勢津彦命も諏訪へやってきていることになっている。

「伊勢風土記」には、「伊勢津彦命、天日別命に、伊勢国を天孫に奉る約束をし、科野国諏訪に入る」とある。

そして、八坂斗女命も、伊勢の出身なのである。八坂斗女命の父親は、八坂彦命だが、この八坂彦命が、麻績の出身で、天白神だったと言われているのである。

「諏訪旧蹟誌」の中では八坂彦命の項は次のように説明されている。

天ノ八坂彦命
后神、八坂刀売命の御父神也、旧事紀曰、天ノ八坂彦神は、伊勢神麻績連等之祖、長ノ白羽神、亦云、天ノ白神、亦云、天ノ物知命、亦云、天ノ八坂彦命、と見えて、伊勢神麻續連等が祖神に座せば神名帳に、伊勢国多気郡、麻続神社と被載たる此社は、必して天ノ八坂彦神也。

つまり「麻続神社」は、八坂彦命の地であり、長ノ白羽神、天ノ白神のことだと、つまり天白神だと言っているのである。

「長ノ白羽神」「天ノ白神」が、たとえ天白神と違ったとしても、何かつかめるのではないかと思い、ぼくは、この地にやってきたのであった。

不明の「麻続神社」は、ようやくタクシーの運転手によって、多分あそこではないかという形でわかったのだが、多気駅からは、かなりの距離があるらしかった。

見当をつけてくれたタクシーの運転手さんの車で、とにかく、それらしき「神社」へ行ってもらうことにした。

選転手さんは、桑原さんと言い、代々ここで生活していたが、今までは蚕を飼っていたということであった。

麻績神社

「昔は、このあたりは、一面桑畑でねえ、養蚕がほとんどだったですがね、今ではやっていけなくて、もうどこもやってないでしょう」

桑原さんの言う通り、あたりは平坦な土地で、一面の桑畑を考えるだけで壮快な気分になってくるのであった。

やがて、こんもりとした森が見えてくる。

桑原さんは、あれがそうらしい、と言う。

水路がキチンと整備され、美しい水が森の周囲を音たてて流れ、左手には櫛田川が流れている。あたり一面は青々とした水田である。

「私も、ここへ来るのは、はじめてなもんで、どんな神社か一緒に行って見させて下さい」

桑原さんも、車をとめて一緒に細い道を歩いてくる。

鳥居をくぐり、森の中に入る。

巨木が並んでいて、中はうっそうとしている。かなりの古さなのであろう。

すぐに潔斎館があり、やがて正面に本殿と並んで「大機殿」（八尋宮）が見える。

人もあまり訪れぬのであろう。予想していたよりは、さびれた感じがしたが、ここで、毎年五月・十月の初めに、「沐浴斎戒」「社外不出」の規則に基づいて、未婚の青年男子によって昼夜兼行で織りものがおられるのである。できあがった荒妙は「神御衣祭」の行列によって献納されるのである。

タクシーの運転手、桑原さんと、織物の話や蚕の話をしているうち、ふとぼくは、石田英一郎氏の「桑原考」(『桃太郎の母』講談社版収録)という論文を思い出していた。「桑原桑原という雷よけの呪語は、養蚕とともに発達した桑樹神聖観に由来するもの、その淵源は遠く養蚕絹織の起源地たる中国にあることが証明できる」というもので、桑や蚕の伝播についてまとめたものなのである。

そして、興味深いことには、蚕の神として中国では、馬頭娘、馬鳴菩薩が祀られているということなのである。

そして、日本でも全く同じ構造が見られるというのは、ぼくらも知っている。

上州から越後、裏日本の方面にかけては、養蚕祖神と題されるこの種の馬上和装の姫神の像が、オシラ様とよばれ、中には養蚕に取りかかる前の祭をオシラ待ちといって、この図像をかかげて祭る地方もある。

オシラ様ということになれば、桑の木の馬頭と娘の首との一対の木偶となって、口寄せ巫女の御神体となっているのである。

石田英一郎氏は、このオシラ様信仰を「北アジアのシャマニズムなどと共通する、わが国の民間巫道のなかに求めうべきものと信じているが、こうした馬頭の神体や蚕神としての信仰は、馬姫交婚の起源説とともに、中国古来の蚕桑信仰にその系統を引くものと考えざるをえない」とされている。

こうみてくると、なぜか、天白神とオシラ神とは、どこかでつながってくるのではないかという気もしてくるのだが、この点について、郷土史家、小川重太郎氏の今井野菊さんあての「天白神便り」が興味深い。

当員弁郡には天白神は五ヶ所程地名ばかりと神社、其の儘が一社ありますが、員弁町楚原《そはら》の大天白神は、神体は当郡第一の石棒で御神体は拝見できませんが、数年前まで田浦の真ん中に鬱然とした神厳な森があり、触ると祟りがあると言って一指も染めず繁茂するにまかせてありましたが、今は周囲の枝のみ伐り払われましたが、藤蔓の二尺周囲のものが、大蛇のように蟠屈して居ります。

この楚原の地名の根拠が、この開拓祖神としてまつられた所以で、焼畠開発、つまりジャングルに風上から放火し、祭神は此の風上に祀られたもののようです。……長の白羽神、天の白羽神又はシラ神は、文字のない古代から考えて、『おしらさま』『しら神』あたりが順当の呼び方にはじまるものでせう。

（今井野菊『大天白神』）

今のところ、ぼくには、オシラ神信仰について充分な知識がないので何とも言えないけれど、もしも、天白神信仰が、先住民としての列島原住民の間で信仰されていた、ある信仰神と堀田吉雄氏の言うごとく、大一、天一、太白などの陰陽道とがつながったものだとすれば、オシラ神信仰というのは、かなり古代からの原始信仰を内包しているのではないかという気がする。

幾重にも重層した民間信仰をときほぐす作業は、大変なことではあるが、オシラ神にまで目を向けてゆくと、天白神の問題は、日本列島全体を包み込む規模になってくる。

ともあれ、天白信仰の一つの要素に、蚕や桑、麻などの織物の伝播と発生という問題がからんでいるということも確かなことだ。

というのは、この「麻績神社」の御機殿で織る荒妙の原料の麻糸は、北勢にある麻生田村で作り、紡いで献上することになっているのだが、この麻生田村には麻生田神社があり、これが「天白大明神」なのである。

ここには、天白大明神の末裔と名のる江上家があり、麻生田の豪族として、また麻績氏の末裔として知られている。

この地を踏査された今井野菊さんは、その事実を確かめておられるし、更に、員弁川の段丘には「天白古墳」がいくつか見られる。

このことから考えて、蚕、桑、そして織物と「天白神」とのつながりもまた、見逃せない問題のように思える。

天白神と、オシラ神との関係については一度じっくりと検討してみる必要があるのではないかと思う。

その日のうちに、ぼくは志摩半島にある大王崎に行きたいと思っていた。

大王崎の波切には「天白」という地名や、天白という名の人が多いと聞いている。

けれど、途中で欲がでて伊勢市でおり、「猿田彦神社」に寄ることにした。

信州の山奥の「霜月まつり」の中で「上町では天伯は猿田彦だといっている」(三隅治雄「遠山のまつり」)という箇所が気になってならなかったのである。

「猿田彦神社」は、第三期の造営中で、あわただしい工事がつづいていたけれど、社務所の人といろいろと話すことができた。

猿田彦神社の周辺に、「天白社」があるのではないかと期待していたのだが、社務所の方は、知らないようであった。

ただ一つ、ぼく自身の発見は、猿田彦大神が、土地に関する神だけではなく、海にも関係があるということであった。

猿田彦大神の子孫は、大田命を経て、宇治土公《うぢのつちぎみ》と称する一族につながってゆくのだが、その中に、宇治土公磯部小綱というのが出てくる。

「宇治土公」がここに「磯部」の苗字を名乗っていることは、この家が磯（海辺、海人族）に関係の深い家であったことを暗示している。五十鈴川の名が一つに「磯洲川《いそすがわ》」というところからきていることも、古代は神宮御鎮座地のあたりまで、伊勢湾の海潮が五十鈴川を遡って来ていたことを知らしめる。

（「猿田彦神社誌」五頁）

古事記の中にも猿田彦が、伊勢国の阿坂の海で、ひらぶ貝とたわむれていたという記述があったけれど、猿田彦大神そのものの性格が、土地にも海にも関係があるということは、ぼく自身にとっては一つの発見であった。

全国二千数百にものぼるという猿田彦神社の総本社としての「猿田彦神社」の境内で、ぼくは、しばらく腰をおろしていたのだが、伊勢国の国津神として、いわば国を奪われる側としての「猿田彦」と「伊勢津彦」が、ぼくの中で奇妙に重なりあってくるのをどうしようもなかった。

鵜方からバスに揺られて「波切」についたのは、もう夕方であった。

バス停のすぐ前に、公民館があり、そこでぼくは、「天白」について知りたいのですがと尋ねたところ、運よく大王町の観光協会の事務局長をしておられ、民俗学にも詳しい岡賢さんがいらっしゃった。

この地には、堀田吉雄氏をはじめ、谷川健一氏など、天白信仰や折口信夫の研究のためにやってくる人は多いのだと、岡さんは言われる。

いつごろから、天白という名がついたのかということも、いろいろ調べているがよくわからないということだ。

この大王崎一帯を、大きく三つに分けて、南天白、西天白、中天白と呼ぶそうだが、この地名の由来もはっきりしていないという。

ただ、岡さんは、地元に住む者として、天白とは、太陽神信仰の一つではないかと考えているというのだ。

毎朝、海から大きな太陽がのぼるのを見ていると、自然に太陽に手をあわせたくなり、太陽への崇拝が起ってくるという。

天白という苗字の人が、このあたりでは多いけれど、同時に「天満」という人も多いのだと岡さんは言う。

したがって、唐突のようだけれど、古事記に出てくる、「天日別命」が、天白の起源だと岡さんは言われる。

ぼくは、諏訪の方から、天白を追ってこちらの方まで来てしまったことを話すと、岡さんは、大きな大王町の地図を出してくれて「いやあ、この大王崎のあたりでも、黒曜石の矢尻がでるんですよ。少し離れた英虞《あご》湾なんかからも、二点三点と黒曜石の矢尻が出とるんだな。これは、諏訪の和田峠の方からやってきた黒曜石だ

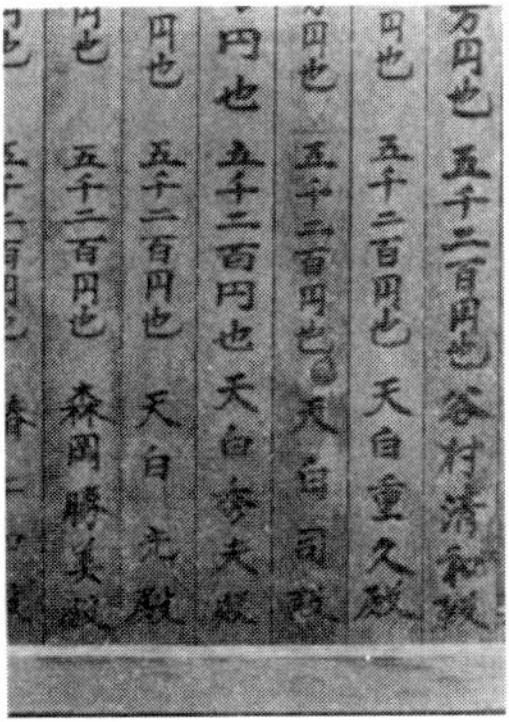
波切神社造営名簿

と、私はみてるんですよ。

かなり古代人というのは、自由に素早く移動できたんじゃないですか。信州から飛騨山脈を越え、鳥羽にでれば、ここはすぐですからね。だいたい、山岳民族は「塩」がないと生きてゆけんでしょう。だいたい、農耕を海とか、川、湖と切り離して考えておるでしょう。農耕と海とは関係あるんだというところから、古代人の生活を考え直してみんといかんでしょう。私はそう思いますな」と言われるのである。

ぼくには、岡さんの指摘は大きなヒントであった。

その後、ぼくは、岡さんに紹介してもらって、民宿「八千代別館」に泊った。目の前がすぐに海である。切りたった崖の下で、白い波がしぶきをあげている。志摩第一の漁業地であるこのあたりは、同時に、波浪の荒いことでも有名である。

ぼくは、翌朝早く、波切神社を登り、森をつきぬけたところにある大王崎の岩に立ち、ずっと日の出を待った。

目の前に拡がる広大な海洋は、遠州灘と熊野灘の合流点である。暖流と寒流が、このあたりでぶつかりあうのだという。

この大王崎に立って、大海原を見つめていると、この黒潮にのって、遠い南の国から、この岬に漂着した民族がいたような気がする。

大王崎

若き日の折口信夫は、この大王崎に立ち、あの「マレビト」論の骨子をつくりあげたのだと聞いている。

この日、ついに、期待していた日の出には、お目にかかることができなかった。

厚い雲にかくれて、太陽の光は、時折、幾筋かの光の線となって海を照らしていたが、雲は、太陽を隠しつづけているのであった。

ぼくには、天白神そのものが、まだ解明しきれないことへの暗示のような気さえするのであった。

資料1

信濃国の天白信仰の遺跡と遺物（今井野菊著『大天白神』より）

一、下伊那郡「天白」の字地

（昭和四十四年　郷土史家　宮下操先生報）

旧村名

一、天　伯　折目町切石　四八四五番地
　他二ヶ所
二、　〃　四八九二番地
三、　〃
四、天　白　龍岡桐　林　一七〇三番地
五、天　白　〃　一七一九番地
六、天　白　〃　上川路　四七三番地イ
七、天　白　〃　四八九番地ノ二
八、天　白　〃　川路　四一〇五番地
九、天白林　三穂伊豆木　六九六二ノ二番地
一〇、天　白　伊賀良大瀬木　二九八二番地
一一、天　白　〃　三〇〇一番地
　他にもあり
一二、天白山　山本・箱川　八九一—八九四番地
一三、天白林　千代・米川　一〇一〇—一〇二〇番地
一四、天　白　〃　法全寺　二四六六ノ一 二四八七ノ二　番地
一五、天伯社　〃　下村　七六一番地
一六、　〃　天伯浦　七二五—一—七二五ノ三番
一七、天白洞　〃　毛呂の久保　二二七三ノロ番地
一八、天白上　喬木伊久間　一六一六〇番地
一九、天白下　〃　一六一一三番地
二〇、天白原　生田松川町福与　七九二番地
二一、天白原　〃　長峯　九〇一五番地
二二、天　伯　龍江今田二八〇六番地
二三、天　伯　〃　三〇〇九番地
二四、天　伯　下久堅下虎岩　甲九七一番地
二五、天　伯　〃　九〇三番地
二六、天白山　〃　柳沢　乙四六七番地
二七、天　白　〃　六一—六二番地
二八、テンパク　〃　上虎岩　乙二六〇四番地
二九、テンパク山　阿智駒場下町　三二三〇番地
三〇、天白山　下条鎮西　四七二〇—イ　四七二四番地
三一、天白後　大下条北条　大那木　三八三九番地
三二、テンパク　〃　東条　九八六—九九一番地
三三、テンパク　松川町大島名子　八六五—八六八番地
三四、天白林　山吹駒場　三五八八—三五九一番地
三五、テンパク　〃　三七四五ノ一 三七四五ノ二　番地

三六、テンパク 〃 三七八三番地
三七、天白堂 市田牛牧 二六四七番地
三八、テンバク 〃 出砂原
三九、テンパク 〃 新井 市田ノ三天白
四〇、テンパク 〃 大庭
四一、天白山 上郷飯沼 二八五〇—二八五五番地
四二、天白下 泰阜 二七一九—二七三二番地
四三、天 伯 〃 栃城《とんじろ》 九〇四七—九〇五一番地
清内寺 上飯田 飯田 根羽 富草 伍和 和田
上片桐 座光寺 平岡 八重河内 木沢 上木沢
大鹿 河野 和合 青木 日開 神原 浪合
以上には字地見えず

長野県誌による。

四四、天伯社（村社） 大下条
祭神 誉田別尊
社地 四百四十七坪
祭日 七月十三日
九月九日

四五、天白社（村社）
祭神 誉田別尊
祭日 九月九日

外

四六、天伯神社 阿南町北条川田
祭神 天御中主神

四七、天白社 杉本氏氏神 早稲田
明治までは村社
四八、天白社 浪合和知野
明治までは村社
四九、天白社 中村愛蔵氏氏神 〃
帯川の砦に祀る
五〇、天伯社 遠山上村下栗
五一、天伯社 〃 中郷
五二、天白社 千代村天狗
五三、天伯社 〃 千栄
五四、天白神社 喬木西ノ平
五五、天白山 天白社 下久堅上虎岩
五六、天白社 天龍村平岡
五七、天白堂 高森町大島田
五八、天伯神社 カナエ 石切

二、上伊那郡 （明治六年 長野県誌に依る）

一、大天伯社《でえてんぱくさま》 長藤村
祭神 不詳
社地 四十七坪
祭日 八月十五日

二、大天伯社 長藤村
祭神 不詳

社地　八十六坪
祭日　八月十五日

三、天伯社　西高遠町
祭神　御中主神
社地　二畝二歩
祭日　六月十八日

四、大天伯社（村社）　美篶村
祭神　柵織《なはた》姫命
社地　三百四十五坪
祭日　九月七日

五、大天伯社　美篶村
祭神　柵織姫命

六、大天伯社　美篶村
祭神　柵織姫命
祭日　九月七日

七、大天伯社　美篶村
祭神　柵織姫命
社地　三畝十歩
祭日　八月二十五日

八、大天白社　沢岡村
祭神　不詳
社地　七十五坪
祭日　五月十日

九、大天伯社　中沢村
祭神　少彦命
社地　四坪
祭日　九月一日

一〇、大天白社　富県村
祭神　瀬織津姫命
社地　四十四間三尺
　　　二十三間
祭日　七月七日

一一、天伯社（村社）　中沢村
祭神　高津島神
社地　二畝十二歩
祭日　七月二十五日

一二、天白神（村社）　南向村
祭神　御中主命
社地　九十八坪

一三、大天伯社　三里村
祭神　天白羽神
社地　二畝二十四坪
祭日　二月十五日

一四、大天伯社　西春近村
祭神　天柵織姫命
社地　二畝十八歩
祭日　無之

一五、大天白社　西春近村

祭神　天棚織姫命
社地　二畝五歩
祭日　無之

一六、天白社　西春近村
祭神　天老男命
社地　二十歩
祭日　無之

一七、天狗天白　宮田村
祭神　日高見命
社地　十二歩
祭日　九月十日

一八、天白古墳　宮田村
祭神　御中主神

一九、天白森　東春近村
社地　二反六畝十歩

二〇、大天白社（村社）　中川村横川地
祭神　稲倉魂《うかのみたま》命
社地　百坪
祭日　九月一日

二一、天白社（村社）　会古地
祭神　稲倉魂命
祭日　九月一日

二二、天白社（村社）　日向村
祭神　豊受姫
社地　百九十八坪
祭日　七月十五日

三、上水内郡　（明治六年　長野県誌に依る）

一、十二天白　日高村
祭神　大元尊
社地　九歩
祭日　三月七日

二、天白社　信岡村
祭神　素盞嗚命
社地　一畝十五歩
祭日　九月一日

三、天白社　山上条村（津和村）
祭神　皇太神宮
社地　三畝五歩
祭日　九月一日

四、天白社　山上条村
祭神　素盞嗚命
社地　一畝十五歩
祭日　九月十一日

五、天白社　山上条村
祭神　素盞嗚命
社地　一畝十二歩

祭日　九月十四日

六、天白社　山上条村
祭神　素盞鳴命
社地　一畝十二歩
祭日　九月十七日

七、天白社　山上条村
祭神　素盞鳴命
社地　二畝二十歩
祭日　九月十七日

八、天白社　山上条村
祭神　素盞鳴命
社地　二畝二十歩
祭日　九月二十日

九、天白社　山上条村
祭神　素盞鳴命
社地　一畝二十歩
祭日　九月二十日

一〇、天白社　山上条村
祭神　素盞鳴命
社地　五歩
祭日　十月九日

一一、天白社　山上条村
祭神　素盞鳴命
社地　二畝四歩
祭日　十月九日

一二、天白社　越道村
祭神　素盞鳴命
社地　九歩
祭日　九月十七日

一三、天白社　越道村
祭神　素盞鳴命
社地　一二歩
祭日　九月十七日

一四、天白社　小川村高府
祭神　素盞鳴命
社地
祭日

一五、天白社　栗田
祭神　天狗天白
中島氏氏神

四、小県郡《ちいさがた》　（明治六年　長野県誌に依る）

一、天白大神社　下之条村須々木山
祭神　猿田彦神
社地　二反歩
祭日　四月二十四日

二、天白社　沓掛荒屋

祭神　不詳
社地　六畝二十歩
祭日　二月十五日
三、天白社　小泉社
祭神　磯猛命
社地　三畝　天白山に現る
祭日　七月十五日

五、北佐久郡　（明治六年　長野県誌に依る）

一、大天白神　塚原字天白
祭神　猿田彦神
社地　諏訪神社境内社
祭日　八月二十四日
二、大天白神　島河原字天白
祭神　長ノ白羽神
社地　五畝五歩
祭日　九月十五日
三、天白大神社　川辺区下ノ条（上田市）

六、東筑摩郡　（明治六年　長野県誌に依る）

一、大天白神社（鎮守）　松本市天白町
二、大天白神社　花岡氏氏神　〃　里山辺
三、大天白稲荷　田村一族氏神　〃　新井
四、天白社　松本市日向
五、天白社（村社）　中村村社　四賀村中川
六、大天白社（村社）　横川村社　〃　横川
七、天白社　島内青島
八、天白宮の社　宗賀村
九、大天白稲荷姫大神　明科町塔之原
一〇、天白神社　〃　湖沢天白

七、更級郡　（明治六年　長野県誌に依る）

一、天白社　中牧村
社地　一畝十歩
祭日　七月一日
二、天白社　牧田村中村
三、天白社　有旅村
四、天白社　今里村
社地　十歩
祭日　九月二十二日
五、天白社　牧里村

八、北安曇郡

一、天白之森

社地　五畝三十歩
二、天白社
社地　二反六畝十八歩
祭日　八月十八日
三、天白社
社地　七畝十五歩
祭日　八月十八日
四、天白社　　島内村
祭神　稲倉魂命
社地　六十三坪

九、天白神　（元禄十年　松代藩堂宮帳に依る）

一、天伯社（村持）　八町村
二、天白社（村持）　仁礼村日向
三、天白社（村持）　〃　四畑
四、大天白社（村持）　北郷村
五、十二天白社（村持）　山布施村
六、十二天白社　武兵エ祝神　五十里村
七、十二天白社　勘兵エ祝神　〃
八、天白社　半之丞祝神　専納村
九、天白社　藤右エ門祝神　中条村
一〇、天白社　弥五兵エ祝神　青木村
一一、天白社　儀右エ門祝神　上野村
一二、天白社（村持）　田之口村
一三、天白社（村持）　〃
一四、天白社（村持）　古原村久保
一五、天白社（村持）　〃
一六、天白社（村持）　〃
一七、天白社（村持）　中牧村
一八、天白社（村持）　南牧村
一九、天白社（村持）　石津村
二〇、天白社（村持）　大岡村河口
二一、天白社（村持）　宮平村
二二、天白社（村持）　〃
二三、天白社（村持）　山平林村
二四、十二天白社（村持）　安庭村ちや木
二五、十二天白社（村持）　水内村西久保
二六、十二天白社（村持）　本道村
二七、天白社（村持）　寺尾村
二八、天白社（村持）　中沢村
二九、天白社（村持）　〃
三〇、十二天白社（村持）　水内村根久保
三一、天白社（村持）　上条村矢ノ尻
三二、十二天白社（村持）　越道ふくと村
三三、十二天白社（村持）　栃窪

三一、
朱印　宮井伊勢宮共
文化七申年和談上相成
彦右衛門持となる。

三四、天白社（村持）　鹿谷村
三五、天白社（村持）　小鍋村
三六、天白社（村持）　〃　平石
三七、十二天白社　平左エ門祝神　岩草村
三八、天白社　兵三郎祝神　栃木村
三九、十二天白社　兵左エ門祝神　伊折村
四〇、十二天白社　次郎助祝神　〃
四一、天白社　源兵エ祝神　花尾村
四二、天白社　武兵エ祝神　上野村

昭和四十四・四十五年調査　水内郡信州新町方面に現存する

天白神　（内山真治氏、運転手・桐山義昭氏御協力）

旧津和村
一、天白神社　山上条大河　八尺四方　社祠
二、天白社　〃　茂智　祠跡
三、天白神社（鎮守・氏神）　〃　楡之木　二間・一間　社祠
四、天白社　〃　西日時　木祠
五、天白社　〃　赤芝　〃
六、天白社　〃　松之木　社跡
旧越道《こいどう》村
七、天白社　越道村細尾　小祠
八、天白社　〃　穴尾　〃
九、天白社　〃　菅沼　社跡
一〇、天白社　〃　栃久保玉泉寺所有　小祠
一一、天白社　〃　越道　小祠
一二、天白社　〃　尾崎　〃
旧山穂刈村
一三、天白社　山穂刈村外味藤　小祠
一四、天白社　〃　土橋　〃
一五、天白社　〃　曲尾《まがりお》　社跡
一六、天白社　〃　蟻尾《ありのお》　小祠
（原本一七欠）
旧里穂刈村
一八、天白社（氏神）　里穂刈村　武原氏祝神　石祠
旧水内村
一九、天白社　水内村穴平　社祠
二〇、天白社　〃　向山　石祠
二一、天白社（氏神）　〃　桐久保　大西氏祝神　祠
二二、天白社（氏神）　〃　平水内《たいらみのち》　小山氏祝神　社跡
二三、天白社　〃　寺尾　祠
二四、天白社　〃　安用《あよう》　小祠
二五、天白社　上条藤内　〃
現在家なし
二六、　〃　矢ノ尻　〃
旧牧里村
二七、天白社　牧郷村田中　穂刈氏氏神　祠
二八、天白社　〃　下中山　祠跡
二九、天白社　〃　小峯　社跡

三〇、天白社　牧郷村中原　社跡
三一、天白社　〃　竹房　小祠
三二、　〃　〃
旧日原西
三三、　日原西置原　小祠
旧中級村
三四、天白　信級長者山　山の名称
三五、天白社　〃　大月　畑の小字
三六、天白社　〃　宮平　祠
三七、天白　〃　左右《そう》　地名のみ　社跡あり
上水内郡　旧中条村
三八、天白社　中条村上長井　小林信男氏祝神　社跡
三九、天白社　〃　月夜柵
四〇、天白社　〃　百瀬　小祠
四一、天白社　中条村塩本　小祠
四二、天白　〃　桜出　畑の小字　屋号
四三、天白社（氏神）　〃　大柿　大日向今朝秋氏祝神　祝殿
四四、天白社　〃　矢原　大日向義久氏祝神　〃
四五、天白社　〃　母袋《もたい》　小祠
四六、天白社　〃　里原　社跡
四七、天白社　〃　地京原
四八、天白神社（旧村社・氏神）　〃　角井　区の鎮守　二間一間の祠
四九、天白社　〃　大野
五〇、天白社　〃　天間

五一、天白社　中条村穂高
五二、天白神社　〃　田頭《たがしら》　東側村の氏神　石祠
旧小川村
五三、天白社（氏神）　小川村高府二反田
五四、天白社　〃　佐峯
五五、天白社　〃　花尾
五六、天白社　〃　栗木
五七、天白　〃　鶴巻田（畑の地名）
五八、天白社　〃　椿峯
五九、天白社　〃　渦巻
六〇、天白社　〃　高山寺
六一、天白　〃　法地
六二、天白社　小川村塩沢
六三、天白社　〃　裏立屋　小祠
六四、天白社　〃　日影　山の峯に石祠
六五、天白　〃　古山
六六、天白社　〃　久木《ひさぎ》の穴尾　かぞ沢氏祝神　祝殿
六七、天白社　〃　夏和　祠
長野市　旧更府村・信更村
六八、天白社（氏神）　古原　中峯　矢嶋氏祝神　祝殿
六九、天白神社　〃　安庭　耳たれの神様　九尺六尺祠
七〇、　〃　宮平　祠跡
巨樹の切り株あり、石碑に明治四十三年合祀とあり
七一、　〃　桜井　石浦氏祝神　祝殿

旧信田村

七二、天白社　信田村小日向　祠

七三、天白社（氏神）　〃　高野　高野氏祝神　祝殿

七四、天白社　〃　日向　唐木氏祝神　〃

七五、天白　〃　灰原　祠跡

七六、天白社（氏神）　〃　上赤田　小山氏祝神祝殿

七七、天白　〃　浅野　地名

七八、天白　〃　〃

旧信里村

七九、天白社　信里村村山　祠

八〇、　信里村十二　社跡

八一、天白神社　篠井下石川　火伏せの神　祠

旧七二会村

八二、天白神社　七二会村平出

上田市

八三、天白社　旧泉田村日向　千曲川端　鈴木山

鈴木神社・旧天白神社

更級郡　旧大岡村

八四、天伯神社里宮　大岡村葦尻

八五、天伯神社奥宮　〃　俵《たわら》

八六、天伯神社　〃　南小松

八七、天白社　〃　河口　犀川の中洲にあり　祠

八八、天白社　〃　代　池田氏祝神　祝殿

東筑摩郡旧日向村

八九、天伯神社（鎮守）　日向村桑関　松本藩松代藩関所に祀る

九〇、天白社　〃　上井堀

九一、天白社　〃　玉根

北安曇郡　旧八坂村

九二、天白社（氏神）　八坂村舟場　坂井氏祝神　祝殿

九三、天白神社（鎮守）　〃　二滝　二間九尺の祠

九四、天白社（氏神）　〃　布宮　松井氏祝神　祝殿

各氏族の本家の屋敷神が氏神となり、この場合には「庭天白」と呼ぶ。

遺蹟と遺物　（信濃史料に依る）

一、天白塚　円墳　下伊那郡市田二九六四

北林第一号墳

出土器　直刀・須恵器

二、天伯堂　台地

出土器　縄文押型紋

中期初頭期土器　勝坂式

加曽利E式　堀之内式

土偶　石簇

打石斧　石匙

磨石斧　石槍

磨石　石錘

石皿　石棒

環石　　耳飾
垂石
三、天白古墳　円墳　鼎村四八八五
出土品　直刀　管玉
切子玉
土師器
四、石切天白社　山麓平地
出土器　縄文勝坂式　堀之内式
加曽利E式　石鏃
打石斧　石錘
環石
弥生中島式
五、天伯古墳　龍岡村四八〇
円筒埴輪
土師器・須恵器
六、川田天伯社　山麓　売木村
縄文打石斧　磨石斧
須恵器
七、堀之内式天白社　台地　上伊那郡南埴輪
縄文中期初頭
加曽利E式（古・新）
土偶　打石斧
磨石斧　石剣
石棒　紬灰色須恵器

八、西春近天白原　台地　西春近
縄文　打石斧
九、七久保　中ヶ原天白　傾斜地
縄文加曽利E式　堀之内式
打石斧　中磨石斧
磨石斧
一〇、北原天白社　台地　北村
縄文打石斧　石鏃
石匙　石槍
磨石斧
信濃毎日新聞・伊那一九・一参照　宮田村北割
自然の岡を利用　昭和四五年十月発掘
一一、天白古墳　長方形に岩をならべる
長方形　四M　巾一・三～一・四M
玄室長　二M　二重に閉塞石を並べた積石古墳
人器　鉄族
刀子十数本　須恵・土師器片
白凰時代の古墳と推定
一二、天白古墳　山麓　円墳　諏訪郡下諏訪町
（和田峠入口）
直刀二本　管玉
須恵器　馬具
一三、藤之森古墳　茅野市塚原
大天白社

不詳

一四、大天白社　八ヶ岳扇状地の台地（陵線）
地つづき、社の東部に古墳群とおぼしき所現在。
縄文土器出土散乱地帯

一五、和田大天白社　八ヶ岳扇状地陵線台地　茅野市和田
付近和田遺跡　昭和四十四年十一月発掘
縄文中期——弥生土器外出土

資料2

利根川 荒川 上流地方の天白神社（今井野菊「大天白神」より）

熊谷市教育委員長文化財係御指導

一、大天白古祠　箱田市役所北部
幣束に「大天狗・小天狗」とあり

二、大雷神社《おおいかづち》　新島字大天白
祭神　別雷神《わけいかづち》
風神
安産・バヒフ（ジフテリヤ）の守護神
お果しには馬の草鞋・人の鞋草をあげる
新武蔵風土記曰「大電八公《だいてんぱく》社村の鎮守なり。」

三、大電八公社（大雷神社）　三尻、十六間
祭神　別雷神風

一六、天白七五三社　茅野市構内蟹河原
八ヶ岳大扇状地末端段丘際
付近　縄文中期（初・中）　晩期の土器散見
紬灰色須恵器　打石斧
弥生土器等出土
矢塚雄命居住遺蹟地

風神、雷神、産神
新武蔵風土記曰「大電八公社村の鎮守なり。」
大雷神社の祭神は別雷神が多い。併しこの神は雷に関係なく開拓の神である。

四、大天白（字地）　久保島字大天白

五、大天魄（字地）　上之字大天魄

六、浜島家を「大天白」と呼ぶ　上中条字前島
浜島家氏神は、大天白社

熊谷の大天白さま

節分から数えて二百十日、毎年この季節になると大暴風があって大切な稲を台無しにされるので、村人はこれを神霊が移動するときに起るものと考え、或は風神の怒りであろうと怖れ、大天白様を祀って「がざまつり」を行い稲作の無事を祈ったところは多く、今も各地に大天白の地名が残っている。

この大天白さまの祭神については明らかではないが、この付近では羽生の大天白神社が有名で、安産祈願の絵馬が沢山奉納され、今も信仰を伝えている。当市内では上中条の浜島家を「大天白」と呼ぶ外、箱田に古祠があり、三尻十六間にも鎮守神として、大雷八公社があったと「新編武蔵風土記」に記され、上之には地名として大天魄がある。

新島の大天白に鎮座する大電神社は祭神別雷神で、新編武蔵風土記に幡羅郡新島の条には「大雷八公社村ノ鎮守ナリ」となっているが、当社は風の神、安産の神として近村にまで知られた。この風の神はいつしか風邪の神となり、医師の普及しなかった当時、流行した子供のクツムキを癒す神として祈願されたもので、一名バヒフといって恐れられたが現在のジフテリヤの事をいう。またバヒフのバが馬に通ずるので「馬のフンを腰に吊せば治る」とか、馬の字を三つ書いて逆につるしたり、馬のワラジを奉納して祈願し、また社前のワラジを借用して全快したとき新らしいワラジを御礼に納めたのである。今でもこのワラジが奉納されているのを見るが、昔の伝えを守る村人が納めたのであろう。しかし馬の使用の少ない現在、人間のはくワラジとなっているのも時代である。

もとは七月二十七日の祭礼に灯されたローソクの残りは、お産のとき灯すと安産すると伝えられ、出産近い嫁や他村へ可愛いい娘を嫁がせた母親たちが喜んで戴いて帰った。

また鎮守さまは、村人の願を何でも聞いて下さることから、諸願成就の折には、十二駒を描いた絵馬を奉納するならわしがあって、堂内には沢山の絵馬や、かつて明治二十二年十月に行った大相撲の番付や、大幡教育会から表彰された新島組出席一等などの額があるが、今は信仰もうすらぎ、殆んど焚火にされ数を失いつつあるのは惜しい。

原島福王寺愚禅和尚九十三歳の「大電八公宮」の扁額あり

大天白信仰と祭神考

大天白の社名についてあて字が多く昔盛んであった土俗信仰を伝えているが、この神の信仰と祭神については長い間疑問とされていた。上中条の浜島家は、古くから

〝大天白〟と呼ばれ古老の話に、天狗の面があったのを見たという。又九州から祖先が来ている浜島家が大天白を宅神として祀っている理由、三重県志摩の一漁村浜島村の裏山を天白山と呼んでいるという同氏の話に何かこの信仰が九州方面から伝えられて来た暗示はあった。

ところが去る日、古宮神社の茂木六郎神官が訪れ、「ラマ教の信仰対象に大天白があって性神としての信仰がある」ともらした。成程「大天白《ターテンパイ》」は中国らしい。

ラマ教はチベットに起った仏教の一派で蒙古、満州、中国北部に派及し、密教特有の歓喜天は聖天信仰と共に日本にも流布したが、信仰すれば富貴を得、病難を免れ、夫婦和合の功徳があるとされた。その秘仏は、多面多臂、男女神合躰の奇怪なものとなった。

この信仰が日本に渡って金精さまと同様男の性神となった事は考えられる。太鼓のバチを男根と見立て、雷神が天空でこれを叩くと信じた時代、大雷神と付会し、大雷八公神とした事は、イザナミ神が生んだ八躰の雷神と大天白（仏）との習合ともいうが、これは大電八公の祭神だから大雷八公神としたにすぎない。

浜島村の天白山は或は海を越えて住みついた人びとの故郷を偲ぶ山の名としてつけられたものではなかったか。

中　略

またこの神について、熊谷郷土会誌「熊谷問答」昭和二十五年創刊号に「古い神で東海道では天白、天縛と書き、関東では、大天獏、大電八公、相模国では、天獏魔王、遠江では手白、志摩国では、天魄、奥羽地方では大天馬、大天場という。」

神体は天一、太白の二星といい、或は天の太白の義、または天来風伯神、天縛地福権現ともいうが確説はない。川天白と称することもあるが、天の川のような自然現象を神と仰いだとも思われる。と記してある。

昭四六・一

資料3
甲州の天白祠（藤村潤一郎「天白祠と甲州依田家」より）

この下井尻村の天白祠の他に、甲州に天白祠は存在するであろうか。甲州の神社についての全般的な調査は、慶応四年「甲斐国社記・寺記」第一巻神社編と「神社明細帳」があり、文化一一年序「甲斐国志」もある。

慶応四年「甲斐国社記・寺記」には

1　巨摩郡武川筋宮脇村（現北巨摩郡武川村）
　天白社　大己貴命（除地）
2　巨摩郡武川筋白須村（現北巨摩郡白洲町）
　天白社（除地）
3　巨摩郡武川筋下円井村（現北巨摩郡韮崎市）
　天白社
4　巨摩郡逸見筋村山西割村（現北巨摩郡高根村）
　天白社
5　巨摩郡逸見筋村山北割村（現北巨摩郡高根村）
　天白社
6　巨摩郡西郡筋長沢村（現巨摩郡高根村）
　天白社（除地）
7　巨摩郡西郡筋宮沢村（現中巨摩郡甲西町）
　天白大明神（朱印地）
8　巨摩郡西郡筋湯沢村（現中巨摩郡甲西町）
　天白明神　御食津神
9　巨摩郡中郡筋二日市場村（現甲府市）
　天白社（社地）
10　巨摩郡中郡筋紙漉阿原村（現中巨摩郡昭和村）
　天白大明神　素盞鳴尊
11　巨摩郡中郡筋高畑村（現甲府市）
　天白社　保食命（黒印地）
12　巨摩郡北山筋徳行村（現甲府市）
　天白明神
13　巨摩郡西河内領福士村字切久保（現南巨摩郡富沢町）
　天白大明神　月夜見命
14　巨摩郡西河内領福士村字上徳間（現南巨摩郡富沢町）
　天白権現　月夜見命
15　巨摩郡西河内領福士村字御堂（現南巨摩郡富沢町）
　天白大権現　月読尊
16　巨摩郡西河内領福士村字棚下（現南巨摩郡富沢町）
　天白権現　月読尊
17　巨摩郡西河内領福士村字神田（現南巨摩郡富沢町）
　天白大権現　月読尊

18　八代郡東川内領井出村（現南巨摩郡南部町）
天白天神宮　天穂日命
19　八代郡東川内領芝草村カ（現西八代郡下部村）
天白天神　菅原大神　五条天神
20　八代郡東川内領大磯村カ（現西八代郡下部村）
天白天神
21　八代郡小石和筋小石和村字向田（現東八代郡石和町）
天白社　伊弉諾尊　伊弉冊尊　素盞嗚尊（除地）

右の内で7は本殿がなく御霊石丈けを玉垣で囲み、8は天白という地名の場所にある。11の黒印地は、反別の内で籾四俵余分は同村曹洞院茲元院で収納している。

つぎに「神社明細帳」には

22　北巨摩郡穴山村字重久（現北巨摩郡韮崎市）
天白社　稲倉魂命（境内神社）
23　北巨摩郡安都那村箕輪組字宮地（現北巨摩郡高根村）
天白社　大宜津姫命（境内神社）
24　北巨摩郡日野春村長坂上条組字久（現北巨摩郡長坂町）
天白神社　倉稲魂命（境内神社）
25　北巨摩郡秋田村大八田組字米山（現北巨摩郡長坂町）
天白稲荷社　宇賀乃売命（境内神社）
26　北巨摩郡秋田村夏秋組字宮久保（現北巨摩郡長坂町）
天白稲荷社　宇賀乃売命（境内神社）
27　北巨摩郡大泉村谷戸組字御前（現北巨摩郡大泉村）
天白社　受持命（境内神社）
28　北巨摩郡駒城村横手組字久保頭（現北巨摩郡白洲町）
天白社　素盞嗚尊（境内神社）
29　北巨摩郡円野村入戸組字天神沢（現北巨摩郡韮崎市）
天白社　豊受姫命（境内神社）
30　北巨摩郡竜岡村下条南割組字石宮（現北巨摩郡韮崎市）
天白神社　豊受姫命（境内神社）
31　中巨摩郡五明村字清水地内字川原田（現中巨摩郡甲西町）
天白社　天御中主命（無格社）

この内25は明治六年に「路傍ヨリ当社内エ遷座」したもの、26も村内に鎮座していたものを他神と共に合祀したものである。なお北巨摩郡安都那村長沢（北巨摩郡高根村）には大・小天白社があり、共に保食命（境内神社）である。これは6に当ると考えられるが、小天白社が含まれているかどうかは後考にまちたい。

10は字新蒔にあり、受持神（村社）で祭神が変っている。文化一一年序松平定能撰「甲斐国志」では、7は天白ノ社、10は天白明神（朱印地）、11は天白神社で、祭神は共に記るされていない。また昭和三年刊「中巨摩町誌」では、7は天白社、天御中主命、10は天白神社、素盞雄命とある。

以上の事からすれば、神社名については天白以外は随時変更し、祭神は一定していない。

「甲斐国社記・寺記」と「神社明細帳」の天白祠が、両者余り重複がなく、両者共に下井尻村の天白祠を収録していないことは、甲州の天白祠が路傍や屋敷神として個人の屋敷内にある場合のあることを推測させる。それで前述のもの以外にも存在する可能性がある。現在の所では、信州寄の地域に最も多く、西部から東部に移るに従って少ないといえる。

資料４

遠江の天白社（堀田吉雄著「山之神の研究」より）

一、	天白社	浜松市上島町	高貴神社境内社
二、	天白神社	磐田郡池田町	
三、	天白神社	〃　上浅羽村浅羽	
四、	天白神社	磐田郡上浅羽村浅名	
五、	天白社	〃　今井村小山	八雲神社境内社
六、	天白神社	〃　十束村堀之内	
七、	天白社	磐田郡久努村	富士浅間境内社
八、	天白社	〃　向笠村岩井	鹿島神社境内社
九、	天白社	〃　東浅羽村初越	熊野神社境内社
一〇、	天白神社	浜名郡長野村小島	
一一、	天白神社	〃　入野村	
一二、	天白神社	〃　積志村万解字天白	
一三、	天白神社	〃　和田村五島礼木	
一四、	天白神社	〃　河輪村芋瀬	
一五、	天白社	引佐郡伊平村黒田	熊野神社境内
一六、	天白社	〃　中川村三和	八幡神社境内
一七、	天白社	〃　気賀町伊目	白山神社境内
一八、	天白社	小笠郡桜木村富部	八王子社境内
一九、	天白社	〃　平田村上平川	春日神社境内
二〇、	天白社	榛原郡勝間田静谷	八幡宮境内社
二一、	天白社	〃　相良町片浜	木宮神社境内社
二二、	天白社	周智郡森町天宮	天宮境内社

資料5

駿河国天白所在地（「駿河記」による谷村茂氏の調査）

社名	所在地	現所在
天白社	安倍《アベ》郡腰越村	静岡市腰越
天白社	〃 久能尾《キュウノオ》	〃 久能尾
天白社	〃 富沢《トンザワ》村	〃 富沢
天白天王社	有渡《ウド》郡長崎村	〃 長崎
天白社	〃 栗原村	〃 栗原
天白社	〃 鎌田村	〃 鎌田
天白神社	〃 丸子《マリコ》宿元宿	〃 丸子元宿
天白神社	〃 石部《セキベ》村浜	〃 用宗《モチムネ》石部
天白神社	益頭《マシズ》郡越後島村	焼津市越後島
天白社	益頭郡八楠《ヤグス》村天白	焼津市八楠
天白社	〃 焼津村	〃 焼津
天白社	志太《シダ》郡潮村	藤枝市潮
天白社	〃 小土《コイジ》村	焼津市小土
天白社	〃 田尻村古祥寺門前	〃 田尻
天白天王社	庵原《イハラ》郡牛ヶ谷村	清水市牛ヶ谷
天白社	〃 茂畑村	〃 興津町茂畑
天白天王社	富士郡柚木	富士市柚木
天白社	駿東郡湯船	駿東郡小山町湯船

あとがき

地域でじっくり腰を据え、地道に研究を続けておられる方々と共同作業を進めるという、当初の基本姿勢を保つことで、「日本原初考」の二冊目を、ようやく誕生させることができました。今回も古諏訪を中心に取り組みました。

私たちは最初、このシリーズで、九州や東北、伊勢や出雲、大和などと日本の各地を拠点移動させて、一冊ずつ出し続けようと思っていました。鳥が木や湖を求めて舞い下りるような立場に自らを置いて考えようとしたのです。

しかし、土に根を張る植物のように、諏訪という一地域を個別深化させてゆけば、日本全体を流れている地下水脈に通ずることを知りました。山深い諏訪の盆地は、天皇制成立以前を含めた原初の息吹を湛えながら、それ以後の国家の動向や、南や北から入った文化をも抱え込み、吹き溜め、重層化させてきたのです。

私たちは、その厚い層を一枚一枚掘り起すことで、内側から日本全体を搦め、検証することができるはずです。

本書は、そのような意図から取り組んでいます。一見、諏訪を離れているようでも、各人の突き至った地下水脈から辿られたものです。

私たちは、なおしばらく諏訪の地域に関わり、〈一点突破、全面展開〉を、ひそやかに目論むつもりです。

思えば、足しげく何度諏訪に通ったことだろうか。交流の輪もしだいに拡がり、地元の研究者たちとのすばらしい話し合いで夜も更けたことも度々あります。七十六歳を迎えてなお矍鑠として研究を続ける今井野菊さん、故藤森栄一氏の図書を解放してくださり、かつ言葉につくせぬ励ましをあたえてくださる諏訪考古学研究所の藤森みち子さんをはじめ、多くの方々に今回もお世話になりました。また、先に出版した「古代諏訪とミシャグジ祭政体の研究」に好意ある批評を賜った諸先学の皆さんに、心からお礼申し上げます。

共同研究によるささやかな著作ではありましたが、思わぬ反応を呼び起し、各地で新しい研究者によるミシャグジの掘り起しが始まっています。

なお、本書に論文を掲載させていただいた、故伊藤富雄氏は、諏訪の歴史学者で、宮地直一博士の大著「諏訪史第二巻」は、この人なしには存在しなかったと言われています。藤森みち子さんと矢崎勝郎氏に紹介の労を煩わし、子息伊藤麟太朗氏のご好意でその一編を紹介します。私たちは、先達の業績と教訓に学びながら、一歩一歩進んでゆくほかはありませんし、またその覚悟でもあります。

古部族研究会　北村皆雄

田中　基

野本三吉

再録　諏訪神社前宮の話

御左口《ミシャグジ》神祭政の森

【中】

語り手　今井野菊

中部山岳地帯を中心に、関東一円に広がっているミシャグジ信仰
その分布と性格は、在野学究・今井野菊氏の踏査によって初めて明らかにされた。
土着ミシャグジ信仰の性格を追究することは、とりもなおさずミシャグジを統轄する
洩矢祭政体の中心地・諏訪神社前宮の古神事理解のための民俗学的転倒にほかならなかった。

■千鹿頭《ちかと》神と洩矢氏
■ミシャグジの樹の下で
■ミシャグジと農耕神事
■大祝・有員の政治的導入
■薬草と守矢仙人

聞き手　北村皆雄
田中　基
野本三吉

■千鹿頭《ちかと》神と洩矢氏

――千鹿頭神あたりは、その位置は。

今井　千鹿頭神は、狩猟神って言葉で言ってます。洩矢の守宅神（守田）は弓にたけていたと伝え、千鹿頭の神も弓にたけていたと伝えます。群馬の方へ行くと、やっぱり狩猟神でしょう。

――狩猟となりますとやっぱり山の口だとか、狩猟に関係あるような土地にありますか。

今井　そういうことです。群馬県の、ああいう山の所ですからね。そりゃどうしても山沿いに、踏査に行くでしょう、千鹿頭神は確かに狩猟であり、農耕指導神の伝統をともない、また天白神もともなっています。

――山沿いで、天白が段丘上としましたら、千鹿頭神はどういう場所に祀られてますか。

今井　千鹿頭神はむしろミシャグジと同じような働きをしていくんじゃないですか。

――地形的には同じような。

今井　ええ、だから段丘でもあっても、狩猟があっても、とにかく農耕ってものをミシャグジのような役目をしてむこうへ開いていったんじゃないかしらね。ですから、そうしてみると昔の伝説に蟹河原《がにがわら》長者がこっちの権勢を持っていたといいますがね、なるほど天白が川沿いの要所要所にあります。これも一つ考えられるのは焼蒔きの時代の王者じゃなかったか。

——今でも、そこら辺の地形は粟とか陸稲が作りやすい地形なんですか。

今井　ええ、良いところです。この頃団地ができてしまっていますが、良いところなんです。

——最近まで諏訪あたりで焼畑なんか残ってませんでしたか。

今井　いや、私覚えています。ええ、そう古い時代のことでありませんわ。土地の権利を持てば、焼畑はやりましたね。木は伐ってしまって、それをサクるんですわ。皆そうして起こすんですよ。私の時代よりおじいさんおばあさん、明治……私が三十三年生まれですからね。その当時まだ、アラコを起こすってことは、みんなしていまして、他の山へ火を逃がさないよう焼いたりして、その土地を起こして、いちばん先はソバを植えたり、粟を植えて。そのうちに、蚕が流行ってきましたから桑を植えました。山の桑畑はみんなアラコですよね。今もそうだろうと思うのね。昔の話じゃなくって、近頃も開くにはまず山を焼きますね。ですから、わたしは、解放になったり、今は団地になってしまった山や丘を、昔じじたちが腰をこごめてアラコを起こして畑や田にして作ったところだなあ、と眺めますもの。

——じゃ、そういう昔焼いているようなところに、例えば天白なんかが祀ってあったりしたこと

がありますか。

今井　その天白のある近所なんてところは、早くに開けちゃってますよ。古村ですよ、大古村。近世以後開拓したところは〝新田〟ですよ。

――狩猟と焼畑と水稲農作が交錯したようなところに、諏訪の神社の信仰の中心地が立ったというようなことでしょうね。

今井　無論そうですね。諏訪の近世の祖父母たちは八ヶ岳山麓によく山田を作りました、段々田をね。一生懸命作ったんです。アラコを起こして、水があるところは必ずセギを引いて、そして作っているんです。

――私の郷里（上伊那・大島）のカワテ、あそこなんかは山際にミシャグジがあって、山際と平地の境目みたいなところにミシャグジがあって、天白は川の側の平地の方に、むしろありましたですね。

今井　ああ、そうですね。そう言えますね。

――ああいう位置関係ってのは特殊になるんですかねえ。

今井　特殊じゃなくって、それやはり川に近いんじゃないですか。そして住居地の安全のところですわ。で、今になって洪水があった、山崩れがあった、というところは昔の人が嫌って家なんか建てなんだところに皆さんが進出していって住んで災難に遭ってます。昔の人が住んだところに水難も山崩れもありゃしませんものね。で、昔は人数が少ないから良いところをとったんでしょ。それでそこの草分けなんて力む人たちは無論良いところをとってきたんじゃないですか。安住していたんですよ。そういう目で見ていくと、日本のことですから、山伝いに考えられますね。諏訪湖のような、こういう平地でも、諏訪湖のまわりはそうであっても、今、現在の田んぼなんてのは湖ですもんね。長雨には必ず水に悩まされていますよね。

——純粋な水稲農耕ばっかりじゃないんですね。

今井 ええ、そこは、明治になって混ざっていたように混ざっていたんじゃないんですか。そういう伝統持ってるんじゃないですか。

■ミシャグジの樹の下で

——何かミシャグジの樹の下で集いみたいなものをやったんですかね。

今井 ええ、集《つど》いって言います。そしてね、もう原野が今では民間の中に入っちゃってましても、集いの小字は残されていてミシャグジの古い祀り場だったりします。

——お酒でも飲んで何かやったんでしょうかね。

今井 何したか、集って、祀ったんでしょうね。集いっていう言葉は岐阜県あたりもはっきり残ってます。

――中心に樹みたいなのがあって、皆で集って。

今井　そうらしいです。（尋ねた相手が）集いっておっしゃったで「あれ」と言って。「それじゃやっぱしあったじゃないの」「あっそうだ、ミシャグジがあった」（笑）。そういうこともあります。

――天から下りてくる精霊であるミシャグジという神を樹に降ろすっていうような考え方がある、と言われましたけれども、前宮は、するといちばん大きな、ミシャグジと人間の集いの場所だったということになりますか。

今井　そういうことでしょうね。ミシャグジと人間の集いね。「御子神なり」っていう文句を見れば、代々の大祝もミシャグジと言えるんじゃないですか。

――で、人間でミシャグジっていうのは、大祝だけですか。

今井　人間で即ミシャグジと考えるのは、大祝きりですね。それを牛耳って政治を執っているのは神長ですからね。そうすると各神徒、神使氏子みんなミシャグジであり人間であるかな。

神長の守矢さんという家は、元は仙人ですからね。いったい仙人というか。シャーマン、男巫なんですわ。平ったく言えば行者、巫であり、ミシャグジなのかな。結局、あの鈴（鐵鐸）見てもシャーマン的だし。どうも、私たちは横に振ってましたのよ。夜中にこんな音聞いたら凄いわねってなこと言って。あれを縦に振ったのを見てね、私は「まあ」と思った。「こうやったわい」と。

――谷川健一氏がカカトを地面にぶっつけると脳しんとうになるから神懸かりになるんだって。だから鐵鐸で霊を降ろして、降りた霊を大祝に憑けたんじゃないですか。

今井　そういうことになりますね。だけれど、神長守矢氏はシャーマンで結局は蟹河原長者も一緒になった原始の男巫であったわけじゃないですか。そこへ米が入ってきて、その米に部落の石神たちを率いて飛びついたんでしょうね。おいしいですものね。飛びついて、そしてその米の神としてそこにミシャグジが生まれたんじゃないですか。それを考えたのも、あの神長であり、自分は率先して米を宣伝したり、皆を牛耳ったのも神長であり、祀ったのも神長で、ミシャグジと一緒に自分の位置を確立した。そして自家の新しい位置をね、ミシャグジ信仰の新しい米作りとともに石神たちを牛耳る位置を獲得し、神長家の確立を見た、と言えませんか。私、わからないけれど、その前に米があったと思えない。皆がなぜ飛びついたかというとね、国譲りの話があるわね、力くらべという話が。橋原での力くらべね。はたして力くらべ本当にしたものやら、それは米と妥協をして、そして国づくりをご協力申し上げた、と書いてあるのだからそういう形態と私はとってますがね。その前に米がなかったんだから、飛びついたと。大祝と守矢仙人がとにかく力くらべだかなんだか受け入れたってことは無血だから、血は出ていないからね。米っていうものの種をもらったんじゃないか、その国づくりを始めたんじゃないか、お助け申して国づくりをしたと。その国づくりも、諏訪の国づくり、水内の国づくり、それから更科の国づくり等皆建御名方命も八坂斗女命も行ってるんですよね、伝説では。

■ミシャグジと農耕神事

――ミシャグジは農耕に関係のある信仰であるということですね。

今井　はっきり言ってますね。

――前宮の中では具体的にミシャグジを祀った祭りというか、ミシャグジが出てくる祭りというものはどういうものがありますか。やはり御室《みむろ》の神事。

今井　結局、冬ごもり仕事の御室の神事ですね。稲を植える準備をして御狩りの獲物を獲って捧げ、苗を植えて御狩に出て神饗をし、稲の無事を祈って狩りをして獲物を捧げ収穫して狩に出て、その年の感謝と、来る年の豊年を祈って獲物を神饗していますよね。

――大祝は幼い童ですね。

今井　大祝が小さいでしょ。あれは理想的だったでしょうね。十四、五歳とか十七、八歳前、おんなを要求するようになれば下位。

――やめる、と。

今井　ええ、下位のことをオリイスルと言ったかな。オリイして、その新しい、今度はまた小さいのを即位させる。そういうのが理想で、中世の戦争の頃とか何とかごたごたしたり、大祝が権勢を持ったときというのかね、遅くまで大祝をしている時代もありますよね。あの、武田に攻められたときの頼忠などは四十年も大祝の位置におさまっていましたよね。いちばん安全ですもの、大祝さまになっていれば武田も手が出ないから。そしてその人が諏訪氏を、諏訪藩をおこしてくるからね。

――それは後世の形ですけれども、最初は清浄無垢な子どもに。

今井　それが理想でしょうね。稲の魂だから、大祝さまだから、それは皆の憧れだったでしょう。

――大祝に即位するのはどこですか。あの鶏冠社でどのように。

今井　野天の、昔は野天の神事だったろうと思うだけですよ。それがいつどうなったか、神長が見せたくなかったのか、茅屋根を葺いてね、二重の幕を引いたか、それは秘伝ですもの、神長の。一子的の、大事な秘伝ですものね。だからその中の神事や印の結び方っていうのは、どんなこと教えたか知らないが、執り行って、そして身仕舞い、化粧した。それで鉄漿水《おはぐろ》つけてさし上げていますが、鉄漿水をつけたのは後世からかねえ。

――上代になると貴族がやった成人式が。

今井　そういう真似をしているんですよ。そういうのがはっきり出てきたのが、私は有員のときからじゃないかと思うのね。有員以前にはご即位はあっても、もっと原始的なことを。

――例えば、どういうふうにお思いですか。

今井　わかりませんけど野天だったろうと思います。茅筵を敷いて青簀をまわして。

――野天で。あそこに石がありますよね。

今井　ええ、石があったとは言ってもね、皆さん大きい磐座《いわくら》をお考えになるが、ほんとうは扇子のような形ね、末広形の石にすぎなかったらしいんですよ。

――そこに座るわけですか。

今井　そこに筵を敷くの。茅の筵敷をね。あの、書いてあるように、茅の筵を茅野神使《こうどの》の役として敷いて。筵を敷くのはその人ばかりじゃなくて連座する神徒《こうのと》も皆敷いて座ったでしょうね。

――立つんじゃなくて、座るんですか。

今井　え、座ってね、初めに裏方御殿からあがったのが本来の姿じゃないかと思うんですが。なぜってね、あの宮田渡へ、大祝が移ってからまた、大祝の位を受けるときに、裏方御殿には青い麦があっても何があってもみんな刈りとらせてあそこから始まってますもの。ええ、そういう記録は抜けてますが、これは村の話です。村ではそう言ってます。裏方御殿から、登ったんですよ、直線的にこうね。そうして鶏冠社へ行って、そこでご即位したっていいます。書きものによっては神殿から出て行ったとかいいますが、神殿へ初めて入る儀式であるから禊《みそぎ》はほかで行ったでしょう。なんぼ子どもでも、禊は厳しく教えられたでしょうよ。そして、鶏冠社の土中から少し破片を拾ってありますが、鉄漿水石が五徳形にあってね。平素はそれに注連《しめ》が張ってあったんです。ところが、いつの間にか石もなくなる注連もなくなる、皆どっかへ行っちまいましたけどね。それを土地の人は、鉄漿水石と言う。で、鉄漿水石の上へ、こう、神長さんが化粧道具を置くんですね。あの金蒔絵の化粧箱から取りだしたものでしょうよ。

いちいちそういうふうに並べて。そして大祝さまが髪を、いずれ振り分け髪でしょうから髪を束ねて結ってくれるんでしょう。そして大祝が幼くて冠をかぶせられないときは持たせた、と書いてありますね。それから紫裾濃《すそご》の袴をはかせてさし上げました。袴親になるわけですから、神長は。そして、これもね有員以来でしょうね、山鳩色の束帯ってものをお着せして、それから、神長が小さいときは抱いてるらしいんですよ、抱いて、そして七五三懸鳥居へ向かって行進するらしいんですね。

――鶏冠社には石があって、うしろに樹がありますね、楓の樹やなにか。

今井　ええ、柊も、メカズラの樹のときもあるんですから、それは栄枯盛衰じゃないですか、樹の。神の樹の。

――でも樹があるということは、やはりミシャグジ降ろしみたいな。

今井　神長さんの秘伝で何したか知りませんけれども、そう考えられますね。そうでなければ成り立たないものね。

■大祝・有員の政治的導入

――山鳩色の着物だとかお歯黒ってのは有員以後だと考えられますか。

今井　それはわからないがね、そんなお化粧したのは、私は有員以来じゃないかと思います。その前はもっと原始的の即位じゃないかしら。清王大祝と計って京都から子どもを連れてきたことは神長に非常に力があったんですね、それをのりこえるのに。それと同時に忘れられてはいけないのは田村麿将軍は奥州制圧に利用したんでしょう。今風の言葉で言えば信者の利用、また、生き神さまの利用をしたんでしょうか。それで当時は諏訪氏もいよいよ仏教政策の大和朝の間に入って、困りきってしまっているときに、あの将軍の信仰によって、今度は向こうから血が入ったんじゃないですか。その血を入れるのに、私が大きく考えることはね、ちょうど桓武天皇自体が奈良朝の都を困りぬいたんですよね、遷都するのには。古い勢力が大きくなってしまって、天皇が言うことを何も聞かんロボットのようになっちゃったので、それで桓武天皇が思いきってあそこを捨ててしまうわけです。大きい一つの刷新じゃないですかね。それで有員親王以来の、有員の系図ってものがね、非常にクローズアップしてくるわね。その前の親族ってものは、神徒をおいてほかは、みんなわからなくなっちゃうわね。そこに大きな政策でもってちょん切ったじゃないかね。大和朝の勢力はどんどん来るし、仏教政策になってくる。そこで大きな大祝の、一つの刷新じゃなかったかしら。ちょうど桓武天皇が平安朝にして新しく刷新した、あの手を打ったんじゃないかね。

——刷新されたときに、お歯黒だとか……。

今井 そのあたりから、平安の都だか奈良の都の風習が入ったんじゃないですか。

——その前は、ひょっとしたらミシャグジを樹に降ろして大祝に憑けるだけの簡単な儀式だったかもしれないですね。

今井 ええ、私は野天で、むしろ昔の神事ですからね、そんなにたいしたものじゃないと思うんですよ。そこで大刷新したもんですからね、古い人たちが皆ぼうっとしちゃってわからなくなる。神長はね、有員親王の息子をもらう。で養子にして自分の家の鎹《かすがい》にする。

そのくらいですから残った五官という重要の神徒の人たちはいずれ結婚していると思うの。そうして、その人たちが有員親王の、何々という系図をもっているのかねえ。

――力で譲ったんじゃなくて、結婚とか何とかで刷新されたと。

今井　そう思いますね。それで「有員の裔《たね》はどうこう」とよく言いますがね。有員っていう種はね、女の人たちをそりゃ奉仕にやったじゃないの。桓武天皇の五十何歳の子どもになるんですよ、有員を逆算すると。だからね、私「そりゃいくらでも種もらいに行ったじゃないの」って（笑）、あのね、有員親王は皇子の中にはないっていう、なくたって良いじゃない、あれだけの田村麿がついているし、そして神長がついてて、清王大祝が自分の娘の誰かをね、侍女にやっても種はもらえたから。そういうふうに私は考える（笑）。そこに大きな曲がり角があったと思うんです。それ以来ね、大和朝の御目見得が極端に良いんですよ、諏訪は。やっと大和朝の御目見得が良くって、建御名方の御叙位がはじまる。そしたら八坂斗女の命の叙位だか授位だか始まる。そして、内県の神の出早雄命をはじめ、その当座はまだ盛んだった神徒のね、神徒の勢力の盛んだったのは逐次祖先の授位が授けられ、消えているのは当時すでに勢力がなくなった神徒でしょうか。そして桓武天皇の皇子有員大祝以来有員っていうものの系図をふりまわしているわけです。ま、そういう眼で見てください。

——有員の大祝就任以来ものすごく変わったような感じですね。

今井　それから御目見得良くてどんどんどんどんね、行き来もするし、良くなるですよ。牧の馬もね、大和の信濃のいくつかの牧ばかりじゃなくて、大祝の個人牧というのも南諏の方とか、扇状地にしようと考えられるんですよ。朝廷へ出す馬と、自分の個人牧もなけりゃやりきれないものね。南諏の方は私、大祝の個人牧だと思うんです。それで、古い歴史から見ると、甲州の「辺見筋《へみすじ》・武川筋《むかわすじ》は諏訪の領」とあり、辺見は八ヶ岳の東つづきであるしするから、これらの中に大祝の個人牧が考えられますよ。ミシャグジの群在から考えてね。

——諏訪の領域はかなり広かった。

今井　え、それを科野っていうわけで、古い科野の内に辺見、武川もみんな入ってたんじゃないかね、諏訪の領って言葉があるところみれば。八ヶ岳山麓ですからね。私は有員の、過渡期はそう考えています。そうしないと成り立たないわ、突然に上社は強くなっちゃってね。

——そういうふうに変わっても儀式自体は古いのが。

今井　あったんですね。それは神長が占めていたんですよ。やっぱり自分の家の秘伝でもってやってたんでしょ。

――前宮のいちばん大きな、七十五度の儀式の内でいちばん大きな御頭祭ですけれども。その前に移る大祝の御室入りから、百ヶ日ですか籠もって、そして出てきて春の儀式をやるという古い儀式の形を話していただけませんか。

今井　私も知らないですよ（笑）。とにかくね、伊藤さんはじめ宮地さんが、あれだけのもの（『諏訪史　第二巻』）を残してくれたということは大きいことですよ。たいしたものですよ、あれは。あれがあってこそ、皆さんこんな質問が出てくるんですもの。神長の古文書を洗いざらいしてね、あれだけのものを。たとえ伊藤さんの我もかなり入っているといっても、伊藤さんの我は、ほんとうに考えて我を通しているんだからなあと、私そう思います。だからあれをご覧になればいいんです。あの通りの（笑）。ただそこでもってソソウ神は問題だね。ソソウ神は「いいじゃないの、平たく考えれば、昔の人たちは難しく考えなかったものだから」と言ったら、そんなバカなことが、と顔真っ赤にして怒っちゃった。その人が解けないの、ついぞ解けないで死んじゃった。でも内心は首かしげたでしょうね。私そう思っている。

――土室の中には御左口神を入れ申し、ソソウ神を入れ申すということで。石皿であり、女性器でしょうね。

今井　そのソソウ神てものは、むしろ神長が懐にもっていなかっただろうか。

――小さいものですか。

今井　いずれソソウ神といっても大きな石棒を押し込むような（笑）、小さいもんですものみんな。こんなかわいいのやら、きれいなんです。私たちがこすればすぐ光る。これが早苗（守矢）さんにはわからないけども、どっかにあるんですよ。綿に包んであったんですけどね。今より先の神長さんが忘れていた、そのソソウ神と石棒とを今度見つけ出した。「あんたこれ一番大事よ三千年の重みよ」と。

――あの祈禱殿ですか。

今井　ええ、粗末になっていてね、つまらないものが櫃の中に入っていてね「これはだめだめ、こっちが大事」と。

――御室の中にミシャグジとソソウ神を入れ申して初めて祭りが祭りとして、御室の祭りが成り立つということになりますのですかね。

今井　そうらしいね。

――蛇が問題だけど、御室に入れる蛇はのちのことじゃないかという話で。

今井　蛇って後の方という気がしませんか。私もわからないの。それは後から出てきたものだと思うし、よほどいろんな雅楽が入ってね。雅楽っていうか猿楽っていうか入ってからのあの二十番の舞でしょ。シンプクラの舞やなんかも、古い意味があると思うんですけれど。

■薬草と守矢仙人

――お姫さまの病の話がありますね、東北の。

今井 そうそう、やっぱり諏訪薬をもらいに来るんですよ。神長さん古伝のね、薬ってものは大きい力ですからね。諏訪の人が今平易にね、土用になれば薬草採りに行くんです。タカトウグサ、ゲンノショウコってね。皆採りに行きます。あの伝統はね、神長さんから出てるんですよ。諏訪の年中行事というものも神長さんから出てるんですもの。ですから、諏訪薬と神長さんが言っていたものは、やっぱり神長薬ですね。

――例のムラサキグサですか、そういうのはないですか。

今井 あのね、ムラサキグサというのは今、絶えてしまったがムラサキグサありましたよね。ああいうものもそうじゃないですか。

――サルの頭の黒焼きは頭痛に効くとか。

今井 あれは効くですよ、事実。あのね、神長さんとこの薬ね、困ったことに誰も覚えてないしね、誰も書いてないしね。ほかにも私はあったと思いますけどね。そのうち残ったのが、ツキヌキソウかな。

――それは何に効くんですか。

今井 ツキヌキソウというのはね。あの、独用将軍と書くんですわね。こう書いてツキヌキソウというんです。白いちょっとした花が咲くだけで、葉っぱがこうあってね、花が出て葉っぱを茎がつらぬくようになっているところから名が出たかな。

――何に効いたんですかね、これは。

今井 それがね、瘡《かさ》の薬。癰《よう》の妙薬。

――カサブタ。

今井 ええ、あの瘡。男の人でも女の人でも昔、瘡をかいたということと言うでしょ。今の梅毒、瘡薬。それでね、あの家の言い伝えにね、平安時代から京のお公家さまがね、お使いでもらいに来たっていいます。で、その草はね、萩叢の中にできるって書いてあるんです。神長さんの文書に。なるほどね、できてるのを見るとね、守屋山麓付近に限るとされている、萩叢の中に。だからよく調べてみたら、あれね小県の大明神沢と志賀高原の一部にも自生するのを見ました。もう一つどこか忘れちゃったな。そこに独用将軍が確かに誰も知らないがあるんです。そして、守屋山麓のところではね、ポツポツ昔あったのが今ない。ところが、御堂垣外《みどがいと》の山の中の石灰になる石ね、この石灰岩の山の萩叢の中にえらいあるから、どうしたんだと思って聞いたらね、昔、といっても明治近くの頃に、そこにお医者さまがあったんですよ。それから、そのお医者さまが大事に植えたものだってことで。とにかく漢書にも「恭って曰く」と珍重されて書かれていますよ。

これを飲むとデキモノがふっきれて、そして膿がひとりで出る、こう説いています。その根がね、玉がついているんです。その根を洗って、その玉を煮てね、グツグツ煮るんですよ。明治になってもやってたの。皆、神長さんとこへもらいに行くの。そして、それ辛いんだそうです。だから、神長家の先々のおばあさま、また前のおばあさまは、このぐらいの玉にするの、そのグツグツ煮たのを。玉にして干したようにする。それで、あの家の秘伝薬の妙薬としてつくっていました。秘伝を引き継いでいたんでしょうね。それで辛いんですって、辛いから舌へあてたりそこらへあてたらたまらない、それだから大きな口を開けてね、喉へほうり込んでもらう。それで何という薬ですかと言ったら「ほうりこみ薬」だって(笑)。かわいいじゃない。辛くていけないで、ほうりこみ薬、これ瘡の薬です。瘡の人たちがこれで良くなるもんだから皆もらいに来たそうです。それさえ今はなくなっちゃった。

――守矢神長さんてのは病気も治すシャーマンだったんですね。

今井　やはり薬草はじめ神の木・呪術の草は神長さんの教えですよ。

――ほかには何かそういう薬草は。

今井　神長では、何のお香を焚いたかね、お香の薬、お香の香灰さえ神秘薬でしたものね。「どんなに尊かったかわからない」と言ってます。「それで何になさるの、何にしたんでしょうね」と言ったらそりゃ病気の薬はもちろんだけれども、田んぼの稲が取れるように少し撒くんですって。「ほんのちょっと田んぼへこうね『お願いします』と撒いただけでね、実りが良かった」って、それだから、まして薬に良かったんでしょう。そんなことが神長さんの薬草、諏訪薬、だからそのシンプクラの舞もね、諏訪薬をもらいに来るんですよ。

――じゃ、あの娘は瘡にやられたんですか。

今井　いや、そうじゃない。娘だからね、きっと婦人病よ。血の道の薬、昔血の道の薬って聞きません。今、そういう言葉使わない。

――聞いたことあります。

今井　女の人たちが血の道の薬を飲む。中将湯は血の道薬《みちぐすり》あるじゃないの広告に。そういうわけです。

――東北の方からお姫さまがもらいに来たんですね。その地域まで広まってたんですね。

今井　皆さんどう思います。洩矢神勢力ってものは、どこから上陸してきたかしらね。北に縁があるのよ。だって、千鹿頭神も北に行くでしょう。例えば近い話なら『絵詞』に田村麿将軍が大祝を連れていくと眷族《けんぞく》が出てきてね、皆協力するでしょう。そのおかげで順調にいった、とあるでしょう。あっちに勢力あったんですね。だからモレヤ仙人の勢力ってものは大きかったんじゃないですか。

――幻覚剤とか毒薬というようなものは、守矢氏は伝えておりませんか。

今井　そんじょそこらじゃ教えなかったろうけど、毒芹《どくせり》はいけないとか何とか、そういうことも教えたのかね。諏訪にはよく、伊那にもあるはずよ。伊那も諏訪だもの、あるはずよ。毒芹食べると死にますね。ああいうような毒の植物なんかも、いろいろ伝わってるのも教えてたかもしれないね。幻覚草もね。

――そういうのは残っていませんか。口伝の何かには。

今井　わからないね、雲の上のことですから。

〈つづく〉

（『季刊どるめん　7号』（JICC出版局、1975年）より）

再録　諏訪神社前宮の話

御左口神祭政の森

【上・中・下】

◆ 巻別掲載項目 ◆

『古代諏訪とミシャグジ祭政体の研究』収録

御左口神祭政の森　【上】

諏訪神社前宮の荒廃
前宮はミシャグジなり
ミシャグジの樹と石棒
ミシャグジと古道
ミシャグジとお諏訪様
天白・千鹿頭・ミシャグジ
蟹河原長者と天白

『古諏訪の祭祀と氏族』収録

御左口神祭政の森　【中】

千鹿頭神と洩矢氏
ミシャグジの樹の下で
ミシャグジと農耕神事
大祝・有員の政治的導入
薬草と守矢仙人

『諏訪信仰の発生と展開』収録

御左口神祭政の森　【下】

土室の中の神事
底辺から神事を考える
鎌倉幕府の諏訪介入
狩猟神事と農耕
御頭郷でのお籠もり

執筆者●略歴

伊藤富雄（いとう　とみお）　一八九一年、長野県諏訪市（中洲村）生まれ。出身の中洲村村長を務めた後、一九四七年に長野県副知事となるも翌年辞職。郷土史家としての研究の成果「諏訪神社の研究」など多数の著作をまとめた『伊藤冨雄著作集』（永井出版企画）が第一巻から六巻まで刊行された。六八年没。

今井野菊（いまい　のぎく）　一九〇〇年、長野県茅野市に生まれる。諏訪高等女学校卒業後教員となる。旧宮川村誌編纂研究会会長として同誌の編纂に奮闘。一方で、諏訪大社と関連する信仰の研究に邁進。ミシャグジ、テンパク、チカトウ等の踏査集成を広範囲に渡って行い、後世に大きな影響を与える。著書に『諏訪ものがたり』（甲陽書房）、『神々の里――古代諏訪物語――』（国書刊行会）、『御社宮司をたずねて』『洩矢民族　千鹿頭神』『大天白神』など。八二年没。

宮坂清通（みやさか　きよみち）　一九一四年、長野県諏訪市生まれ。一九四一年～七四年まで諏訪大社の禰宜を務めた他、八剣神社、足長神社、新倉十五社神社など諏訪地方の多数の神社の宮司を歴任。諏訪信仰について、とくに御柱祭についての知識は圧倒的だった。著書に『諏訪の御柱祭』（甲陽書房）、『おんばしら――諏訪大社御柱祭のすべて』（共著・信州・市民新聞グループ）などがある。八五年没。

宮坂光昭（みやさか みつあき）　一九三一年、長野県諏訪市生まれ。岡谷工業高校卒業後、同じく諏訪出身の考古学者・藤森栄一に師事。日本考古学協会員。日本考古学協会全国委員を二期務めた。八九年～九三年には、諏訪市教育員会の諏訪市史研究紀要に関わる。また、諏訪大社に関する研究を長年に渡り続け、著書に『諏訪大社の御柱と年中行事』『図説諏訪の歴史（上）』（ともに郷土出版社）ほか、論文「諏訪神社上社大祝の性格の考察」ほか多数がある。二〇一三年没。

野本三吉（のもと さんきち）　一九四一年、東京生まれ。横浜国立大学卒業後、五年の教員生活を経て日本各地を放浪。七二年に横浜市役所に勤務。寿町の生活相談員として活動する傍ら独力で「生活者」を発行。七四年『裸足の原始人たち――横浜・寿町の子どもたち』（新宿書房）で日本ノンフィクション賞受賞。九一年横浜市立大学教授、二〇〇二年沖縄大学教授、一〇年同学長に就任、一四年退任。現在は同大学名誉教授、教育学者、ノンフィクション作家。著書に『生きる場からの発想――民衆史への回路』（社会評論社）など多数。本名加藤彰彦。古部族研究会。スワニミズム顧問。

田中基（たなか もとい）　一九四一年、山口県生まれ。早稲田大学卒業。七三年～八一年まで人類学・民俗＝民族学・考古学の総合誌季刊「どるめん」を編集。同時に古諏訪祭政体を研究しつつ、縄文中期の土器図像を神話文脈で解釈。現在は縄文図像学をさらに深化させ旧石器時代に通底、その成果を講演会等で発表している。探究心のあまり縄文の里長野県茅野市に住まいを移した。著書『縄文のメドゥーサ』（現代書館）など。古部族研究会。縄文造形研究会。スワニミズム顧問。二〇二二年没。

北村皆雄（きたむら　みなお）　一九四二年、長野県伊那市に生まれる。早稲田大学卒業後、記録映画、テレビドキュメンタリー監督に。六六年の「カベールの馬・イザイホー」をはじめ、沖縄、韓国、ヒマラヤ、チベット等、アジアを中心に映像作品を多数制作。八一年ヴィジュアルフォークロアを設立し代表に就任。映像人類学・民俗学者、映画監督、プロデューサー。映画「ほかいびと～伊那の井月～」ほか、テレビ作品も多い。著書『見世物小屋の文化誌』（共著・新宿書房）、『俳人井月――幕末維新 風狂に死す』（岩波書店）など。古部族研究会。スワニミズム顧問。

古部族研究会　学生時代からの知り合いで、ともに藤森栄一の著作などから諏訪に関心を抱いていた田中基と北村皆雄が新宿の喫茶店プリンスで意気投合し、野本三吉と合流して立ち上げた研究会。1974年7月に在地の研究者・今井野菊を訪ね、1週間泊まり込んで教えを乞うた伝説の糸萱合宿で本格的に始動。以後、永井出版企画から「日本原初考」三部作として『古代諏訪とミシャグジ祭政体の研究』(1975)、『古諏訪の祭祀と氏族』(1977)、『諏訪信仰の発生と展開』(1978)を立て続けに発表した。

◉編集協力・執筆者略歴：スワニミズム

人間社文庫 ‖ 日本の古層③

日本原初考　古諏訪の祭祀と氏族

2017年9月15日　初版1刷発行
2025年3月27日　　7刷発行

編　集　古部族研究会
制　作　図書出版 樹林舎
〒468-0052　名古屋市天白区井口1-1504-102
TEL：052-801-3144　FAX: 052-801-3148
発行人　山田恭幹
発行所　株式会社人間社
〒464-0850　名古屋市千種区今池1-6-13　今池スタービル2F
TEL：052-731-2121　FAX: 052-731-2122
振替：00820-4-15545　e-mail：info@ningensha.com

印刷製本　株式会社シナノパブリッシングプレス
＊定価はカバーに表示してあります。
＊乱丁・落丁本はお取り替えいたします。

ISBN978-4-908627-16-3 C0139